本书由山东省一流学科山东师范大学文学院
中国语言文学学科建设经费资助

唐前《庄子》论稿

魏代富 著

中华书局

图书在版编目(CIP)数据

唐前《庄子》论稿/魏代富著. —北京:中华书局,2022.1
ISBN 978-7-101-15541-9

Ⅰ.唐… Ⅱ.魏… Ⅲ.①道家②《庄子》-研究
Ⅳ.B223.55

中国版本图书馆 CIP 数据核字(2021)第 272013 号

书　　名	唐前《庄子》论稿
著　　者	魏代富
责任编辑	葛洪春
出版发行	中华书局 (北京市丰台区太平桥西里 38 号　100073) http://www.zhbc.com.cn E-mail:zhbc@zhbc.com.cn
印　　刷	北京瑞古冠中印刷厂
版　　次	2022 年 1 月北京第 1 版 2022 年 1 月北京第 1 次印刷
规　　格	开本/920×1250 毫米　1/32 印张 8½　插页 2　字数 250 千字
国际书号	ISBN 978-7-101-15541-9
定　　价	52.00 元

目　录

自　序

吾幼本孤僻，情恶交涉，性喜独居。孑孑山林之域，觅蝎虿以为趣；踽踽江河之中，网鳣鲔而烹煮。长读老庄，有契于心，逐寂寞于尘尘，怀恬淡于闷闷。游刃于入世出世之间，自然随顺；悟达于不争与争之域，秉执朴淳。悟云为之变化，叹人世之纷纭。恐欲壑之难填，慑机巧之杂陈。食尚寡味，拒甘脆腥酞以乱口；体恋褐裋，摈曼暖熚烁以毁身。若夫陷溺而不拔，由愦愦而昏昏；掉尾而不得，缘汲汲而亹亹。时经埃堁之扰，日罹物欲之侵，悲且不能自胜，乐又何方之可寻？况夫老子曰得一清宁，荀子言虚壹而静，故欲有所成，必执一也。何以执一？曰内必而外不必也。大利必争，小利不遗，人无而欲之，人有而妒之，强梁而不让，以胜人为事，又岂能专于本业乎？

且方今之评骘，划定场域，拘宥学者，有助于庸，无助于颖。吾尝闻寓言曰："有以骡驴研磨者，前悬萝卜。敦敦为务者，温颜而奖掖之；分背相踶者，鞭策而饥渴之。众骡驴皆有怨言，然为得口食，虽腹诽而竞趋为之。"夫学者非骡驴乎？项目非萝卜乎？吾骨则天性刚直，百炼而不折，矫煣而不曲，宁餍乎糟糠，不企餂于粳粱；宁难于饮啄，不蕲蓄于樊中。慕神龟之曳尾，效野雉之扑翩，巾笥樊笼之华饰，何惑于我哉！吾尝甚疑于项目之价值，何以黉宫重之、执政扬之、学者崇之、愚人赞之？何以重其名而遗其实？岂因名易知而实难知乎？然名多魁魁，实多琐琐，名实不相副，则又因实而损名也。且项目之申报、报账、结项颇为繁芜，吾略为估约，非一月之功不能为。吾有一月之功，能成一书之事，何以因一月之功而费一书之事乎？故吾自丙申年始，制人生之规划，废项目而不为，摈万事以不论，专一业以勉勉也。

吾人生之规划，先校诸子，复校经学、史学，以校成学，以学成研。此规划实始于辛卯年，时在西北师大读博二，首校《晏子春秋》，复校《管子》《盐铁论》《孔丛子》《山海经》诸书，多率意为之，非专于此事也，故内容浅薄，无甚价值。博士毕业入山东大学深造，受业郑杰文先生，作子书整理。以两月成《尸子疏证》，两月成《殷芸小说补证》，六月成《荀子汇校汇注附考说》，两月成《潜夫论校补》，用力不勤，质量亦不过尔尔。后又为《庄子校注评汇考》，方专意于校理，汇历代之资料，纠文字之讹谬，耗三载之功，尚一书而未成。因吾生性惫懒，至于末时，草草结束，而疏于补苴罅漏。《南华》既毕，又欲治《淮南》《冲虚》二书，以二书有涉于《南华》也。时郑先生觅人治谶纬，吾幸忝其列，因任务繁重，暂搁计划，转入谶纬之研究。然吾治《南华》毕，常有二思萦绕难耘：一者治《南华》之时，循校勘之要求，存底本之原貌，不轻改原文。校勘既毕，明《南华》之多误，或有一字之误而影响文义者，或有一段之误而阙其泰半者，因欲为《庄子译注》一书，据吾之校勘，厘定正文。二者治《南华》之时，多有发见，既见前贤之论违实者，又见前贤之论未及者，本根之不明，则枝叶泛泛也。因欲为《唐前〈庄子〉论稿》一书，究本逐源，以辅弼于《南华》之研究。以谶纬之缘故，二书皆无暇为之。

已亥年十二月癸亥归家度岁，历一祀之砣砣，欲优游以享日，伴老父以碎语，嬉雉子于堂途。然不过小住数日，改岁甫毕，即欲返泮，庚缵谶纬之事。忽疾疫天降，人心惶怖，正月戊辰村庄封闭。经前数日之观察，吾以为疾疫非一时之事，若不得控制，则黉门不开；黉门不开，则吾不得返泮；不得返泮，则居家碌碌。白驹过隙，时不可废，家中资料匮如，惟存《庄子校注评汇考》一书之草稿，正可假时日，以成

《唐前〈庄子〉论稿》一书。

吾之为此书，有私心在焉。何者？欲为校勘学正名也。向有问余曰："汝治何业？"答曰："古籍整理。"问者但"诺诺"，不复置喙也。盖问者以为古籍整理乃句读一类，童子所为，甚简易也。又或进而问余曰："古籍整理有版本、目录、典藏诸事，汝所为者何？"答曰："校勘。"问者亦但"诺诺"，不复置喙也。盖问者以为校勘乃小道，但寻觅版本而雠校之，曰"某版作某""某版作某"而已，童子亦可为之，甚简易也。此后复有问余治何业者，吾但曰"无所事事，误人子弟"而已，以井蛙不可语海，曲士不可语道也。吾之治学理念，校勘乃一切研究之根基，所有之研究，必建立于文本准确性之上。若文本有误，所有之分析，则为无源之水、无根之木，徒大言以惑人耳。今之研究者，文本之未稳，即论其思想、艺术、价值，叠床架屋，芜杂拉沓，无甚新意。或有机灵黠慧者，牵西方之理论，蒙东方之文章，削足以适履；缀它学之概念，论汉学之思想，生拉而硬拽。自满而外溢，自矜而内骄，自诩而不知蔽，自喜而不能止，实皆当自怜而自悲者也。吾以为治学之道，必由校勘始，校勘非谓版本之校勘，乃正文字之讹谬、究深层之意蕴也；由校勘而训诂，训诂非谓前人之训诂，乃考一字之渊源、明古今之演变也。惟其如此，方能由小及大、见微知著，悟前人所未言，正前人所已言也。

本书之撰写，基于《庄子校注评汇考》，其征引材料多出自《汇考》，惟观点乃彼书所未言。故有读者垂眼此书者，可与《汇考》合参之；若有它据而证吾观点有谬误者，亦承蒙读者纠正之。

庚子年正月戊辰书于莒县洛河徐家庄老家中

辛丑年九月癸巳修订于古代文学教研室

第一章　《庄子》底本可能是用楚文字写成

此章及下章的大体内容在笔者与李若楠合撰的《从文字学角度论〈庄子〉文本的楚文字特质》①中有所涉及，后笔者重研楚文字，复补充一些内容。该章为后面所有论述之基础，故不避重复，于此重为论说。

以往讨论《庄子》思想的源头，大约有楚文化、宋文化、齐文化三种说法。宋文化的特点不好概括，但和楚文化同本于殷商文化，可以一并论之。宋、楚文化受巫术影响较大，所以有着文辞诡谲的特点，屈原的赋作及《庄子》都有此特点。至于齐文化，是因为《庄子》里面涉及方术思想，这点在楚文化中的特点不明显，而在齐文化中比较突出。无论哪种说法，均以主观猜测为主，缺乏直接的、有效的证据。按照这些推测，笔者也可以说《庄子》是受周文化的影响，《周礼》有司巫，《齐物论》曰："《春秋》经世先王之志，圣人议而不辩。"②《天运》曰："丘治《诗》《书》《礼》《乐》《易》《春秋》六经。"《天下》曰："《诗》以道志，《书》以道事，《礼》以道行，《乐》以道和，《易》以道阴

---

① 李若楠、魏代富. 从文字学角度论《庄子》文本的楚文字特质[J]. 兰州文理学院学报，2019(5).

② 本书引《庄子》及郭象注，均以《续古逸丛书》影印北宋南宋合璧本为底本；本书引成玄英疏，均以《古逸丛书》影光绪十年甲申遵义黎氏覆宋本为底本。下不一一标注。

阳,《春秋》以道名分。”则可据此言《庄子》思想根植于儒家,而文风则受巫术之影响。又如燕赵方术之士和齐国方术之士同为彰显,而《说剑》一篇记载庄子见赵惠文王,则可以推论庄子在后期去了赵国,受到了赵国方术的影响,因此里面有此方面之内容。提出观点甚为容易,寻找证据论证观点也甚为容易,只要论证,总有言之成理之处。但此类观点,缺乏真实可靠的证据,并不足以说服读者。任何论证,必须有直接的证据,至于其他推测出来的内容,只能作为辅助的证据。只有辅助证据,缺乏直接证据,此观点则不足以成立,也就无法令人信服。

直接的证据如何去找?如果没有直接出土文本,笔者认为唯一的方式就是借助已有的出土材料,从文字学角度去推测现传典籍的文本状况。笔者旧做《荀子》之时,①即发现今传《荀子》和楚文字密切相关,比如《乐论》:“故鼓似天,钟似地,磬似水,竽笙、箫和、筦籥似星辰日月,鼗柷拊鞷椌楬似万物。”②其中的“鞷”字显然是乐器,但古籍中却没有记载。日本的一些版本作“鞷”,上从高,同样不见典籍记载。笔者以为:

> 鞷,疑当是“𩫏”之形讹,《说文》:“𩫏,古文墉。”然审之古文字,“𩫏”盖“庸”之借,不必仅为“墉”也。上博简《从政》篇“从

① 该书是在董治安先生、郑杰文老师《荀子汇校汇注》基础上增加的,原书收入《齐文化丛书》,由齐鲁书社 1997 年出版。后来郑老师言及此书在出版之时,由于字数太多,编辑让删除了一些内容,底稿本来保留在家中,但数次搬家,也几乎遗失殆尽。故郑老师希望笔者能补充些近现代以及境外的研究成果,重新出版。笔者应允之后,除了补充他人的研究成果,也对《荀子》进行了新的校勘和训诂,后由凤凰出版社于 2018 年出版,收入《子海精华编》。

② 董治安、郑杰文、魏代富整理. 荀子汇校汇注附考说[M]. 南京:凤凰出版社,2018:1042.

> 政𠅩五德”“𠅩行不倦”,《内礼》“然后奉之中𠅩”,“𠅩”皆读为“庸”,“𠅩”又有从丬(见《包山楚简·二》)、从忄(见《郭店楚简·穷达以时》)、从土(见《郭店楚简·六德》)、从月(见《上博简·弟子问》)、从纟(见《上博简·曹沫之阵》)者,读为“庸”无不可也。庸者,镛也,《说文》:“大钟谓之镛。”字或假“庸”为之,《诗经·商颂·那》:“庸鼓有斁。”《毛传》:“大钟曰庸。”《逸周书·世俘》:“王定奏庸,大享三终。”①

“𠅩”应该是《荀子》的原貌,后来传写成“𩫨”,后来又传写成“𩫨”,从文字讹变的角度来推测,日本作“𩫨”的版本应该比大陆所传《荀子》的版本都要早。② 又如《大略》篇:“雨小,汉故潜。夫尽小者大,积微者著,德至者色泽洽,行尽而声问远,小人不诚于内,而求之于外。”③首句的“雨小,汉故潜”历来没有完美的解释,如杨倞注:“未详。或曰:《尔雅》云:‘汉为潜。’李巡曰:‘汉水溢流为潜。’今云‘雨小汉,故潜’,言汉者本因雨小水滥觞而成,至其盛也乃溢为潜矣。言自小至大者也。”俞樾说:“‘汉’字,疑衍文。雨小故潜者,《尔雅·释言》曰:‘潜,深也。’言雨小故入地深也。”刘师培曰:“汉,当作‘暵’。《说文》:‘暵,干也。’……雨小汉故潜,言雨虽甚小,而炎蒸之

---

① 董治安、郑杰文、魏代富整理.荀子汇校汇注附考说[M].南京:凤凰出版社,2018:1062.

② 不止做《荀子》的时候笔者发现日本《荀子》版本要早于大陆所传《荀子》版本,即使日本所传《庄子》版本也要早于大陆所传《庄子》版本,而《荀子》《庄子》今皆有南宋完本存世,那么日本的《荀子》《庄子》版本当是早于南宋本的。笔者因而怀疑唐代二书传入日本后,日本学者此后的研究即本于唐本,受大陆版本影响较小,故较多地保留了古貌。

③ 董治安、郑杰文、魏代富整理.荀子汇校汇注附考说[M].南京:凤凰出版社,2018:1390.

气则固因之而伏灭,所以喻小德未尝无裨也。"①这些解释都不甚惬。根据下文的"尽小者大,积微者著",是言事物通过质变慢慢地引起量变,讲的是积累的过程。笔者以为:

> "汉"当读作"渐",上博简三《周易·渐》卦之"渐"字皆书作"",隶定作"灡",此文"汉(漢)"字即"灡"之省也(抑或是本作"灡",后人不知为"渐"之借,而妄删右"斤"字)。《周易·渐》卦正义:"渐者,不速之名。凡物有变移,徐而不速,谓之渐。"渐者,谓物之成长,虽缓而不断也。《管子·明法》:"奸臣之败其主也,积渐积微,使主迷惑而不自知也。"《汉书·贾谊传》:"安者,非一日而安也;危者,非一日而危也,皆以积渐然,不可不察也。"皆此义。潜,入地深也。此处云"雨小渐故潜"者,言雨小而不断,故其浸润土地能深入也。②

这个问题解决起来还是比较简单的,"潜"是润地深之义,雨下得小且怎么样才能浸入地下很深?根据常理,结合上下文,应该是说雨小但持续时间长。既明字之含义,复思考有哪些字既有时间长的意思又和"汉"字字形或读音相近即可。以上两处问题,私以为笔者的解释较以往之说更为合理。既然这均是楚文字才有的特点,那么今存的《荀子》是不是用楚文字写成的?《史记·荀卿列传》记载:

> 荀卿,赵人,年五十始来游学于齐。……田骈之属皆已死。

---

① 杨倞、俞樾、刘师培之说皆转引自董治安、郑杰文、魏代富整理《荀子汇校汇注附考说》,南京:凤凰出版社,2018年,第1395—1396页。

② 董治安、郑杰文、魏代富整理.荀子汇校汇注附考说[M].南京:凤凰出版社,2018:1396.

> 齐襄王时,而荀卿最为老师。……齐人或谗荀卿,荀卿乃适楚,而春申君以为兰陵令。春申君死而荀卿废,因家兰陵。……序列著数万言而卒。因葬兰陵。①

荀子晚年住在兰陵,授学兰陵,老死兰陵,此段时间的著述当是用楚文字写成的,其书中有楚文字的特点也就不足为怪。进而推测,《荀子》一书是否有赵文字特点?是否有齐文字特点?如果有,我们即可进一步推论《荀子》书中哪篇是在赵时写的,哪篇是在齐时写的,哪篇是在楚时写的,这样《荀子》篇章的时间顺序也就一步一步推测出来,对于其文本将有更深入的了解。遗憾的是,由于校《荀子》时学识尚浅,用楚文字解决的问题有限,其他文字也没有涉及,并没有形成系统,后来也就没有继续去讨论相关的问题。

在作《庄子》的时候,受《荀子》的启发,对出土文献开始重视起来。先是熟读《庄子》,复将所有的出土文献几乎读了一遍(不止是与楚文字有关的文献,与秦文字、汉文字有关的也读了一遍),根据文字的特征,还原到《庄子》文本上来,以期能解决《庄子》中的某些问题。

因为本章和下章证据上有重合,所以关于《庄子》和楚文字的关系,笔者仅举三例以为证。

第一例:《天地》篇:"方且与物化,而未始有恒。"关于"恒"字,多解释成"恒常不变"的意思。如郭象注:"此皆尽当时之宜也,然今日受其德,而明日承其弊矣,故曰'未始有恒'。"成玄英疏:"以智理物,政出多门,前荷其德,后遭其弊,既乖淳古,所以无恒。"还有的解释为

---

① (汉)司马迁撰,(南朝宋)裴骃集解,(唐)司马贞索隐,(唐)张守节正义.史记[M].北京:中华书局,1959:2348.

"竞",马叙伦曰:"'恒'为'桓'省,《说文》曰:'桓,竟也。'"①笔者以为:

> "恒"读作"极"。《大宗师》:"若人之形者,万化之未始有极也。"《田子方》:"且万化而未始有极也。"《史记·贾谊〈鹏鸟赋〉》:"千变万化兮,未始有极。"《淮南子·道应》:"故形有摩而神未尝化者,以不化应化,千变万抮,而未始有极。"与此句法、文义皆同。"恒"读作"极"者,"恒""极"二字上古音声母相近,韵部阴阳对转,故可假也。楚文字中"极"字多书作"恆"②,《老子》"极"字,郭店简多书作"恆"。《诗经·魏风·园有桃》:"谓我士也罔极。"《唐风·鸨羽》:"曷其有极。"两"极"字,安大简亦书作"恆"。"恆"即《说文》"恒"字古文。③

楚文字中"恒""极"均书作"恆",已是古文字学家的共识;至于是音近相假还是形近互用,目前则尚有争论。但无论哪种情况,此文

① 马叙伦. 庄子义证[M]. 上海:商务印书馆,1930:卷十二. 徐仁甫解释与马叙伦同。参见徐仁甫《诸子辨正·〈庄子〉辨正》,北京:中华书局,2014 年,第78—79 页。朱青长则认为:"恒,在《易》下经之次卦,下经以《咸》为生,以《恒》为教。恒,即诚也。行之百万年而不紊其轨,故曰'恒'。"参见朱青长《庄子解》,民国六年石印本:卷二。解释为"诚",实际仍然用的"恒常不变"之义。

② 楚文字中"恒"读作"极"之例,详参裘锡圭《是"恒先"还是"极先"》一文,见台湾大学中国文学系《二〇〇七中国简帛学国际论坛论文集》,又见复旦大学出土文献与古文字研究中心网站 2009 年 6 月 2 日,http://www.gwz.fudan.edu.cn/srcshow.asp?srcid=806。

③ 凡该书引笔者论《庄子》之文,皆出《庄子校注评汇考》,是书本当于 2020 年由山东人民出版社出版,后因种种原因未能先于本书出版,故其引笔者论语,无法标注文献出处。下同,不一一标注。

的“恒”必然是保留了原初的形式。相同的问题还见于《大宗师》:“若夫藏天下于天下而不得所遁,是恒物之大情也。”笔者认为此处的“恒”也应读作“极”,《天道》篇:“极物之真,能守其本。”《则阳》篇:“言之所尽,知之所至,极物而已。”三处“极物”相同,均是“尽物”之义。①

第二例:《庄子·山木》末记载:

> 庄周游于雕陵之樊,睹一异鹊自南方来者。翼广七尺,目大运寸,感周之颡,而集于栗林。庄周曰:“此何鸟哉!翼殷不逝,目大不睹。”蹇裳躩步,执弹而留之。睹一蝉,方得美荫而忘其身。螳螂执翳而搏之,见得而忘其形。异鹊从而利之,见利而忘其真。庄周怵然曰:“噫!物固相累,二类相召也。”捐弹而反走,虞人逐而谇之。

关于第一句,陆德明《经典释文》曰:“‘樊’或作‘埜’。埜,古‘野’字。”②笔者旧未有疑,以为作“樊”作“埜”皆可通,二字形近,难以确定本字为何。2019年安大简《诗经》③公布之后,笔者方觉得两个字都是误字:

下“虞人逐而谇之”,《吕氏春秋·慎小》:“鸿集于囿,虞人

① 《大宗师》:“若夫藏天下于天下而不得所遁,是恒物之大情也。特犯人之形而犹喜之,若人之形者,万化之未始有极也。”“恒”“极”同在一处,《庄子》文本的早期书写形式必然两字一致,但后面的“极”已用正字,前面的“恒”却保留了原初形态,说明后世的整理者尚知道楚文字中“恒”有读作“极”的情况,但没有全篇的统筹观念,故对假字的改造并不完备。

② (唐)陆德明. 经典释文[M]. 北京:中华书局,1983:387.

③ 黄德宽、徐在国主编. 安徽大学藏战国竹简(一)[M]. 上海:中西书局,2019.

以告。”高注:“畜禽兽大曰苑,小曰囿。虞人,主囿之官也。”《孟子·滕文公下》赵注:“虞人,守苑囿之吏也。”虞人乃掌管泽薮者,为人所掌,则不得谓之“野”;泽薮无藩篱,则解作“藩篱”亦不通;园乃植菜蔬者,与泽薮亦不同,则解作“园”亦恐非。吾疑“樊”“野”并当“苑”之形讹,《诗经·小戎》:“蒙伐有苑。”安大简《诗经》作“龙䍐有䔢”,整理者曰:“‘ㄋ’,‘夗’之初文省形。”(安大简《蒹葭》“宛在水中央”“宛在水中坻”之“宛”亦作“䔢”,上博简《孔子诗论》《小宛》之“宛”作“畗”。)“樊”“野(埜)”“䔢”三字形近也。

庄子游玩的地方,既然有虞人,则当是朝廷专门派人管理的地方;而朝廷专门掌管的地方,古籍中称作“苑”“囿”“苑囿”,既不能称作“樊”,也不能称作“野(埜)”,两个字显然都是“䔢”之形讹。

第三例:《天下》篇:“选则不遍,教则不至,道则无遗者矣。”“教则不至”一句,《释文》云:“不至,一本作‘不王’。”①马叙伦曰:“至,古文作‘[illegible]’,烂脱成‘王’也。”②认为作“王”字非。谭戒甫曰:“不王,借为‘不往’。《诗·大雅·板》篇:‘及尔出王。’毛传:‘王,往也。’即其证。”③谭氏从“王”字作解,可见认为作“王”是正确的。笔者以为“至”“王”二字均误:

“遍”与“无遗”义同,此处“至”亦当同。“至”“王”当并为“𡎈”之形讹,“𡎈”读作“广”,楚文字多以“𡎈”为“广”也,《老子》:“广德若不足。”郭店楚简《老子》乙本“广”作“𡎈”。《诗

① (唐)陆德明.经典释文[M].北京:中华书局,1983:404.

② 马叙伦.庄子义证[M].上海:商务印书馆,1930:卷三十三.

③ 谭戒甫.庄子天下篇校释[M].汉口:华中日报社,1935.

> 经·汉广》,上博简一《孔子诗论》作“汉岂”。上博简二《容成氏》:“济于岂川。”岂川即广川也。并其证。“广”“遍”义近。

以往的注家忽略了一个问题,即“无遗”承“遍”“至”二字而来,“遍”和“无遗”的意思相同,“至(王)”也应该与“遍”“无遗”的意思相同。而作“至”作“王”意思上均难与“遍”“无遗”联系在一起。只有作“广”,才说得通。

除了此文的三个例子,下面第二章还有大量的例证,基本可以证明《庄子》一书和楚文字有密切的关系。之所以说“基本可以”,而不说“肯定可以”,是因为战国文字,只有楚文字、秦文字比较系统,而其他国家的文字没有大批量地发现,很难确定其他国家的文字是否也具有此种特征。比如《在宥》篇“地气郁结”,《释文》曰:“郁结,如字,崔本作‘绾’,音结。”[①]吴承仕曰:“崔本作‘绾’者,‘郁’‘绾’双声,‘绾’‘结’义同。《史记·高祖纪》:‘使卢绾、刘贾将卒二万人,骑数百,渡白马津。’苏林曰:‘“绾”音“以绳绾结物”之“绾”。’是也。然‘绾’字不得音‘结’,疑《释文》以‘结’训‘绾’,今作‘音结’者,传写之讹。”[②]王叔岷曰:“《释文》‘音结’,‘音’字疑衍。盖‘郁结’,崔本作‘绾结’也。”[③]吴氏认为作“绾”作“结”是版本的不同,王氏认为“绾”是“郁”的讹字,两人又都怀疑今本《释文》有问题。显然“绾”字不可能音“结”,笔者以为:

> 吾疑崔本本作“䌨”(“䌨”为“结”汉隶俗书,见《侯马盟书》),因误作“绾”耳。

---

① (唐)陆德明. 经典释文[M]. 北京:中华书局,1983:377.
② 吴承仕. 经籍旧音序录·经籍旧音辨证[M]. 北京:中华书局,1986:158.
③ 王叔岷. 庄子校诠[M]. 台北:“中研院”历史语言研究所,1999:396.

崔本本来作“緒”，即“结”之别体，所以说“音结”。后人不知，误抄作“绾”，所以“音结”便无着落了。从字形上讲，笔者之解释当更合于实际。然《侯马盟书》属于晋文字，而楚文字“结”字同秦文字，不容易形讹，则崔本所依据的可能是晋文字。

又如《则阳》篇“而以匹夫从仇”，笔者以为：

> 从雠，成疏云“报雠”，然“从”无此义。疑“从”当作“复”，“从”字从辵从从，楚文字“复”字从辵从复。“复”字或作“復”，许慎以为从勹复声，恐非。“勹”音包，亦声符也，《侯马盟书》“腹”字繁体即加勹为之，是其证。“勹”字古书作“𠃌”，与“人”字相近。疑《庄子》旧书“复”从勹声，后人误定作“从”字。复雠即报雠，“复”“报”音同。

是用楚文字、晋文字同时证明。鉴于其他文字不成体系，本着审慎的态度，笔者只能得出“可能是用楚文字写成”的结论。但不管哪国文字，和汉文字有着明显的不同，是先秦文字才有的现象。故即使不是楚文字独有的特征，也不影响下章《庄子》成书年代的判断。

第二章 《庄子》各篇的成书年代

目前学术界的主流观点,以为《庄子》内篇为庄子自作,外篇、杂篇为庄子弟子及后学所作,甚至掺入了汉代的一些文章。在解决内、外、杂篇的问题之前,必须先解决今本《庄子》各篇成书年代的问题。

《庄子》书中的部分篇章,有怀疑是秦汉人所作的,如《刻意》篇姚鼐曰:"此篇乃司马谈《论六家要指》,类汉人之文耳。"①怀疑最多的是《让王》《盗跖》《说剑》《渔父》四篇,此四篇苏轼本来只是怀疑非庄子作,后世乃有怀疑为汉人所作的,如户崎淡渊论《盗跖》《说剑》曰:

> 《让王》以下,诸儒以为后人伪作,其文辞及其义迥异,非拟焉者,然后人作明矣。前篇有"宰相"字,本篇有"赵文王",全是秦人之文辞,非秦人不能复成斯文字矣。恐他书之脱篇,误入于此者也。②

甚至有怀疑是东汉人所作的,如李大防曰:

---

① (清)姚鼐. 庄子章义[M]. 清光绪五年《惜抱轩遗书三种》本:卷三.

② [日]户崎淡渊. 郭注庄子考[M]. 手抄本:卷六. 按:林希逸亦曰:"《盗跖》篇'今谓宰相曰',战国之时,未有称宰相者,此为后人私撰明甚。"参见林希逸《庄子鬳斋口义》,南宋刻本:卷九。

> 若《让王》《盗跖》《说剑》《渔父》四篇,自苏轼以来,人皆斥为赝作,粗鄙狼戾,直拾战国说士之唾余者,玩其词气,乃在东汉人下,讵可以溷庄子乎?①

还有一些,虽未直接点明,但也能明显看出其怀疑态度。如《天道》篇姚鼐言"素王""十二经"乃"汉人语"②,《外物》篇徐常吉言"县令,秦以后事"③,可见均怀疑此两篇乃汉人所作。但以上的怀疑缺乏直接有效的证据,其所判断的依据,一是"辞气",二是"后人语"。关于第一点,"辞气"的卑弱和刚健如何判断?同一篇文章,不同的人会有不同的感受,比如《胠箧》篇,孙鑛言其"气格殊浅薄"④,姚鼐则说"此篇尤奇肆"⑤;《秋水》篇,陈深言其"说义理阔大精详"⑥,范耕研则说"词较浅露"⑦。笔者以为,文学批评掺杂过多的主观性,乃以他人之文申己之义,多不可信。且"一千个读者眼中就有一千个哈姆雷特",每个人对文章的观感是不同的,那他对文章的评价自然也有不同。二是人们读一本书,往往先存了偏见去读,要么是好的,要么是坏的,所以很难有公正的评判。若让腐儒读《论语》,但见字字珠玑,句句涵光润泽;但批孔的时候读《论语》,却一字一句皆充满着腐朽的、堕落的、封建的气息。故"辞气"两个字,从考据学来说,是最站不住脚的;但从文学批评来说,却又人人可持之以论。至于第二点,"后人语"的时间界点是很难判断的,尤其秦汉之时的文章,其具体出

① 李大防.庄子王本集注[M].民国二十二年石印本:自序.
② (清)姚鼐.庄子章义[M].清光绪五年《惜抱轩遗书三种》本:卷二.
③ (明)徐长吉.刻宋须溪点校庄子口义[M].明万历十年刻本:卷八.
④ 孙鑛评语出明世德堂刊《南华真经》卷四。
⑤ (清)姚鼐.庄子章义[M].清光绪五年《惜抱轩遗书三种》本:卷二.
⑥ (明)陈深.诸子品节[M].明万历十九年刻本:卷二.
⑦ 范耕研.庄子诂义[M].民国三十七年济东印书社本:卷六.

现的时间恐难有令人信服的证据。比如"素王""十二经"等,王叔岷即辩驳说:"所谓'玄圣、素王、十二经,是汉人语',何不以为汉人亦有所本,出于战国晚期邪?"①但以上两种反驳也没有直接证据,是很难完全驳倒人的。依笔者的观点,只能从出土文献中去寻找证据。

目前直接关于《庄子》的出土文献有两种:1977 年安徽阜阳双古堆出土有《庄子》残简,1983 年湖北江陵张家山出土的竹简有《盗跖》篇。这两处竹简均未对外公布,据韩自强《阜阳出土的〈庄子·杂篇〉汉简》②、中国文物研究所等《阜阳双古堆汉简〈庄子〉》③两篇文章,阜阳汉简涉及内篇《逍遥游》《人间世》《大宗师》《应帝王》、外篇《骈拇》《在宥》《天地》《至乐》《达生》《田子方》《知北游》、杂篇《徐无鬼》《则阳》《渔父》《天下》,加上张家山汉简《盗跖》,一共有十六篇,占了今存《庄子》近一半的篇目。这两座墓据测定大约是汉文帝时期的④,秦代无文学,汉初文学亦不昌盛,且考虑到文本形成并为大众所接受需要经过一段时间的沉淀,几乎可以认定这十六篇的形成时期就是先秦。

或许有人质疑,此《庄子》文本也可能是汉文帝时创作,随后即被埋入墓中,不能规避此种可能。驳斥此说则需要第二个证据,即文字学上的证据。如果该篇文章中存有用楚文字的现象,汉人在整理时,由于秦文字和楚文字的差异性,导致整理错误,则说明此文本产生于

① 王叔岷. 庄子校诠[M]. 台北:"中研院"历史语言研究所,1999:474.

② 韩自强、韩朝. 阜阳出土的《庄子·杂篇》汉简[J]//《道家文化研究》第 18 辑,北京:生活·读书·新知三联书店,2000.

③ 中国文物研究所、阜阳地区博物馆、阜阳汉简整理组. 阜阳双谷堆汉简《庄子》//《出土文献研究》第 12 辑,上海:中西书局,2013.

④ 参见安徽省文物工作队《阜阳双谷堆西汉汝阴侯墓发掘简报》,《文物》1978 年第 8 期;荆州地区博物馆《江陵张家山两座汉墓出土大批竹简》,《文物》1992 年第 9 期。

先秦时期。上章举了三个例子，涉及《大宗师》《天地》《山木》《天下》四篇，为了避复，此三例不再赘举。笔者复举几例其他篇目中可以楚文字校勘的内容：

1.《逍遥游》："越人断发文身。"《释文》："断，丁管反，李徒短反。司马本作'敦'，云：'敦，断也。'"①《文选·张协〈杂诗〉》注、嵇康《与山巨源绝交书》注引作"敦"②。章太炎曰："作'敦'者是故书，'敦''断'一声之转。作'断'者，后人以训诂改之。"③章氏说作"敦"为故书是正确的，但说"'敦''断'一声之转"却缺乏音韵学上的依据。经典习作"祝发"，没有作"敦发"的，如朱桂曜曰：

> 断发，……字亦作"祝发"，《国策》："祝发文身。"注："祝，断也。"《列子·汤问》篇："南国之人，祝发而裸。"注："祝，之六反。裸，力果反。孔安国注《尚书》云：'祝者，断截其发也。'"④

笔者从朱氏的说法得到启示，认为：

> "敦"无断义，"敦"疑当作"孰"，假为"祝"。《诗经·墉风·干旄》："素丝祝之。"祝，安大简《诗经》书作"纋"，整理者曰："纋，从纟，䙴声。䙴，应为'孰'之省形异体。"此文盖本亦近于此字，读作"祝"，后世定作"孰"，又误作"敦"也。《说剑》篇"敦剑"，司马注："敦，断也。""敦"亦当作"孰"。又《列御寇》篇："敦杖蹷之乎颐。""敦"亦当作"孰"，而假为"拄"。古从祝

① (唐)陆德明. 经典释文[M]. 北京：中华书局，1983：361.

② (南朝梁)萧统编，李善注. 文选[M]. 上海：上海古籍出版社，1986：1380、1928.

③ 章太炎. 庄子解故[M]. 民国六年浙江图书馆刊《章氏丛书》本：2.

④ 朱桂曜. 庄子内篇补正[M]. 上海：商务印书馆，1935：25.

从主通,《山海经·南山经》“祝余”郭璞注:“或作‘柱茶’。”《周礼·疡医》“祝药”郑玄注:“‘祝’当为‘注’。”并其证。

作“敦”是故书,但“敦”是“孰”的讹字,“孰发”就是“祝发”。同样的,《说剑》篇的“敦剑”也应该作“孰剑”,所以司马彪注:“敦,断也。”又根据楚文字中“孰”字多读作鱼部之字,推测《列御寇》的“敦杖”应该读作“拄杖”。又如《在宥》篇鸿蒙曰:“意!毒哉僊僊乎,归矣。”“毒哉僊僊乎”历来没有统一的解释,笔者以为:

此“毒哉僊僊乎”实即《庚桑楚》“孰哉郁郁乎”。《人间世》篇:“无门无毒。”吾曰:“《说文》‘毒’古文作‘莦’,从刀筥声。‘筥’即‘笃’字,从亯竹声。”“孰”字,楚简则书作“筥”。盖此两字本皆作“筥”,后世于此则定作“毒”,于彼则定作“孰”也。“僊僊”与“郁郁”之关系,盖二字旧本皆从两戈。“僊”字从两戈者,《集韵》:“浅,或作‘濹’。”上博简五《竞建内之》:“公身为无道,不遻于善而说之,可乎哉?”陈剑读“遻”为“迁”。① 上博简六《平王问郑寿》:“君王遻居,辱于老夫。”何有祖亦读“遻”为“迁”。② 上博简九《卜书》:“我周之子孙,其埅于百邦。”“埅”即“遻”之省,亦读作“迁”。“郁”字从两戈者,上博简一《性情论》:“乐之动心也,浚深膋慆。”此文又见郭店楚简《性自命出》,“膋”作“膩”,濮茅左、刘钊等并读“膋慆”为“郁陶”。(“膋”从戈声,作两戈者,繁文,与“遻”从戋声不同。)盖此两字本皆从两戈,后世于此则定作“僊”,于彼则定作“郁”也。

---

① 简帛网:http://www.bsm.org.cn/show_article.php? id=204。

② 简帛网:http://www.bsm.org.cn/show_article.php? id=596。

则是“孰”字通作鱼部的“毒”字。

2.《天地》篇：“沛乎其为万物逝也。”《释文》：“逝，崔本‘逝’作‘启（啟）’，云：‘开也。’”①诸家未对崔本作“启（啟）”有相应的解释，笔者以为：

> 郭店楚简《老子》“大曰濳”，今本作“大曰逝”。《性自命出》篇有“身欲静而毋㪅”，“㪅”盖即“濳”之省书。疑此本作“沛乎其为万物㪅也”，读作“逝”，崔本不知此为借字，误书为“启（啟）”。

崔本最古（见第九章说），很大程度上保留了古本《庄子》的原貌。由崔本可知古本《庄子》应该是作“㪅”，读作“逝”，今本《庄子》作“逝”，是已经改为正字；崔本则在“㪅”的基础上形讹作“启（啟）”。相近的形讹还见于《山木》篇庄子游于栗林一章。原文曰：

> 庄周游于雕陵之苑②，睹一异鹊自南方来者。翼广七尺，目大运寸，感周之颡，而集于栗林。庄周曰：“此何鸟哉！翼殷不逝，目大不睹。”

其中“翼殷不逝”一句历来没有统一的解释，如《释文》：“翼殷不逝，目大不睹，司马云：‘殷，大也。曲折曰逝。’李云：‘翼大逝难，目大视希，故不见人。’”③司马彪说“曲折曰逝”，言鸟飞非直行也；李颐曰“翼大逝难”，乃解“逝”为“往”，言翅大则飞难。成疏曰：“殷，大

① （唐）陆德明. 经典释文［M］. 北京：中华书局，1983：377.

② “苑”原作“樊”，乃形讹，见第一章说。

③ （唐）陆德明. 经典释文［M］. 北京：中华书局，1983：387.

也。逝,往也。翅大不能远飞,目大不能远视。"后世基本采用成玄英的解释。但庄子的"翼殷""目大"承接"翼广七尺,目大运寸"而来,"不逝""不睹"承接"感周之颡"而来,若如成玄英的解释,则"感周之颡"就没有实际作用。此处"翼""目"作用对象均是庄子,"目大不睹"是说"眼睛大而不能看见(庄子)","翼殷不逝"应该是说"翅膀大而不能××(庄子)",解"逝"为"往"是说不通的。笔者以为:

> "逝"当作"避",言翅大不能避庄子,与目大不能睹庄子正相对。楚简"逝"或从音,"音"从辛从自;"避"字从辟,"辟"从𠂤从辛。二字形近,因讹。

《天地》《山木》两则形讹的原因有一定的相似性。《天地》篇还有一个"逝"字,原文说:"夫王德之人,素逝而耻通于事,立之本原而知通于神。"以往已经有学者注意到"耻通于事"和"知通于神"为对句的问题,而怀疑"耻"字有误。王先谦引苏舆曰:"素逝,即《山木》篇'晏然体逝'之意。'通于事'与'通于神'对文,'耻'字疑误。"①范耕研曰:"素,质也。'耻'疑是'心'之误。以知为质,而心乃能通于万事。"②(钱穆亦以为是"心"之误③)笔者以为:

> 此句与下"立之本原而知通于神"为对句,或脱两字,遂致难解。以意推之,此文或当作"素之素朴而能通于事",因有两"素"字而夺讹也。首"素"字读作"索","素"属心母鱼部,"索"属心母铎部,声同韵转,故可假也。《左传·昭公十二年》:"八

① (清)王先谦. 庄子集解[M]. 北京:中华书局,1987:101.
② 范耕研. 庄子诂义[M]. 民国三十七年济东印书社本:卷五.
③ 钱穆. 庄子纂笺[M]. 台北:东大图书公司,1993:90.

索九丘。"《释文》:"索,本或作'素'。"《尔雅·释草》:"素华。"《释文》:"素,又作'索'。"即其证。索者,求也。"逝"当作"朴"者,"逝"或作"澘",古字无定体,则可省作"歆"。朴,《老子》中"朴"字,郭店楚简多书作"Ⓐ"。"歆""Ⓐ"形近,因讹。"耻"当作"能"者,楚语"能"读作"态","态""耻"并透母之部字,音近而讹。索之素朴而能通于事,持素抱朴,其能足以通达于事物也。

不仅"耻通于事"和"知通于神"为对句,"素逝"和"立之本原"原本也应该是对句。"素逝"当作"素朴",这是《庄》书中常见的。"逝""朴"在楚文字中字形相近,因而致讹。

3.《大宗师》:"其寝不梦。"此条下句为"其觉无忧",是说睡着的时候不作梦,醒了的时候无忧虑。以往注家未对此句进行怀疑,笔者以为:

"寝"字当作"寐",《诗经·周南·关雎》:"寤寐求之。"(两出)《魏风·陟岵》:"行役夙夜无寐。"安大简"寐"并书作"帰",此即"寝"字。(《秦风·小戎》:"载寝载兴。""寝"字,安大简即作"帰"。楚文字何以书"寐"作"寝",或以为形近而讹,或以为音近相假,或以为义同互换。安大简三处"寐"作"帰",则形近而讹之说恐非。楚简"归"字多作"逯",是以"帚"为声旁。"逯"从帚读作"归","帰"从帚读作"寐",疑"帚"或当为"妇"省声。)此虽作"寝"义亦略通,然本篇下:"成然寐,蘧然觉。"《齐物论》:"其寐也魂交,其觉也形开。"皆以"寐"与"觉"对,觉为醒,寐为睡,义方该洽。若只是寝卧,未必睡也。《刻意》篇之"其寝不梦","寝"亦当作"寐"。

"寝"只是躺在床上,并不一定是睡着,根据同篇"成然寐,蘧然觉"、《齐物论》"其寐也魂交,其觉也形开",皆以"寐"与"觉"相对,而楚文字中,"寐"字即书作"寝",显然是后人整理《庄子》之时,误用了原字。《刻意》篇的"其寝不梦"也应该作"其寐不梦"。此文中涉及"归",笔者复联想到《天运》篇"而今乎妇女"之问题。为了便于理解,先把原文移录于此:

> 黄帝之治天下,使民心一。民有其亲死,不哭,而民不非也。尧之治天下,使民心亲。民有为其亲杀,其杀,而民不非也。舜之治天下,使民心竞。民孕妇十月生子,子生五月而能言,不至乎孩而始谁,则人始有夭矣。禹之治天下,使民心变,人有心而兵有顺,杀盗非杀人。自为种而天下耳。是以天下大骇①,儒墨皆起。其作始有伦,而今乎妇女,何言哉!

此段大意是从黄帝至尧、舜、大禹治理国家的水平越来越低,最终导致战国时期天下大变,儒墨纷纷争竞而起。"其作始有伦","伦"指伦理、条理,言刚开始的时候作事情很有条理,就"黄帝之治天下"言。"而今乎妇女"的"而今"是就"天下大骇,儒墨皆起"时言,是作者生活的时代。这句话的理解关键在"妇女"二字如何解释。郭象曰:"今之以女为妇而上下悖逆者,非作始之无理,但至理之弊,遂至于此。"把"妇女"解释为"以女为妇","女"指未婚女子,"妇"指已婚女子。以未婚女子为已婚女子,比喻"上下悖逆",未有纲常。其后的成玄英、陈景元、林疑独、林希逸、罗勉道、朱得之以及日本人户崎

① "骇"当作"駴",读作"革",变化的意思。

淡渊、岩井文等均循此而解释[①]。其他如魏光绪以"妇女"为已婚女子[②]、郭嵩焘以"妇女"为美女[③]，等等，无论何种解释，总不能疏通其大意。其实根据上句很容易推测下句的意思：事情在黄帝之时很有条理，到了现在则没有条理。"妇女"的本义当与"没有条理"相关。从这点来说，王叔岷、陈鼓应的解释是说的通的，王叔岷曰："'女'字当属下读，谓子贡。……'妇'借为'负'，……（《史记·陈丞相世家》：'户牖富人有张负。'《索隐》：'按负，是妇人老宿之称。'即'妇''负'通用之证。）《释名·释姿容》：'负，背也。'《史记·五帝本纪》：'鲧负命毁族。'《正义》：'负，违也。'此谓其作始固有伦序，而今也违背，汝尚何言哉！"[④]陈鼓应曰："'妇''否'古通用。《易·否》：'否之匪人。'马王堆出土帛书'否'作'妇'。又本卦'休否''倾否'之'否'帛书均作'妇'。是古'否'字多假'妇'字为之也。'其始作有伦，而今乎否'，意思甚明，言其始作也尚有伦序，而今则非也。"[⑤]但这两种解释均把"女"字属下读，无论"而今乎负"还是"而今乎否"总有句末缺语词之感，且此两种句式，在先秦典籍中未出现过。也有怀疑此处有误文的，如王懋竑曰："疑有脱误。"[⑥]但没给出解释。奚侗曰："'乎'当作'焉'，《论语》：'人焉廋哉。'皇疏：'焉，安也。'《广雅·释诂》：'焉，安也。''妇'乃'归'字之误，'女'字属下句，读为'汝'，谓子贡也。此承上文，言舜禹之治天下也，其作始固有伦序，而今安所

---

① 陈景元、林疑独说见褚伯秀《南华真经义海纂微》，林希逸说见《庄子鬳斋口义》，罗勉道说见《南华真经循本》，朱得之说见《庄子通义》，户崎淡渊说见《郭注庄子考》，岩井文说见《庄子集注》。

② （明）魏光绪. 南华诂[M]. 明崇祯十年刻本：卷三.

③ （清）郭嵩焘. 庄子札记[M]. 清光绪元年湖北崇文书局刊《百家子书》本.

④ 王叔岷. 庄子校诠[M]. 台北："中研院"历史语言研究所，1999：544.

⑤ 陈鼓应. 庄子今注今译（修订本）[M]. 北京：商务印书馆，2007：448.

⑥ （清）王懋竑. 庄子存校[M]. 清同治十一年福建抚署刊《读书论疑》：卷十一.

归邪？天下已大骇，儒墨亦皆起矣，女更有何言哉？……归，籀文作‘婦’，与‘妇’形似易误。”①（李哲明说与奚氏同②，疑本奚氏。）笔者以为：

> “妇”当作“归”是也，惟“归”不当读本字而当读作“坏”。“坏”从褱得声，“褱”从眔得声，“归”从止得声，（《说文》谓从𠂤声，然《说文》籀文从止，楚简或从辵，辵亦从止，则以从止得声为是。）古从眔从止通也。《礼记·缁衣》：“私惠不归德。”郑注：“归，或为‘怀’。”今上博简《缁衣》作“壞”，“壞”即“怀”字。清华简《芮良夫毖》：“天之所韢，莫之能支；天之所支，亦不可韢。”即《国语·周语下》“天之所支，不可坏也；其所坏，亦不可支也”，“韢”即“归”字而读作“坏”，此“归”当读“坏”之确证。“女”字有两读，读作“汝”则与下“何言哉”连读。若不属下则当为“焉”之误，楚简“焉”字多书作“女”，读作“安”借作“焉”，“女”即“女”之形讹。

笔者依据《礼记》郑注，很早就怀疑此处的“妇”应当是“归”而读作“坏”，只是一直苦于未见二字直接通假之证据。直至后读清华简《芮良夫毖》，方对己之观点十分肯定。至于“妇”和“归”的关系，一开始笔者怀疑为误字，然鉴于楚文字中有大量形近互用的现象，故尚未敢十分确信。

4.《庚桑楚》篇：“简发而扻。”《释文》：“扻，庄笔反，又作‘栉’，亦作‘楖’，皆同。”③庄笔反切“栉”字，“扻”从手欠声，不可能有此

---

① 奚侗. 庄子补注[M]. 民国六年江苏省立官纸印刷厂排印本：卷二.

② 李哲明. 庄子训义㩜补[J]. 文史杂志，1913(8)：1.

③（唐）陆德明. 经典释文[M]. 北京：中华书局，1983：390.

音，故王引之曰："'扻'当为'掀'，即《玉篇》'搸'字，隶书转写手旁于左耳。《玉篇》：'搸，七咨切，掣也。'此借为'栉发'之'栉'，故音庄笔反，又音节。"①吴承仕曰："王说字从次声，是也。'次'在脂部，'节'在至部，旁转最近，故即以'掀'为'栉'。今《释文》本作'扻'者，传写误省，非《庄子》旧文如是也。"②均认为"扻"是"掀"字形讹。笔者以为：

古文字从次从欠不分，《古玺汇编》0008 号楚印有""字，从章从次从口，李家浩以为当从章从欠从口，读作"赣"，并云："在古文字里，'次''欠'二字作为偏旁时往往混用，如'敛'字，古印文字写作从次；长沙战国帛书月名'欱'字，越王勾践剑写作从次，即其例。"楚文字中，从次从欠亦不分，如"欲"字书作"欲"（见信阳楚简、九店楚简、郭店楚简《老子》、上博简《容成氏》等）、"歖"字书作"歖"（见郭店楚简《唐虞之道》、包山楚简）、"歙"字书作"歙"（见上博简《容成氏》），皆是也。

说明作"扻"是故书，不能随意改作"掀"。除了从欠从次不分，楚文字还有随意增减人旁的现象，这在《庄子》中也多有体现，如《人间世》："求狙猴之杙者斩之。"《释文》："杙，以职反，又羊植反，郭且羊反，司马作'朳'，音八。……崔本作'栊'，音跋，云：'枷也。'"③"朳""栊"古音同，但和"杙"字形音俱远。笔者以为：

疑旧本有"杙"字作"栈"者，"栈"读作"栰"（楚简从戈从弋

① （清）王念孙. 读书杂志[M]. 南京：江苏古籍出版社，1985：1018.
② 吴承仕. 经籍旧音序录·经籍旧音辨证[M]. 北京：中华书局，1986：161.
③ （唐）陆德明. 经典释文[M]. 北京：中华书局，1983：367.

> 不分,如上博简《凡物流形》:“远之戈。”整理者读“戈”为“弋”。楚文字书写无定体,或省人旁,或增人旁,同也。如包山楚简:“閟于大门一白犬。”整理者曰:“閟,读作‘阀’。”《尚书·金縢》:“大木斯拔。”清华简《金縢》“拔”作“臧”,字当从“戕”得声,“戕”当读为“伐”,借为“拔”。清华简《系年》:“越公与齐侯贠、鲁侯衍。”“贠”即“贷”。本书《至乐》篇:“柳生其左肘。”肘,司马本作“胕”。《达生》篇:“视其后者而鞭之。”鞭,崔本作“趮”,即因“鞭”省人作“鞕”而误也。并其证),复声变作“杋”与“枝”也。

不仅可以解决此处“杙”作“杋”“枝”的问题,也可以解决《至乐》篇司马本“肘”作“胕”、《达生》篇崔本“鞭”作“趮”的问题。

以上几条,第一条是从筥之字的通假问题,涉及《逍遥游》《在宥》《说剑》《庚桑楚》《列御寇》五篇;第二条是从辛之字的形讹问题,涉及《天地》《山木》二篇;第三条是“寝”“寐”书同、“归”“坏”相假的问题,涉及《大宗师》《天运》《刻意》三篇;第四条省文、繁文之问题,涉及《庚桑楚》《人间世》《至乐》《达生》四篇。加上第一章涉及《大宗师》《天地》《山木》《天下》四篇,去其重,和阜阳汉简、张家山汉简涉及的《逍遥游》《人间世》《大宗师》《应帝王》《骈拇》《在宥》《天地》《至乐》《达生》《田子方》《知北游》《徐无鬼》《则阳》《渔父》《天下》《盗跖》十六篇,共包含今本《庄子》二十二篇,还有《齐物论》《养生主》《德充符》《马蹄》《胠箧》《天道》《缮性》《秋水》《外物》《寓言》《让王》十一篇未言及。为避免繁杂,此处不一一赘举。

根据出土文献看,今存《庄子》基本可以确定是先秦时期的文本,虽然也有些后世掺入的内容,但不能仅凭几个词或者“辞气”就轻易否定其成书年代。

第三章 《庄子》篇目编排之问题

笔者教授古代文学课时，讲解至不熟之书，多可据旧说侃侃而论；讲解至熟悉之书，往往有无所置其口喙之感。如讲《荀子》，笔者则论校勘学，以使学生知《荀子》文本存在很多错误。讲《庄子》，则一般播放以往学者说《庄子》之视频，听他人所论《庄子》。很少对两书的思想、艺术特色作详细的讲解。之所以如此，是因为对二书过于熟悉，对于教材上的观点往往不敢苟同。但由于笔者尚未对二书形成科学的判断，故只能置而不论。《荀子》尚好，至少很多篇章围绕一个主题展开论说，整体结构比较完整。《庄子》的情况则较为复杂，因为很多篇章的原始形态未必如此，而是后人重新缀合的结果，故其篇章主旨很难概括。马叙伦已经注意到这个问题，他在《庄子义证》自序中论说到：

> 余怪郭象以《阏奕》《意修》《危言》《游凫》《子胥》之杂巧而去之。若《说剑》者，其义趣浅陋，若无涉于庄周之旨，辞亦与他篇不伦，必出于伪造无疑。既过而存之，则其所削者，宁无可比于是，而一不存，何邪？然象自《让王》《盗跖》《渔父》三篇，最括大旨，余篇皆详为之注。独《说剑》不置一辞，余疑郭本亦非故书。检《盗跖》篇“孔子与柳下季为友”章末，象注曰：“此篇寄明因众之所欲亡而亡之，虽王纣可去也；不因众而独用己，虽盗跖不可御也。”与《渔父》篇于末注曰“此篇言无江海而言间者”云

云同例，则郭本《盗跖》篇固仅一章。其后“子张”“无足”两章，盖为别一篇之辞。又《让王》篇末《音义》引唐云：“或曰《让王》之篇，其章多重生，而务光二三子自投于水，何也?”唐不知何人。盖有疑于是篇先后辞旨之异。余检是篇，自“故许由娱乎颍阳而共伯得乎共首”以上，惟“孔子穷于陈蔡”章，义亦不伦，余皆重生之说，而郭氏都无所注。《田子方》篇末《音义》曰：“俗本此后有‘孔子穷于陈蔡’及‘孔子谓颜回’二章，与《让王》篇同，众家并于《让王》篇音之。检此二章无郭注，似各重出，古本皆无。谓无者是也。”依陆说，则郭本自有错乱。……以此推之，《盗跖》篇之“子张”“无足”两章，本为别篇之辞。亡其篇首，传写遂缀于《盗跖》之末。既佚一篇，乃就司马本取《说剑》以补其亡，(《说剑》音义仅引司马本，则众家盖无也。)是又象削之而后人复留之者也。《音义》无说，其来久矣。①

马叙伦认为郭象对《庄子》进行了删削，但今存的郭象本《庄子》也不是郭本《庄子》的原貌，他提出了两个观点：

第一，《盗跖》分三章：孔子与柳下季为友、子张问于满苟得、无足问于知和。郭象于首章下注“此篇”云云，和《渔父》篇末注“此篇”云云同例，“此篇”是一篇结束时的话，说明郭象所见只有第一章，后面的两章是没有的。王叔岷也注意到此现象，他说：

此篇以《盗跖》名篇，而所述盗跖事于此已终，则此篇当止于此。郭注于一篇之中言某章之义，决无言“此篇”者。独于此云“此篇”，则《盗跖》篇本止于此，甚明。下文“子张问于满苟得曰”至篇末，所记与盗跖之事无关，郭氏分为二章，当是他篇之

① 马叙伦. 庄子义证[M]. 上海：商务印书馆，1930：自序.

> 文，因所称故实及寓意，颇有与《盗跖》篇相合者，郭氏遂移合于《盗跖》篇之后与？①

说法与马叙伦同，但认为是郭象自己移置的，却未必是。张家山汉简出土的《盗跖》篇证实了此说法的合理性，廖明春《竹简本〈庄子·盗跖〉篇探原》曰：

> 简本《盗跖》篇字数约一六九二，距今本第一章的一七四八字尚差几十字。……简本《盗跖》篇只有今本《盗跖》篇第一章的事实，与上述郭象注所反映出的事实是一致的。出土文献与传统文献的相互印证说明，今本《盗跖》篇并非《盗跖》篇的原貌，《盗跖》篇原本与简本《盗跖》篇相似，只有今本《盗跖》篇的第一章。②

显然，郭象见到的《盗跖》篇和张家山汉简《盗跖》篇内容是相近的，没有后两章的内容。郭象曰“此篇”，则后面两章绝非郭象所补入。后面的“子张”章郭象注：“此章言尚行则行矫，贵士则士伪，故蔑行贱士以全其内，然后行高而士贵耳。”“无足”章郭象注：“此章言知足者常足。”皆言“此章”，既说明《盗跖》单独成篇，亦说明郭象本原本有此两章，但不在《盗跖》篇中。至于何人何时对此进行了移动，则无从考知了。

第二，马叙伦讨论的是《让王》篇遗失郭注的问题，但根据其所提出的证据，也可以作为今本《庄子》非郭象本的证据。《田子方》篇《释文》“俗本此后有‘孔子穷于陈蔡’及‘孔子谓颜回’二章，与《让

① 王叔岷. 庄子校诠[M]. 台北：“中研院”历史语言研究所，1999：1194.

② 廖明春. 出土简帛丛考[M]. 武汉：湖北教育出版社，2004：207.

王》篇同"①云云,则陆氏所见郭本《田子方》下有"孔子穷于陈蔡""孔子谓颜回"两章。陆氏云"检此二章无郭注,似各重出,古本皆无。谓无者是也"②,则可能是俗本的问题,未必郭本原即如此,故可以置而不论。《释文》提出的另一点则很值得重视,即陆氏与唐氏问答的话:

> 唐云:"或曰:'《让王》之篇,其章多重生,而务光二三子自投于水,何也?'答曰:'庄书之兴,存乎反本,反本之由,先于去荣,是以明《让王》之一篇,标傲世之逸志,旨在不降以厉俗,无厚身以全生,所以时有重生之辞者,亦归弃荣之意耳,深于尘务之为弊也。其次者,虽复被褐啜粥,保身而已。其全道尚高,而超俗自逸,宁投身于清泠,终不屈于世累也。此旧集因有,聊复录之,于义无当也。'"③

唐氏不知是谁,他敏锐地注意到了《让王》篇务光投水与通篇主旨不同的问题。陆氏作了解答,但末尾说"此旧集因有,聊复录之,于义无当也",亦不过是强行解释罢了。此篇虽以《让王》名篇,通篇实际上阐述的是"能尊生者,虽贵富,不以养伤身;虽贫贱,不以利累形"的思想。但篇末"舜以天下让其友北人无择""汤将伐桀""昔周之兴"三章,言北人无择、卞随、瞀光、伯夷、叔齐五人自杀而死,和"尊生"的思想是完全相悖离的。

《让王》篇还不止末三章有问题,第三章"舜以天下让善卷"、第四章"舜以天下让石户之农"两章也值得怀疑。笔者在《汇考》中提

① (唐)陆德明. 经典释文[M]. 北京:中华书局,1983:388.

② (唐)陆德明. 经典释文[M]. 北京:中华书局,1983:388.

③ (唐)陆德明. 经典释文[M]. 北京:中华书局,1983:399.

出四个证据：

> 此二段疑后人补入，林希逸云："此二段无断语者，即与前义同。"已见其前后有断语，独此二段无之。此其一疑也。上"尧以天下让许由，许由不受。又让于子州支父"，同为尧让，而以"又"字承之，此同为舜让，而各起一段。此其二疑也。尧让子州支父，舜让子州支伯，二人又皆答以"适有幽忧之病"，事本相连属，加此二段，则意有隔阂。此其三疑也。下张士保《南华外杂篇辨伪》云："《逍遥游》许由言中，已无不该，何暇更赘许多。"文辞重复，殊失简练之致。此其四疑也。

这是此章第二个值得怀疑的点。此外还有第三个怀疑的点，是根据第二个怀疑的点的第一条，即林希逸所云"此二段无断语者，即与前义同"推断出来的。本篇凡十八章，第一章"尧以天下让许由"章后断曰："夫天下至重也，而不以害其生，又况他物乎！唯无以天下为者可以托天下也。"第二章"舜让天下于子州支伯"章断曰："故天下，大器也，而不以易生。此有道者之所以异乎俗者也。"第五章"大王亶父居邠章"断曰："夫大王亶父可谓能尊生矣。能尊生者，虽贵富不以养伤身，虽贫贱不以利累形。今世之人，居高官尊爵者，皆重失之。见利轻亡其身，岂不惑哉！"第六章"越人三世弑其君"章断曰："王子搜非恶为君也，恶为君之患也。若王子搜者，可谓不以国伤生矣！此固越人之所欲得为君也。"第七章"韩魏相与争侵地"章断曰："子华子可谓知轻重矣！"第八章"鲁君闻颜阖得道之人也"章断曰："故若颜阖者，真恶富贵也。"此章后又有："故曰：道之真以治身，其绪余以为国家，其土苴以治天下。由此观之，帝王之功，圣人之余事也，非所以完身养生也。今世俗之君子，多危身弃生以殉物，岂不悲哉！凡圣人之动作也，必察其所以之与其所以为。今且有人于此，以随侯之珠弹千仞之雀,世必笑之。是何也?则其所用者重而所要者轻也。夫生者岂特随侯之重哉!”乃总断上诸章。此下诸章或有断语或无断语,则从第九章“子列子穷”以下可能也是后人因与前大义相近而补入的。据上所论,此篇分三部分,第一部分为第一章至第八章,中间的第三章、第四章为后人补入,去除此两章之后,剩余章节或即《让王》篇的初始文本。第二部分为第九章至第十五章,后人因此数章与前六章所喻相近,所以补入。第三部分为第十六章至第十八章,章旨和前皆不同,乃后人调整章节时率意补入。

以上是《盗跖》《让王》两篇存在的问题,除此之外,其他篇目中有问题的也很多,今依篇目顺序进行讨论。

1.《逍遥游》之问题。

《逍遥游》的问题主要有两个方面,第一个是从“汤之问棘也是已”至“此小大之辩也”与前重复的问题。中井积德曰:

> 是一节,盖后人模效之笔,误搀入乎此也。南华老必无若此复言重说,使人厌也。是节同称鲲鹏,而不言鲲之化,下边偏说鹏,是鲲为赘物也。且文势稍卑弱,必非南华之笔矣。①

王树楠曰:

> 窃疑以下“穷发②之北”至“彼且奚适也”一段为古注本误入正文之内,不然重叙此文,殊无章法。且上文皆言小年、大年,故曰“此小大之辨也”。增入此一段,反为不类,不必曲为之

① [日]中井积德. 庄子雕题[M]. 日本明治十一年寺町雅文手抄本:卷一.

② “发”原作“海”,径改。

说也。①

一个怀疑是后人模仿之文误入,一个怀疑是古注文误入(马叙伦说同王树楠②),虽不能确定,其重复之弊令人生疑。

第二个是末章惠子、庄子讨论大樗的问题。冈松辰首先怀疑此乃后人羼入,他说:

> 此一节意与前章重复,而其辞亦觉稍拙于前章,且前章"犹有蓬之心也夫"一句,意义已竭,铮然而止,岂可复继以呕哑嘈杂之音哉?是知"吾有大树"以下百五十余字,为后人窜入,不待辩而明矣。③

论说虽短,但却从三个方面进行判断,一是语义和上章重复,二是文辞逊于前章,三是前章语义已足,不当复为画蛇添足。然此三证皆无实际证据,笔者以为:

> 此章冈松辰以为乃赝作,以其义与上篇复,近是。《逍遥游》一篇,本敖荡不羁之语,流衍散漫,不着边际,而此篇文法井然,殊为不类。且纯用韵文写成("樗""矩""涂""顾""去""者""下""罟""鼠""野""下""斧""者""苦"并鱼部),与其它段落不协,疑非庄子之文,或后人见其义与上近而置此也。

《庄子》中虽多用韵之文,但这种一韵到底的文字却很寡见,而且

① (清)王树楠.庄子大同说[M].陶庐精抄本:卷一.
② 马叙伦.庄子义证[M].上海:商务印书馆,1930:卷一.
③ [日]冈松辰.庄子考[M].日本明治四十年中野镆太郎排印本:卷一.

此章乃叙事,非论说,叙事一韵到底的文章,在《庄》书中是绝无仅有的,即便在整个先秦两汉文学中也极为罕见。与之有相同问题的还有《人间世》末章孔子适楚一事,完全衍《论语》而成,也通篇用韵,冈松辰亦曰:"盖后人所加,决非庄生之笔。且上文'又况支离其德者乎'一句,意已竭矣,岂复得继以长语,亟删去可也。"①

2.《齐物论》之问题。

《释文》于"夫道未始有封"下曰:"崔云:'《齐物》七章,此连上章。而班固说在外篇。'"②马叙伦曰:

> 今诸本此章并在本篇,班固说在外篇,则本非复《汉志》之次第矣。③

班固和《庄子》一书关系密切(见第八章说),依笔者之见,此处应该是班固所见的其他《庄子》版本,自"夫道未始有封"以下原在外篇,马氏说恐不可信。蒋锡昌也不同意马氏说法,他认为:

> 崔于"夫道未始有封"下谓"班固说在外篇"者,乃言班固本此章亦在本篇,但班固验之于义,以为应在外篇也。马谓今本非复《汉志》之次第,实属误解崔意,非是。④

但蒋氏的说法恐不合理,据崔氏引班固之说,曰"班固作""班固曰",强调的是版本的不同;且汉以前人注古书,鲜有以义论篇章之分

① [日]冈松辰.庄子考[M].日本明治四十年中野镆太郎排印本:卷二.

② (唐)陆德明.经典释文[M].北京:中华书局,1983:363.

③ 马叙伦.庄子义证[M].上海:商务印书馆,1930:卷二.

④ 蒋锡昌.庄子哲学[M].上海:商务印书馆,1937:149.

合的。盖本篇前文有“而未始有封也”,与此“夫道未始有封”相近,所以后世有合为一篇者。

3.《在宥》之问题。

《在宥》篇末章作:

> 贱而不可不任者,物也;卑而不可不因者,民也;匿而不可不为者,事也;粗而不可不陈者,法也;远而不可不居者,义也;亲而不可不广者,仁也;节而不可不积者,礼也;中而不可不高者,德也;一而不可不易者,道也;神而不可不为者,天也。故圣人观于天而不助,成于德而不累,出于道而不谋,会于仁而不恃,薄于义而不积,应于礼而不讳,接于事而不辞,齐于法而不乱,恃于民而不轻,因于物而不去。物者莫足为也,而不可不为。不明于天者,不纯于德;不通于道者,无自而可。不明于道者,悲夫!何谓道?有天道,有人道。无为而尊者,天道也;有为而累者,人道也。主者,天道也;臣者,人道也。天道之与人道也,相去远矣,不可不察也。

这段文字很早就有人怀疑,罗勉道曰:

> 此章意浅语嗫,必狗尾之续貂。①

朱得之曰:

> 此段又原不知无为之化,而侮知自满者之为害也。玩其词

① (宋)罗勉道.南华真经循本[M]//《正统道藏》第16册,上海:上海书店出版社,1988:75.

气义理,或东汉已后拟庄者。意以庄文鄙事法而薄仁义,若为之补过耳。文辞平易,与时文不远。①

宣颖曰:

此一段意肤文杂,与本篇之义不甚切,且其粗浅全不似庄子之笔。盖本篇正文在上段已完,此段或系后人续貂,未可知也。②

中井积德曰:

是节以下,不似庄生口气,疑后人补入,盖不达于庄生之意,妄为御侮之术者。③

刘凤苞曰:

以上多训诂气,平庸杂沓,的系后人续貂无疑。……此段则意浅词肤,绝无真气贯注,其间几于画蛇添足矣。④

概括论之,一是词义浅显,二是与前义不接,三是与《庄子》它文不类。从思想上来说,里面重物、民、事、法、义、礼、德、道、天,议论中庸平正,和儒家思想相类,和庄子思想是相差甚远的。从文辞上来

① (明)朱得之.庄子通义[M].明嘉靖三十九年朱氏浩然斋刊本:卷四.
② (清)宣颖.南华经解[M].清同治五年皖城藩署刊本:卷二.
③ [日]中井积德.庄子雕题[M].日本明治十一年寺町雅文手抄本:卷四.
④ (清)刘凤苞.南华赘解[M].清刘起庚手抄本:卷三.

说，此段之前笔势漫衍，文气不拘，鱼龙变化，和《庄》书的整体风格相近，至此句式突变整饬，亦颇不偕。

4.《秋水》之问题。

此篇中最值得怀疑的是"公孙龙问魏牟"一章，林云铭、吴世尚、何如澿、刘凤苞皆怀疑是伪作，如刘凤苞曰：

> 此段前半本语海井蛙，强加敷衍，后半本不可之意，极力铺排。一味自夸，庄子固不应有是，不外河伯、海若所言之义，而重言之，庄子门人作此究亦何取？况学行露迹，流于浅俗处，正自显然，其为后人附赘无疑。①

此章与首章"秋水时至"一章所论完全相同，且其中有"且夫知不知是非之竟，而犹欲观于庄子之言"，或者是在河伯、海若对话基础上重新模仿，因两篇喻义相近，后人复缀入其中。不仅如此，此篇整篇均值得怀疑，冈松辰曰：

> 《秋水》一篇，在庄生书中最为莞莞者，独篇中"公孙龙问于魏牟"一节，林西仲以其无甚深旨，疑为后人所窜掇。然非独此也，其下"庄子钓于濮水"及"惠子相梁"二节，亦不与前后相称，不过为赝作也。②

河伯、海若对话已完，其后的"夔怜蚿"数章也完全意不相接。而且"夔怜蚿"一章通篇无崔注，说明崔本可能没有此章。

---

① （清）刘凤苞.南华赘解[M].清刘起庚手抄本：卷四.

② ［日］冈松辰.庄子考[M].日本明治四十年中野锳太郎排印本：卷四.

5.《天下》之问题。

《天下》篇论天下之道术，开篇总论，其后论墨翟、禽滑厘、宋钘、尹文、田骈、慎到、关尹、老聃、庄周，皆以“古之道术有在于是者，××闻其风而悦之”为承接语。独自“惠施多方”以下，和前章句式不类。马叙伦曰：

> 王应麟依《北齐书·杜弼传》曰：“弼尝注《庄子·惠施》篇，谓今无此篇，亦逸篇也。”伦疑此篇当终于“未之尽者”。“惠施多方”以下，乃《惠施》篇文。观《音义》引崔譔、向秀之音说，自“惠施”以下，讫不一见，则向、崔本此篇终于“未之尽者”可知也。然观郭象注曰：“此篇评较诸子，至于此章，则曰‘其道舛驳，其言不中’。”则郭据本已然。①

《北齐书·杜弼传》言杜弼曾注《庄子·惠施》篇，王应麟以为《惠施》篇已逸，马叙伦则认为即“惠施多方”以下一段文字，并认为当单独一篇，原不在《天下》篇中。并且根据前数章有崔譔、向秀注，独此章没有，认为崔本、向本是没有此章的。钱穆引武内义雄语亦认为：

> 以下或即北齐杜弼所注《惠施》篇。本篇上半《释文》多引崔音，此下独无一引。又《列子·仲尼》篇多与此下文有相似，而张湛注亦不引向秀。则此下半为崔、向所不传，郭象取他本附此。②

---

① 马叙伦. 庄子义证[M]. 上海：商务印书馆，1930：卷三十三.

② 钱穆. 庄子纂笺[M]. 台北：东大图书公司，1993：278.

两说基本相同,可谓不谋而合。可见《惠施》篇本是单独一篇,郭象本并入到《天下》篇。《汉志》载《惠子》一篇,疑即从《庄子》中取出。

以上只讨论了其中五篇,其他篇章中也存在相同的问题,今不复赘。还有一种现象,即版本的不同问题。相同或相近的段落,在不同的版本中所在的位置不一样。其他版本我们现在已经不能知,但通过他书的征引,尚能约略推知一些其他版本的状况。王叔岷已经注意到此现象,他在《天运》篇注"孰隆施是"曰:

> 《辅行记》云:"《庄子》内篇,自然为本。如云'雨为云乎?云为雨乎?孰降施是',皆其自然。"今本此文则在外篇矣。①

又于篇首曰:

> 此篇论顺其自然而天下治。又此篇之文,唐释湛然《辅行记》引有在内篇者。②

"雨为云乎?云为雨乎?孰降施是"见《天运》篇,属于外篇,但《辅行记》曰"《庄子》内篇",可见释湛然见到的版本此篇在内篇。又如隋释吉藏《百论疏》云:

> 《庄子》外篇,庖丁十二年不见全牛。③

---

① 王叔岷.庄子校诠[M].台北:"中研院"历史语言研究所,1999:507.
② 王叔岷.庄子校诠[M].台北:"中研院"历史语言研究所,1999:505.
③ 转引自王叔岷《庄子校诠》,台北:"中研院"历史语言研究所,1999年,第99页。

此见今本《养生主》，原文作“三年之后，未尝见全牛”，在内篇，此言外篇，且内容与今本不同。

笔者认为这种现象的出现有两个主要原因，一是《庄子》先秦时的文本在编纂之时即已经出现杂凑现象，《释文》说《庄子》内篇诸家本相同，则内七篇应该保留了《庄》书的原貌，而《逍遥游》末章既乃羼入，则说明内七篇庄子自作是站不住脚的，只能是后世整理者堆积在末尾。又如上文《在宥》篇，阜阳汉简有“于义而”三字，出自“薄于义而不积”；“而不可不因者民也匿”九字，出自“卑而不可不因者，民也；匿而不可不为者”；“于民而”三字，出自“恃于民而不轻”，[①]可见此段很早就在《庄子》书中，只是不确定是否即在此篇。朱得之说“或东汉已后拟庄者”，是不可信的。二是郭象的重新整理，《释文》载诸本有别，则诸本文本原不一致，但大规模的调整，最大的可能应该是郭象。下两章，即分别就此两个现象展开讨论。

① 上引三处阜阳汉简文字，见中国文物研究所、阜阳地区博物馆、阜阳汉简整理组《阜阳双谷堆汉简〈庄子〉》，载《出土文献研究》第 12 辑，上海：中西书局，2013 年，第 191 页。

第四章 《庄子》的重复问题

《庄子》中的杂凑问题,即《庄子》原始文本的编纂者,将与《庄子》有关的资料编纂在一起。这种现象在当时很普遍,如《战国策》,刘向《叙录》曰:

> 所校中《战国策》书,中书余卷,错乱相糅莒。又有国别者八篇,少不足。臣向因国别者,略以时次之;分别不以序者相补,除重复,得三十三篇。①

又《管子书录》:

> 所校雠中《管子》书三百八十九篇,大中大夫卜圭书二十七篇,臣富参书四十一篇,射声校尉立书十一篇,太史书九十六篇,凡中外书五百六十四篇,以校除重复四百八十四篇,定著八十六篇。②

又《晏子叙录》:

① (清)严可均.全上古三代秦汉三国六朝文(第1册)[M].石家庄:河北教育出版社,1997:598.

② (清)严可均.全上古三代秦汉三国六朝文(第1册)[M].石家庄:河北教育出版社,1997:599.

> 所校中书《晏子》十一篇，臣向谨与长社尉臣参校雠太史书五篇，臣向书一篇，参书十三篇，凡中外书三十篇，为八百三十八章，除重复二十二篇六百三十八章，定著八篇二百一十五章，外书无有三十六章，中书无有七十一章，中外皆有以相定。[①]

又《孙卿书录》：

> 所校雠中孙卿书凡三百二十二篇，以相校，除重复二百九十篇，定著三十二篇。[②]

四篇均提到"除重复"的问题，一是去除不同版本中重复的内容，二是去除同一版本中重复的内容。现在我们看到的先秦典籍，均已经过前人的整理，所以重复的内容已经不多，但遗文片羽，总还有未删削殆近的内容。如《晏子春秋》虽然经过刘向整理，但据今人统计，其中一章两见的有 36 处，其外篇上皆见于内篇，外篇下亦有三章相复。[③] 则刘向见到的重复内容之多可想而知。

上章提到释湛然《辅行记》、吉藏《百论疏》引《庄子》内外篇与今本不同的问题，比较难以判定是两文俱见收录，还是只是版本所在位置有不同。如《辅行记》作"雨为云乎？云为雨乎？孰降施是"，今本《天运》作"云者为雨乎？雨者为云乎？孰隆施是"，相差不大，可能只是位置的不同。但《百论疏》云"庖丁十二年不见全牛"，和《养生主》"三年之后，未尝见全牛"内容差距就有点远，极有可能《庄子》中

① （清）严可均. 全上古三代秦汉三国六朝文（第 1 册）[M]. 石家庄：河北教育出版社，1997：600.
② （清）严可均. 全上古三代秦汉三国六朝文（第 1 册）[M]. 石家庄：河北教育出版社，1997：600.
③ 参见王更生《晏子春秋今注今译 · 序》，台北：文史哲出版社，2013 年。

原先即存在两个版本。但笔者仅是怀疑,尚无确定的证据。

由于今本《庄子》经过郭象的再整理,我们无法完全推测整理之前的原貌。然根据陆德明《释文》,诸本之间内篇是相同的,外篇、杂篇或有不同,鉴于此,今以内篇为例,对此问题进行讨论。笔者对内篇重复或相近的内容粗略作了统计,如下表:

1	《逍遥游》:"北冥有鱼,其名为鲲。鲲之大,不知其几千里也;化而为鸟,其名为鹏。鹏之背,不知其几千里也;怒而飞,其翼若垂天之云。是鸟也,海运则将徙于南冥。南冥者,天池也。齐谐者,志怪者也。谐之言曰:'鹏之徙于南冥也,水击三千里,抟扶摇而上者九万里,去以六月息者也。'……而后乃今培风,背负青天而莫之夭阏者,而后乃今将图南。蜩与学鸠笑之曰:'我决起而飞,抢榆枋,时则不至,而控于地而已矣。奚以之九万里而南为?'适莽苍者,三飡而反,腹犹果然;适百里者,宿舂粮;适千里者,三月聚粮。之二虫又何知?"	《逍遥游》:"穷发之北,有冥海者,天池也。有鱼焉,其广数千里,未有知其修者,其名为鲲。有鸟焉,其名为鹏,背若泰山,翼若垂天之云;抟扶摇羊角而上者九万里,绝云气,负青天,然后图南,且适南冥也。斥鴳笑之曰:'彼且奚适也?我腾跃而上,不过数仞而下,翱翔蓬蒿之间,此亦飞之至也。而彼且奚适也?'此小大之辩也。"
2	《逍遥游》:"乘云气,御飞龙,而游乎四海之外。"	《齐物论》:"乘云气,骑日月,而游乎四海之外。"
3	《逍遥游》:"瞽者无以与乎文章之观,聋者无以与乎钟鼓之声。"①	《大宗师》:"夫盲者无以与乎眉目颜色之好,瞽者无以与乎青黄黼黻之观。"

① 此处有异文,《释文》:"者无以与乎钟鼓之声,崔、向、司马本此下更有'眇者无以与乎眉目之好,夫刖者不自为假文屦'。"马叙伦曰:"崔、向、司马本多者,或异文而读者误合之。'刖者'句义亦不明,《御览》七四〇引作'许由曰夫眇者无与乎眉目之好',则《大宗师》篇文。"

续表

4	《逍遥游》:“大浸稽天而不溺,大旱金石流、土山焦而不热。”	《大宗师》:“登高不栗,入水不濡,入火不热。” 《秋水》:“火弗能热,水弗能溺。” 《达生》:“潜行不窒,蹈火不热。” 《田子方》:“其神经乎大山而无介,入乎渊泉而不濡。”
5	《齐物论》:“南郭子綦隐几而坐,仰天而嘘,嗒焉似丧其耦。颜成子游立侍乎前,曰:‘何居乎?形固可使如槁木,而心固可使如死灰乎?今之隐几者,非昔之隐几者也。’”	《徐无鬼》:“南伯子綦隐几而坐,仰天而嘘。颜成子入见曰:‘夫子,物之尤也。形固可使若槁骸,心固可使若死灰乎?’” 《知北游》:“形若槁骸,心若死灰。” 《庚桑楚》:“身若槁木之枝,而心若死灰。”
6	《齐物论》:“日夜相代乎前,而莫知其所萌。”	《德充符》:“日夜相代乎前,而知不能规乎其始者也。”
7	《齐物论》:“一受其成形,不亡以待尽。”	《田子方》:“吾一受其成形,而不化以待尽。”
8	《齐物论》:“是今日适越而昔至也。”	《天下》:“今日适越而昔来。”
9	《齐物论》:“方生方死。”	《天下》:“物方生方死。”
10	《齐物论》:“可乎可,不可乎不可。道行之而成,物谓之而然。恶乎然?然于然。恶乎不然?不然于不然。物固有所然,物固有所可。无物不然,无物不可。”	《寓言》:“恶乎然?然于然。恶乎不然?不然于不然。恶乎可?可于可。恶乎不可?不可于不可。物固有所然,物固有所可。无物不然,无物不可。”
11	《齐物论》:“其分也,成也;其成也,毁也。”	《庚桑楚》:“道通,其分也。其成也,毁也。” 《山木》:“成则毁。”
12	《齐物论》:“古之人,其知有所至矣。恶乎至?有以为未始有物者,至矣,尽矣,不可以加矣。其次以为有物矣,而未始有封也。”	《齐物论》:“夫道未始有封。” 《庚桑楚》:“古之人,其知有所至矣。恶乎至?有以为未始有物者,至矣,尽矣,弗可以加矣。其次以为有物矣,将以生为丧也。”

续表

13	《齐物论》:"昭文之鼓琴也,师旷之枝策也,惠子之据梧也,三子之知几乎。皆其盛者也,故载之末年。唯其好之也,以异于彼;其好之也,欲以明之。彼非所明而明之,故以坚白之昧终。"	《德充符》:"今子外乎子之神,劳乎子之精,倚树而吟,据槁梧而瞑。天选子之形,子以坚白鸣。"①
14	《齐物论》:"今我则已有谓矣,而未知吾所谓之其果有谓乎,其果无谓乎?"	《齐物论》:"无谓有谓,有谓无谓。"
15	《齐物论》:"天下莫大于秋毫之末,而大山为小。"	《秋水》:"知豪末之为丘山也。"
16	《齐物论》:"故知止其所不知,至矣。"	《庚桑楚》:"知止乎其所不能知,至矣。"
17	《齐物论》:"孰知不言之辩、不道之道?"	《徐无鬼》:"彼之谓不道之道,此之谓不言之辩。"
18	《齐物论》:"注焉而不满,酌焉而不竭。"	《天地》:"注焉而不满,酌焉而不竭。"
19	《齐物论》:"我欲伐宗、脍、胥敖。"	《人间世》:"昔者尧攻丛、枝、胥敖。"

① 此文乍看不相关,实际上或即一文之变,笔者于《德充符》篇校勘曰:"旧解言惠子睡寐,不辞。'倚树而吟'与'据槁梧而瞑'对文,当亦是论惠子善辩事。此处之'瞑'字,与下文'子以坚白鸣'之'鸣'当互置。('冥'与'鸣'通,《周易·豫》:'冥豫成。'《释文》:'冥,郑读为"鸣"。'《老子》:'幽兮冥兮。'马王堆帛书甲本《老子》'冥'作'鸣'。并其证。未审《庄》书原作一字,后人所定有误;抑或本两字不同,后人以音同误乙。)据槁梧而鸣,与'倚树而吟'义同,皆谓逞其辩辞也。'瞑'读作'冥',《文选·魏都赋》'雷雨窈冥'注:'冥,幽昧也。''子以坚白冥'即《齐物论》'以坚白之昧终'也。"

续表

20	《齐物论》:"啮缺问乎王倪曰:'子知物之所同是乎?'曰:'吾恶乎知之。''子知子之所不知邪?'曰:'吾恶乎知之。''然则物无知邪?'曰:'吾恶乎知之。'"	《应帝王》:"啮缺问于王倪,四问而四不知。"①
21	《齐物论》:"庸讵知吾所谓知之非不知邪?庸讵知吾所谓不知之非知邪?"	《知北游》:"弗知乃知乎!知乃不知乎!孰知不知之知!"
22	《齐物论》:"而游乎尘垢之外。"	《大宗师》:"芒然彷徨乎尘垢之外。"
23	《齐物论》:"何谓和之以天倪?曰:是不是,然不然。是若果是也,则是之异乎不是也亦无辩;然若果然也,则然之异乎不然也亦无辩。化声之相待,若其不相待,和之以天倪,因之以曼衍,所以穷年也。"	《寓言》:"卮言日出,和以天倪,因以曼衍,所以穷年。……恶乎然?然于然。恶乎不然?不然于不然。恶乎可?可于可。恶乎不可?不可于不可。"
24	《齐物论》:"罔两问景曰:'曩子行,今子止;曩子坐,今子起。何其无特操与?'景曰:'吾有待而然者邪?吾所待又有待而然者邪?吾待蛇蚹蜩翼邪?恶识所以然?恶识所以不然?'"	《寓言》:"众罔两问于影曰:'若向也俯而今也仰,向也括而今也被发,向也坐而今也起,向也行而今也止,何也?'影曰:'叟叟也,奚稍问也!予有而不知其所以。予,蜩甲也,蛇蜕也,似之而非也。火与日,吾屯也;阴与夜,吾代也。彼,吾所以有待邪,而况乎以有待者乎!彼来则我与之来,彼往则我与之往,彼强阳则我与之强阳。强阳者,又何以有问乎!'"

① 《释文》:"四问而四不知,向云:'事在《齐物论》中。'"吕吉甫曰:"啮缺问于王倪:'子知物之所同是邪?''不知也。''子知子之所不知邪?''不知也。''然则物无知邪?''不知也。''所谓知之非不知邪?所谓不知之非知邪?''而亦不知也。'"增一问。范耕研曰:"《齐物论》只是三问三不知,古'三''四'皆积画,因而致误。"

续表

25	《齐物论》:“俄然觉,则蘧蘧然周也。”	《大宗师》:“成然寐,蘧然觉。”①
26	《养生主》:“为之四顾,为之踌躇满志。”	《田子方》:“方将踌躇,方将四顾。”
27	《养生主》:“是遁天倍情,忘其所受。”	《则阳》:“遁其天,离其性,灭其情,亡其神,以众为。”
28	《养生主》:“古者谓之遁天之刑。”	《列御寇》:“古者谓之遁天之刑。”
29	《养生主》:“适来,夫子时也;适去,夫子顺也。安时而处顺,哀乐不能入也,古者谓是帝之县解。”	《大宗师》:“得者时也,失者顺也。安时而处顺,哀乐不能入也,此古之所谓县解也。”
30	《人间世》:“夫道不欲杂,杂则多,多则扰,扰则忧,忧而不救。”	《外物》:“凡道不欲壅,壅则哽,哽而不已则跈,跈则众害生。”
31	《人间世》:“德荡乎名,知出乎争。”	《外物》:“德溢乎名,名溢乎暴,谋稽乎誸,知出乎争,柴生乎守,官事果乎众宜。”
32	《人间世》:“无门无毒。”	《知北游》:“无门无房。”②
33	《人间世》:“知其不可奈何而安之若命,德之至也。”	《德充符》:“知不可奈何而安之若命,唯有德者能之。”

① 《大宗师释文》:“成然,本亦作‘俄然’。”

② 刘武曰:“《知北游》篇:‘其来无迹,其往无崖,无门无房,四达之皇皇也。’此‘毒’字,疑为‘房’字之误。”笔者认为:“刘武说近是。‘无门无毒’启下‘一宅’,义本相贯,‘毒’字不辞。下《知北游》篇‘无门无房’,《道德真经广圣义》卷六引‘房’作‘旁’,谓既无门,亦无周环之墙壁。惟此‘毒’与‘旁’‘房’音形俱不近,无由致讹。‘毒’当为‘墉’之形讹,《说文》‘毒’古文作‘䈞’,从刀箮声。‘箮’即‘笃’字,从亯竹声。《说文》‘亯’之重文作‘亯’。《说文》‘墉’字古文作‘𩫖’,乃‘城郭’字初文。《说文》:‘𩫏,用也。从亯从自,读若“庸”。’‘𩫏’盖‘𩫖’之俗字。‘毒’字从𩫖,‘墉’字作𩫖,故形近而讹。《诗·行露》:‘何以穿我墉。’毛传:‘墉,墙也。’无门无墉,我与天下为一之谓也。然而今我蹴居一椽之宅者,为我有身也。”

续表

34	《人间世》:"迁令劝成殆事,美成在久,恶成不及改。"	《徐无鬼》:"殆之成也不给改,祸之长也兹萃。其反也缘功,其果也待久。"①
35	《人间世》:"戒之慎之,正女身哉。形莫若就,心莫若和。"	《山木》:"汝戒之哉!形莫若缘,情莫若率。"
36	《人间世》:"汝不知夫螳螂乎?怒其臂以当车辙,不知其不胜任也,是其才之美者也。"	《天地》:"若夫子之言,于帝王之德,犹螳螂之怒臂以当车轶,则必不胜任矣。"
37	《人间世》:"支离疏者,颐隐于齐,肩高于顶,会撮指天,五管在上,两髀为胁。"	《大宗师》:"曲偻发背,上有五管,颐隐于齐,肩高于顶,句赘指天。"
38	《德充符》:"固有不言之教。"	《知北游》:"圣人行不言之教。"
39	《德充符》:"死生亦大矣,而不得与之变,虽天地覆坠,亦将不与之遗。审乎无假,而不与物迁;命物之化,而守其宗也。"	《田子方》:"死生亦大矣,而无变乎己。"
40	《德充符》:"物视其所一而不见其所丧,视丧其足犹遗土也。"	《田子方》:"夫天下也者,万物之所一也。得其所一而同焉,……弃隶者若弃泥涂,知身贵于地也。"
41	《德充符》:"国无宰,寡人传国焉。闷然而后应,泛而若辞,寡人丑乎,卒授之国。无几何也,去寡人而行。"	《田子方》:"文王于是焉以为大师,北面而问曰:'政可以及天下乎?'臧丈人昧然而不应,泛然而辞,朝令而夜遁,终身无闻。"
42	《德充符》:"而知不能规乎其始者也。"	《田子方》:"知命不能规乎其前。"
43	《德充符》:"故不足以滑和,不可入于灵府。"	《庚桑楚》:"不足以滑成,不可内于灵台。"

① 刘武曰:"本书《徐无鬼》篇:'殆之成也不给改,祸之长也兹萃。其反也缘功,其果也待久。''殆之成也'句,即'恶成不及改'也。'其果'句,即'美成在久'也。可以互证。"

续表

44	《德充符》:“使日夜无郄。”	《田子方》:“日夜无隙。”
45	《德充符》:“平者,水停之盛也。其可以为法也,内保之而外不荡也。德者,成和之修也。德不形者,物不能离也。”	《天道》:“水静则明烛须眉,平中准,大匠取法焉。” 《田子方》:“夫水之于汋也,无为而才自然矣;至人之于德也,不修而物不能离焉。若天之自高,地之自厚,日月之自明,夫何修焉!”
46	《大宗师》:“其寝不梦,其觉无忧。”	《刻意》:“其寝不梦,其觉无忧。”
47	《大宗师》:“不知说生,不知恶死。”	《秋水》:“生而不说,死而不祸。”
48	《大宗师》:“翛然而往,翛然而来而已矣。”	《庚桑楚》:“翛然而往,侗然而来。”
49	《大宗师》:“其颡頯。”	《天道》:“而颡頯。”
50	《大宗师》:“利泽施乎万世,不为爱人。”	《大宗师》:“泽及万世而不为仁。” 《天道》:“泽及万世而不为仁。”
51	《大宗师》:“故乐通物,非圣人也。”	《则阳》:“故圣人……其于人也,乐物之通,而保己焉。”
52	《大宗师》:“有亲,非仁也。”	《天运》:“至仁无亲。”
53	《大宗师》:“亡身不真。”	《让王》:“道之真,以治身。”
54	《大宗师》:“泉涸,鱼相与处于陆,相呴以湿,相濡以沫,不如相忘于江湖。”	《天运》:“泉涸,鱼相与处于陆,相吻以湿,相濡以沫,不若相忘于江湖。”
55	《大宗师》:“与其誉尧而非桀也,不如两忘而化其道。”	《外物》:“与其誉尧而非桀,不如两忘而闭其所誉。”
56	《大宗师》:“夫大块载我以形,劳我以生,佚我以老,息我以死。故善吾生者,乃所以善吾死也。”	《大宗师》:“夫大块载我以形,劳我以生,佚我以老,息我以死。故善吾生者,乃所以善吾死也。”
57	《大宗师》:“若人之形者,万化之未始有极也。”	《天地》:“方且与物化,而未始有恒。”①

① “恒”即“极”,见第一章说。

续表

		《田子方》:“且万化而未始有极也。”
58	《大宗师》:“故圣人将游于物之所不得遁而皆存。”①	《达生》:“游乎万物之所始终。” 《山木》:“浮游乎万物之祖。” 《田子方》:“吾游心于万物之初。”
59	《大宗师》:“自本自根,未有天地,自古以固存。”	《知北游》:“物已死生方圆,莫知其根也。扁然而万物,自古以固存。”
60	《大宗师》:“其为物,无不将也,无不迎也;无不毁也,无不成也。”	《应帝王》:“圣人之用心若镜,不将不迎,应而不藏。” 《知北游》:“无有所将,无有所迎。” 《齐物论》:“凡物无成与毁,复通为一。”
61	《大宗师》:“孰能以无为首,以生为脊,以死为尻,孰知死生存亡之一体者,吾与之友矣。”	《庚桑楚》:“以无有为首,以生为体,以死为尻。孰知有无生死之一守者,吾与之为友。”
62	《大宗师》:“四人相视而笑,莫逆于心,遂相与为友。”	《大宗师》:“三人相视而笑,莫逆于心,遂相与友。”
63	《大宗师》:“彼方且与造物者为人。”	《应帝王》:“予方将与造物者为人。”
64	《大宗师》:“忘其肝胆,遗其耳目;反复终始,不知端倪;芒然彷徨乎尘垢之外,逍遥乎无为之业。”	《达生》:“忘其肝胆,遗其耳目,芒然彷徨乎尘垢之外,逍遥乎无事之业。”
65	《大宗师》:“天之戮民也。”	《天运》:“是天之戮民也。”
66	《大宗师》:“孟孙氏不知所以生,不知所以死;不知就先,不知就后;若化为物,以待其所不知之化已乎。”	《山木》:“化其万物,而不知其禅之者,焉知其所终!焉知其所始!正而待之而已。”

① “物之所不得遁而皆存”即万物之始。

续表

67	《大宗师》："吾师乎，吾师乎，齑万物而不为义，泽及万世而不为仁，长于上古而不为老，覆载天地、刻雕众形而不为巧，此所游已。"	《天道》："吾师乎，吾师乎！齑万物而不为戾，泽及万世而不为仁，长于上古而不为寿，覆载天地、刻雕众形而不为巧。此之谓天乐。"
68	《应帝王》："泰氏，其卧徐徐，其觉于于。"	《盗跖》："神农之世，卧则居居，起则于于。"①
69	《应帝王》："一以己为马，一以己为牛。"	《天道》："昔者子呼我牛也而谓之牛，呼我马也而谓之马。"
70	《应帝王》："夫圣人之治也，治外乎？正而后行。"	《天运》："外无正而不行。"
71	《应帝王》："老聃曰：'是于圣人也，胥易技系、劳形怵心者也。且也虎豹之文来田，猿狙之便执斄之狗来藉。'"	《天地》："老聃曰：'是胥易技系、劳形怵心者也。执留之狗成思，猿狙之便自山林来。'"
72	《应帝王》："吾与之虚而委蛇。"	《徐无鬼》："吾与之一委蛇。"
73	《应帝王》："雕琢复朴。"	《山木》："既雕既琢，复归于朴。"

根据此表，笔者计划从以下几个方面展开论说。

一、同在内篇，文字相同或相似之问题。

任何人都有自己的书写习惯，某些文字、词语经常在此人的笔下高频率地出现，这点并不违背创作特点。且人之思想或一生不变，则其在论说之时，某种思想反复出现，亦为正常。然在有限的文字中，高频率地重复，则颇值得怀疑。统计中内篇相互之间重复的有近二十处，七篇文章，即有如此多的重复，就个人写作习惯来说，或可以称

① "徐徐"与"居居"同，朱桂曜曰："《盗跖》篇：'卧则居居，起则于于。'《白虎通·号》篇：'卧之詓詓，行之吁吁。'《淮南·览冥训》用此文云：'卧倨倨，兴盱盱。''倨倨，卧无思虑也。"倨"读"虚田"之"虚"。盱盱然，视无智巧貌也。''徐徐''祛祛''居居''詓詓'并同。"

此人文辞匮乏。

二、同在内篇，内容相同而文字不同之问题。

如果内篇为庄子自作，则内篇可能很早就单独编辑在一起，整理《庄子》者是在内篇基础上补充了其他篇章。也就是说《庄子》一书第一次整理时只有内篇，第二次整理才有了外篇、杂篇。前文已经论说，《庄子》整本书成书于先秦时期，则第二次整理亦当在先秦以前，第一次整理的时间会更早。把庄子的作品编辑在一起，并且确信为庄子的著作，要么是庄子自作，要么是庄子的弟子或再传弟子，必然是对庄子非常熟悉的人。无论是庄子自作还是弟子编辑，似乎都不太可能出现同一文本前后不一的现象。如《齐物论》："我欲伐宗、脍、胥敖。"《人间世》作"昔者尧攻丛、枝、胥敖"。奚侗曰：

> "丛、枝、胥敖"，《齐物论》篇作"宗、脍、胥敖"，"丛""宗"音近，"枝"疑"快"字之误，"枝""快"形近，"快""脍"音近也。①

笔者以为：

> 《齐物论》篇作"宗、脍、胥敖"，"宗""丛"音近而通，宗，精母东部；丛，从母东部，谢灵运《于南山往北山经湖中瞻眺》"仰聆大壑淙"，淙，《文选》作"灇"，是"宗"亦可作"丛"。……"枝（支）"当作"快（夬）"，形讹也，奚说是。"快"即"脍"，《公羊传·昭公二十九年》"邾娄快来奔"，《释文》："快，本又作'哙'。"《诗经·桧风·隰有苌楚》毛传"恣谓狡狭淫戏"，《释文》："狭，本亦作'狯'。"则"快"亦可通作"脍"也。

① 奚侗.庄子补注[M].民国六年江苏省立官纸印刷厂排印本：卷一.

“宗”“从”属于通假，“枝”当作“快”，和“脍”也是通假字。相同的现象还有《人间世》的“会撮”，《大宗师》作“句赘”。如果是庄子或弟子整理，似乎没有将同一字采用两种写法的可能。就此来说，显然整理者对庄子并不是很熟悉，只是将资料堆积在一起，才可能出现这种现象。

三、内篇与外篇、杂篇内容重复之问题。

这种重复有的是正常的，古人引书，往往不称出自何处，直接放到自己的文章之中，如《吕氏春秋》《淮南子》用《庄子》颇多，均不言出自《庄子》。庄子后学自然多用庄子的原话，所以外篇、杂篇中出现重复很正常。如第 67 条《大宗师》“吾师乎，吾师乎”一段，原文是构撰意而子和许由的对话，通过许由的口说出。在《天道》篇中，则用“庄子曰”来引起这段话，可知此段只是通过引用庄子原文来阐述思想。更多的，则不称出自庄子，而是直接引用。

还有一种重复，可能是衍文，不知何故误入此处。如第 61 条《大宗师》“孰能以无为首”一段，《庚桑楚》此段所在章为：

> 古之人，其知有所至矣。恶乎至？有以为未始有物者，至矣，尽矣，弗可以加矣！其次以为有物矣，将以生为丧也，以死为反也，是以分已。其次曰始无有，既而有生，生俄而死。以无有为首，以生为体，以死为尻。孰知有无死生之一守者，吾与之为友。是三者虽异，公族也。昭景也，著戴也；甲氏也，著封也：非一也。

此段论古之人分为三种层次，第一种“未始有物”，即混沌未分之状态；第二种虽“有物”但“以生为丧也，以死为反也”，即“以分”之状态；第三种“始无有，既而有生，生俄而死”，乃循环无端之状态。“以无有为首”单承接第三种状态，言能达此状态，则与之为友。但后文的“是三者虽异”云云，却总言三种状态看似不同实则相同，是对三者的总论。中间插入“以无有为首”一段单论第三种状态，前后并不符。而且此章乃议论敷衍之文，中间突插入“吾与之为友”，把“吾”代入进去，也是与整段相悖的。所以这一段可能是后世因《大宗师》篇文字而羼入者。又如第54、55两条，《大宗师》中原本两条相连，其对应之句分别在《天运》《外物》两篇，王懋竑于《大宗师》篇曰：“‘泉涸’以下一节疑为错简，与上下文义皆不相贯通。”①范耕研于《天运》篇曰：“《大宗师》篇‘泉涸’五句，即此文错简。彼文下有‘与其誉尧而非桀也，不如两忘而化其道’两句，亦当在此下。”②

还有一种重复情况就比较复杂，两处相比较，显然为一处之文，但内容上又差距比较大，似乎是两个不同的版本，在流传过程中慢慢出现比较大的差异。此方面比较显著的例子就是第5、24、71条，为了方便观览，今分别将三条内容罗列如下。第5条《齐物论》和《徐无鬼》：

《齐物论》：南郭子綦隐几而坐，仰天而嘘，嗒焉似丧其耦。颜成子游立侍乎前，曰：“何居乎？形固可使如槁木，而心固可使如死灰乎？今之隐几者，非昔之隐几者也。”子綦曰：“偃，不亦善乎而问之也？今者吾丧我，汝知之乎？女闻人籁而未闻地籁，女闻地籁而未闻天籁夫。”子游曰：“敢问其方。”子綦曰：“夫大块噫气，其名为风，是唯无作，作则万窍怒呺，而独不闻之翏翏乎？山林之畏佳。大木百围之窍穴，似鼻，似口，似耳，似枅，似圈，似臼，似洼者，似污者。激者，謞者，叱者，吸者，叫者，譹者，宎者，咬者，前者唱于而随者唱喁。泠风则小和，飘风则大和。厉风济

① （清）王懋竑. 庄子存校[M]. 清同治十一年福建抚署刊《读书论疑》：卷十一.
② 范耕研. 庄子诂义[M]. 民国三十七年济东印书社本：卷五.

则众窍为虚。而独不见之调调之刁刁乎?”子游曰:“地籁则众窍是已,人籁则比竹是已,敢问天籁。”子綦曰:“夫吹万不同,而使其自已也,咸其自取,怒者其谁邪?”

《徐无鬼》:南伯子綦隐几而坐,仰天而嘘。颜成子入见曰:“夫子,物之尤也。形固可使若槁骸,心固可使若死灰乎?”曰:“吾尝居山穴之口矣。当是时也,田禾一睹我而齐国之众三贺之。我必先之,彼故知之;我必卖之,彼故鬻之。若我而不有之,彼恶得而知之?若我而不卖之,彼恶得而鬻之?嗟乎!我悲人之自丧者,吾又悲夫悲人者,吾又悲夫悲人之悲者,其后而日远矣!”

第24条《齐物论》和《寓言》:

《齐物论》:罔两问景曰:“曩子行,今子止;曩子坐,今子起。何其无特操与?”景曰:“吾有待而然者邪?吾所待又有待而然者邪?吾待蛇蚹蜩翼邪?恶识所以然?恶识所以不然?”

《寓言》:众罔两问于影曰:“若向也俯而今也仰,向也括而今也被发,向也坐而今也起,向也行而今也止,何也?”影曰:“叟叟也,奚稍问也!予有而不知其所以。予,蜩甲也,蛇蜕也,似之而非也。火与日,吾屯也;阴与夜,吾代也。彼,吾所以有待邪,而况乎以有待者乎!彼来则我与之来,彼往则我与之往,彼强阳则我与之强阳。强阳者,又何以有问乎!”

第71条《应帝王》和《天地》:

《应帝王》:阳子居见老聃,曰:“有人于此,向疾强梁,物彻疏明,学道不倦。如是者,可比明王乎?”老聃曰:“是于圣人也,胥易技系,劳形怵心者也。且也虎豹之文来田,猿狙之便执斄之狗来藉。如是者,可比明王乎?”阳子居蹴然曰:“敢问明王之治?”老聃曰:“明王之治,功盖天下而似不自己,化贷万物而民弗恃;有莫举名,使物自喜;立乎不测,而游于无有者也。”

《天地》:夫子问于老聃曰:“有人治道若相放,可不可,然不然。辨者有言曰:‘离坚白,若县寓。’若是则可谓圣人乎?”老聃曰:“是胥易技系、劳形怵心者也。执留之狗成思,猿狙之便自山林来。丘,予告若,而所不能闻与而所不能言。凡有首有趾无心无耳者众,有形者与无形无状而皆存者尽无。其动止也,其死生也,其废起也,此又非其所以也。有治在人,忘乎物,忘乎天,其名为忘己。忘己之人,是之谓入于天。”

以上三条,当是一则故事的不同版本。第5条南郭子綦即南伯子綦(《寓言》篇作“东郭子綦”),颜成子游即颜成子,颜成子游所问同,南郭子綦所答不同。就其内容来说,均是强调“无我”的重要性,最终是归结到道之“无有”中来。《齐物论》言“吾丧我”,即精神、形骸俱达到寂灭的境界。后面的人籁、地籁、天籁是强调“无”乃最高境界。① 《徐无鬼》中所答完全不同,当是就“吾丧我”三字重新立论。“吾尝”云云,即未达到“吾丧我”境界之时,当时未能丧我,所以精神、形骸俱显见于外,故能为田禾所睹。“我必先之”至“彼恶得而鬻

① 人籁是人之“气”通过比竹之“窍”产生的声音,天籁是地之“气”通过大木之“窍”产生的声音,人籁、地籁的声音有无数种(吹万不同),最后的“气”都消失了(而使其自已也),“气”的消失即“无”,“气”的产生为“有”,人籁、地籁均取“气”而生(咸其自取),那么“气”的产生又是谁导致的呢(怒者其谁邪)?其过程乃“无”——“气”——人籁、地籁——“无”,故天籁即是“无”。

之”均是对精神、形骸俱显见于外的表述,“我悲人之自丧者”则是论精神、形骸俱显见于外的坏处。

第 24 条是罔两所问同,景所答亦同,因为古代以口传为主,口传的一大缺点是仅保留故事的大体框架,而具体文字存有较大的差异。仔细对比两则故事,我们仍然能依稀看出两者原本一致的影子。首句,《齐物论》“罔两问景曰”,对应《寓言》“众罔两问于影曰”;①《齐物论》“曩子行,今子止;曩子坐,今子起”,对应《寓言》“向也坐而今也起,向也行而今也止”;《齐物论》“蜩甲也,蛇蜕也”,对应《寓言》“蛇蚹蜩翼”;②《齐物论》“吾有待而然者邪?吾所待又有待而然者邪”,对应《寓言》“彼,吾所以有待邪,而况乎以有待者乎”。相比较而言,《寓言》篇内容更为全面一些,③但两处文章显然本是相同的,只是后来流传中出现了变化。

第 71 条问的人不同,答的人相同;问的内容不同,答的内容有同有不同。此处的情况比较复杂,变动较大,但从中依然可以看出两文本是一文之变。阳子居问“明王”,孔子问“圣人”,笔者于《应帝王》

① 武延绪曰:“‘众(衆)’乃‘象’字之讹。疑本作‘象罔问于景曰’,后人据《齐物论》改加‘两’字也。象罔,犹言无象。罔两,景之景也。皆寓言,不必据彼以疑此。”其说是,《寓言》篇本当作“象罔”,后来“象”误作“众”,后人在整理时,因“众罔”不通,乃加“两”字。“罔两”与“象罔”同。

② 此两篇文有差异,然所论实同,疑即一文之变。《齐物论》之“蛇蚹蜩翼”即《寓言》之“蜩甲”“蛇蜕”,《齐物论》之“吾有待而然者邪?吾所待又有待而然者邪”即《寓言》之“彼,吾所以有待邪,而况乎以有待者乎”。此“蛇蚹蜩翼”与《寓言》“蜩甲”“蛇蜕”之关系,笔者论曰:“蛇蚹,彼文作‘蛇蜕’,‘蜕’‘蚹’一声之转。上高氏引‘柎’‘附’‘桴’,下闻氏引‘莩’‘稃’‘苻’‘粉’,并皆物之皮,此因蛇皮,故变从虫也。蜩翼,彼文作‘蜩甲’,是。惟未审二字何以致误,《汉简》载‘翼’字作‘[illegible]’,从甲从㸚,形相近。或因此而讹欤?”

③ 究竟何处文本最先产生不好判断,并非文字越多越完整就表明文本最好,也有可能简要者为文本的原始状态,因为文本在流传过程中,存在后人增补的情况。

篇"是于圣人也"论曰:

> "圣人"当作"明王",本章所论在明王,不及圣人。郭注"圣王"亦当作"明王","圣人"与"圣王"有别,若本作"圣人",郭注不当改作"圣王"。盖"明王"二字误合为"圣",(《尸子·发蒙》篇:"圣之所审也。"汪继培笺:"圣,当作'明王'二字"。误同。)后人因加"人"字,又改郭注"明王"为"圣王",殊不知此则正文与注不符也。

笔者因此怀疑《天地》篇"圣人"亦当作"明王",致误原因和《应帝王》相同。《应帝王》"且也虎豹之文来田,猿狙之便执斄之狗来藉",《天地》篇作"执留之狗成思,猿狙之便自山林来",两处也当为相同,只是此文究竟何处有误,诸说纷纭,笔者目前也尚未有好的解释。

四、内篇中一篇与外篇、杂篇中一篇大量重复之问题。

上面比较的第 24 条《齐物论》和《寓言》本于同一版本,除此之外,第 10、第 23 两条也完全属于同一版本,这种现象很值得注意,为什么两篇有大量重复?这种现象更多地见于《德充符》和《田子方》两篇,第 39、40、41、42、44、45 六处相同,则更为突出。

以上四个方面的问题,笔者认为合理的解释就是早期《庄子》的整理者只是把《庄子》相关的资料堆积在一起,并没有进行深入地加工。所以不止内篇与外篇、杂篇之间有重复的地方,即使内篇之中重复的内容也不在少数。

从第三个方面,笔者进而怀疑早期《庄子》版本有如下三方面的重复,第一是整章内容基本相同,第二是结构一致而内容略有差别,第三是文字相差较大但叙述的框架、表达的主旨、借喻的对象完全一致。第一种在郭象第二次大的整理的时候已经删除,第二种、第三种则被保留到今本《庄子》中。

第五章 《汉志》五十二篇和今本三十三篇的关系问题

《汉书·艺文志》记载《庄子》五十二篇,我们现在已经不能看到,唐代陆德明曾见到数个版本,他在《经典释文》中说:

> 庄子者,姓庄,名周,(太史公云:"字子休。")梁国蒙县人也。六国时为梁漆园吏,与魏惠王、齐宣王、楚威王同时。(李颐云:"与齐愍王同时。")齐楚尝聘以为相,不应。时人皆尚游说,庄生独高尚其事,优游自得,依老氏之旨,著书十余万言,以逍遥自然无为齐物而已。大抵皆寓言,归之于理,不可案文责也。然庄生宏才命世,辞趣华深,正言若反,故莫能畅其致。后人增足,渐失其真,故郭子玄云:"一曲之才,妄窜奇说。若《阏弈》《意修》之首,《危言》《游凫》《子胥》之篇,凡诸巧杂,十分有三。"《汉书·艺文志》《庄子》五十二篇,即司马彪、孟氏所注是也。言多诡诞,或似《山海经》,或类占梦书,故注者以意去取。其内篇众家并同,自余或有外而无杂。唯子玄所注,特会庄生之旨,故为世所贵。徐仙民、李弘范作音,皆依郭本。以郭为主。
>
> 崔譔注十卷,二十七篇。(清河人,晋议郎。内篇七,外篇二十。)向秀注二十卷,二十六篇。(一作二十七篇,一作二十八篇,亦无杂篇,为音三卷。)司马彪注二十一卷,五十二篇。(字绍统,河内人,晋秘书监。内篇七,外篇二十八,杂篇十四,解说三,为

音三卷。)郭象注三十三卷,三十三篇。(字子玄,河内人,晋太傅主簿。内篇七,外篇十五,杂篇十一,为音三卷。)李颐集解三十卷,三十篇。(字景真,颍川襄城人,晋丞相参军,自号玄道子。一作三十五篇,为音一卷。)孟氏注十八卷,五十二篇。(不详何人。)王叔之义疏三卷。(字穆夜,琅邪人,宋处士。亦作注。)李轨音一卷。徐邈音三卷。①

对诸家版本的问题,马叙伦最先根据《释文》作了推断,今不厌其繁,征引如下:

庄周所箸书,《史记本传》称十余万言,又谓"作《渔父》《盗跖》《胠箧》以诋訾孔子之徒,以明老子之术。畏累虚、亢桑子之属,皆空语,无事实。"此司马迁记其都数与其篇目大氐。至《汉书·艺文志》箸录五十二篇,陆德明谓即司马彪、孟氏所注是也。然陆氏记司马彪二十一卷,五十二篇,内篇七,外篇二十八,杂篇十四,解说三,今司马本不可复见。余意并解说为五十二篇,或非庄生之旧文、《汉志》之陈篇也。陆氏又记崔譔注十卷,二十七篇,内篇七,外篇二十;向秀注二十卷,二十六篇,一作二十七篇,一作二十八篇,亦无杂篇。又曰"内篇众家并同,自余或有外无杂",然则向本外篇或多于崔一篇,或少于崔一篇,司马本独多。今所传者,即陆氏所记郭象注三十三篇,内篇七,外篇十五,杂篇十一。外篇独少,而杂篇亦较司马本为少。陆引郭象曰:"一曲之才,妄窜奇说,若《阏奕》《意修》之首,《危言》《游凫》《子胥》之篇,凡诸巧杂,十分有三。"陆氏曰:"《汉书·艺文志》《庄子》五十二篇,即司马彪、孟氏所注是也。言多诡诞,或似《山海经》,

① (唐)陆德明.经典释文[M].北京:中华书局,1983:17.

或类占梦书，故注者以意去取。"今《游凫》《子胥》《阏奕》之文，尚略可考见。司马本虽亡，其佚文之幸存者，亦颇略睹。（并见佚文辑录。）皆为郭本所无。又《史记本传》索隐曰："按《庄子·畏垒虚》篇名也，即老聃弟子畏垒。"《北齐书·杜弼传》曰："弼尝注《庄子·惠施》篇。"此亦《庄》书篇目之可考者，今郭本所无。（《惠施》篇或即《天下》篇"惠施多方"以下，详《天下》篇。）然则五十二篇者，固不免有后人增足，如今郭本者，其所刊落亦众矣。

……

《齐物论》音义引崔譔曰："《齐物》七章，此连上章，而班固说在外篇。"则汉后诸家注本，不徒篇有去取，章次亦复更移。陆氏谓崔、向无杂篇，然余以《音义》所引崔、向音说核之，今郭本杂篇《庚桑楚》篇："偏得老聃之道，以北居畏垒之山。"《音义》曰："偏，向音篇。畏，向于鬼反。垒，崔本作'累'，向良裴反。"《徐无鬼》篇："掔好恶。"《音义》曰："掔，崔云：'引去也。'""从说之则以《金版》《六弢》。"《音义》曰："崔云：'《金版》《六弢》，皆周书篇名。'""譬之犹一觇也。"《音义》曰："觇，向芳舌反。""至邓之墟。"《音义》曰："邓，向云：'邑名。'"《则阳》篇："门尹登恒。"《音义》曰："向云：'门尹，官名。登恒，人名。'"《外物》篇："侧足而垫之。"《音义》曰："垫，崔云：'下也。'"《盗跖》篇："尧杀长子。"《音义》曰："崔云：'尧杀长子考监明。'"《列御寇》篇："呻吟裘氏之地。"《音义》曰："崔云：'呻，诵也。'之地，崔本作'之地蛇'。"《天下》篇："熏然慈仁。"《音义》曰："崔云：'以仁慈为馨闻也。'""以巨子为圣人。"《音义》曰："巨子，向、崔作'钜子'。"是独《寓言》《让王》《说剑》《渔父》四篇，崔、向本无之。抑或有之，而《音义》无所取。然则陆氏所谓崔、向无杂篇者何邪？且陆所列记，自崔譔以下，注《庄》书者仅七家，惟王叔之《义疏》三卷,当是最括以明义。然陆又曰:"亦作注。"今检《音义》引王说,见于今之杂篇者独多,(《庚桑楚》《徐无鬼》《则阳》《寓言》《让王》《列御寇》《天下》七篇皆有。)岂皆出于《义疏》邪?不然,是王有杂篇也。李颐《集解》三十三卷,三十篇,一作三十五篇,今《音义》引李说,独《缮性》《说剑》二篇无之。孟氏注十八卷,五十二篇,《音义》无所引,然五十二篇之数,与司马本同,意必有杂篇者。然则陆氏所谓"内篇众家并同,自余或有外而无杂"者,竟不验也。余是以知众家无杂者,徒分内外,不列杂名耳,非郭本所谓杂篇者,诸家皆无之也。由此以言,篇既分合不同,章亦失其旧次,安知郭不以其所见而有易移。余观《在宥》篇"至世俗之人皆喜人之同乎己"以下,义与前文不类。他篇亦往往有之。意郭氏未必即就《阏奕》《意修》《危言》《游凫》《子胥》之篇而尽去之,或有于诸篇之中,刺取其意,以为较驯者,而附之今存各篇之中。惜今众本共亡,不可复核。①

马氏提出如下论点:1. 司马本五十二篇,因为有三篇解说,可能与《汉志》五十二篇不同。2. 司马本较郭本内容多。3. 旧本篇目有《阏奕》《意修》《危言》《游凫》《子胥》《畏垒虚》《惠施》七篇,今本无。4. 崔、向本可能没有《寓言》《让王》《说剑》《渔父》四篇(此观点马氏不确定)。5. 陆德明说"内篇众家并同,自余或有外而无杂"未必可信。6. 郭象对《庄子》的整理,不是完全删除,而是有所去取。

陆德明校《庄子》所用的版本,据其所言有崔譔本、向秀本、司马彪本、郭象本、李颐本、孟氏本,但在《释文》中,还有"简文作×",可见

① 马叙伦. 庄子义证[M]. 上海:商务印书馆,1930:自序.

还有简文帝本。大概以郭本为底本,[①]参校诸本。[②] 至于版本年代,能够考知的:《胠箧》篇《释文》:"而不相往来,一本作'不相与往来',检元嘉中郭注本及崔、向永和中本并无'与'字。"是崔、向本乃永和写本,郭本乃元嘉写本。其他则不能知。根据《释文》,除了马氏的推论,还有以下几方面值得注意:1. 陆氏说诸本或有外无杂,指的是崔本、向本。2. 崔本二十七篇,《释文》所引崔注,《刻意》《田子方》《则阳》《寓言》《让王》《说剑》《渔父》七篇没有,可能这几篇崔本缺失。而《天道》《天运》两篇崔注仅一条,《外物》篇崔注仅二条,《秋水》篇"夔怜蛇"以下、《至乐》篇"孔子之楚"以下、《山木》篇"北宫奢为卫灵公赋敛以为钟"以下没有崔注,则崔本和其他诸本相比较,非但篇目要少,即使一篇之中,其章节恐怕也有不同之处。3. 据《释文》引向本内容,向本和崔本相近。4. 李本三十篇,一作三十五篇,据《释文》,三十三篇皆有李氏注音,则李本较郭本只多不少。5. 陆氏未云简文本篇目状况,据其所引,内篇皆有引,外、杂篇《天运》篇引一则,疑所见简文本亦非完本。6. 孟氏本陆氏未引,不可推知。

下面笔者着重对五十二篇《庄子》和三十三篇《庄子》作一下分析。

一、五十二篇《庄子》之篇目问题。

陆德明认为《汉志》五十二篇即司马彪本、孟氏本,马叙伦则认为未必是。鉴于目前无明确证据,故笔者仍以陆氏所云为基础,将司马本看作《汉志》本进行探讨。《释文》记载郭象看到的本子有《阏弈》

① 陆氏云:"以郭为主。"是以郭本三十三篇为校正顺序,非全依郭本。《则阳》篇"魏莹与田侯牟约",《释文》:"魏莹,郭本作'罃',音'莹磨'之'莹'。"即其证。

②《隋书·经籍志》云向秀注、司马彪注、简文帝注"阙",崔譔注、孟氏注"亡",是魏征修《隋书》时诸本已皆不见。陆德明为太宗十八学士,与魏征同时而略长,而据陆氏所言,则众本皆存。甚可疑也。

《意修》《危言》《游凫》《子胥》五篇，马叙伦根据《史记索隐》《北齐书·杜弼传》推出《畏垒虚》《惠施》两篇。《惠施》篇前已言及，今不复论。

关于《畏垒虚》一篇，《索隐》于《史记·老子韩非列传》“畏累虚、亢桑子之属，皆空语无事实”曰：“《庄子·畏累虚》篇名也，即老聃弟子畏累。”①《庚桑楚》曰：“聃之役有庚桑楚者，偏得老聃之道，以北居畏垒之山。”两个“畏垒”是一样的，但一个说是山名，一个说是人名。司马贞的说法到底有没有依据，很值得怀疑，洪颐煊即认为：

> 《史记·庄周列传》：“畏累虚、亢桑子之属，皆空语无事实。”亢桑子即庚桑楚，畏累虚即畏垒山，《索隐》以“畏累虚”为《庄子》篇名，非是。②

认为是司马贞理解错误。《释文》：“畏垒，李云：‘畏垒，山名也。’或云：‘在鲁。’又云：‘在梁州。’”③不引司马彪说，说明司马彪亦以为山名。成玄英疏：“畏垒，山名，在鲁国。”也不说是人名。陆德明、成玄英生活年代均早于司马贞，如果《庄子》中有老聃弟子名畏垒者，陆德明、成玄英似不应不著一语。从这点来说，洪颐煊的说法是合理的。然依笔者之见，司马贞之说恐非向壁虚造。证据有四：其一，古人注书，讲究言之有据，司马贞必然读过《庄子》，知晓《庄子》中有座山名“畏垒”，在此种情况下仍然曰“《畏累虚》篇名也，即老聃弟子畏累”，则其所见，恐确实五十二篇《庄子》中有《畏累虚》一篇。其二，

① （汉）司马迁撰，（南朝宋）裴骃集解，（唐）司马贞索隐，（唐）张守节正义. 史记[M]. 北京：中华书局，1959：2144.

② （清）洪颐煊. 读书丛录[M]. 光绪十三年醉六堂刊《传经堂丛书》本：卷十四.

③ （唐）陆德明. 经典释文[M]. 北京：中华书局，1983：390.

今本《庚桑楚》作“聃之役有庚桑楚者，偏得老聃之道，以北居畏垒之山”，先言庚桑楚，后言畏垒之山；《史记》作“畏累虚、亢桑子之属”，先言畏累虚，复言亢桑子，两书顺序不同。若司马迁此句话即本于今本《庚桑楚》，似乎不应倒置其序。其三，《史记》言“畏累虚”，不言“畏累”，和今本不同。司马贞说“即老聃弟子畏累”，不言“即老聃弟子畏累虚”，说明《畏累虚》一篇是以“畏累虚”三字开头，“虚”字应该作动词用。“虚”字与“畏累”本不相缀，只是因为三字名篇，所以被加了进去。① 其四，《庄子》一书内容既乃杂凑，《庄子》一书风格既乃奇诡，前后不同现象屡见，那么《庄子》中一作山名、一作人名亦不值得奇怪。如《文选·张协〈七命〉》注引《庄子》佚文：

遍谓周曰：“吾知道，近乎无内，远乎无外。”②

此本于《知北游》“周、遍、咸三者，异名同实，其指一也”，原是说“周”“遍”“咸”三个字写法虽不一样，但意思却相同。而《文选注》所引，则将“遍”和“周”寓言化了。“周”“遍”本是字，且可以变为人，“畏垒”是山，变为人亦不足为奇。

《释文》引郭象说：“一曲之才，妄窜奇说。若《阏弈》《意修》之首，《危言》《游凫》《子胥》之篇，凡诸巧十分有三。”③马叙伦曰：“今《游凫》《子胥》《阏奕》之文，尚略可考见。”④提出三篇根据佚文能考知，《游凫》篇，《玉烛宝典》卷一引《庄子》：

---

① 如果“畏累虚”就是畏累之山，也可以有另外一种解释，即司马迁见到的《庄子》作“畏累之虚”，就像《至乐》篇“昆仑之虚”一样。

② （南朝梁）萧统编，（唐）李善注. 文选［M］. 上海：上海古籍出版社，1986：1613.

③ （唐）陆德明. 经典释文［M］. 北京：中华书局，1983：17.

④ 马叙伦. 庄子义证［M］. 上海：商务印书馆，1930：自序.

游鸟问雄黄曰:“今逐疫出魅①,击鼓呼嗲②,何也?”曰:“昔黔首多疾,黄帝③氏立巫咸,教黔首,使之沐浴齐戒,以通九窍;鸣鼓振铎,以动其心;劳刑趋步,以发阴阳之气;春月毗巷,饮酒茹葱,以通五藏。夫击鼓呼嗲,非以逐疫出魅④。黔首不知,以为魅祟也。”⑤

“鸟”字和“凫”字形近,当有一误,此篇盖即《游凫》篇(或即《游凫》篇首章)。《阏奕》篇,《文选·颜延年〈车驾幸京口侍候游蒜山作〉》注引《庄子》:

阏奕之隶,与殷翼之孙、遏氏之子,三士相与谋致人于造物,共之元天之上。元天者,其高四见列星。⑥

司马彪注:“元天,山名也。”⑦是司马本旧有此篇。《子胥》篇,此篇未见,《文选·左思〈魏都赋〉》注引《庄子》:

尹需学御三年而无所得,夜梦受秋驾于其师,明日往朝其师。其师望而谓之曰:“吾非独爱道也,恐子之未可与也。今将

① “疫”原作“度”,据《太平御览》卷五三〇引改。
② “嗲”,《御览》引作“噪”,“嗲”读作“噪”,从参从喿同。
③ “帝”原无,据《太平御览》卷五三〇引补。
④ “疫”原作“度”,据《太平御览》卷五三〇引改。
⑤ (隋)杜台卿. 玉烛宝典[M].《古逸丛书》景日本钞卷子本:卷一.
⑥ (南朝梁)萧统编,(唐)李善注. 文选[M]. 上海:上海古籍出版社,1986:1052.
⑦ (南朝梁)萧统编,(唐)李善注. 文选[M]. 上海:上海古籍出版社,1986:1052.

> 教子以秋驾。”①

司马彪曰:“秋驾,法驾也。”②“子”“尹”音近,“胥”“需”音同,或许就是此篇。

另外两篇,《危言》,日藏本《庄子》后跋作“尾言”,武内义雄《庄子考》曰:

> “尾言”当作“卮言”。(《释文叙录》作“危言”,《庄子音义·寓言》第二十七出“卮言”,注云:“字又作‘巵’。”《叙录》专袭郭语为文,则此亦作“巵”未可知。今本《叙录》作“危”,则因形似而误耳。)③

其说是,“危”“尾”皆“卮(巵)”之形讹,《寓言》:“卮言日出。”盖后世有演“卮言”为论者。《意修》则未闻,《大宗师》有人名意而子,《山木》篇有鸟名意怠、鷾鸸④,未知与此有关否。

以上马叙伦分析的几篇外,还有一篇未提及,《南史·何子朗传》:

> (何子朗)尝为《败冢赋》,拟庄周《马棰》,其文甚工。⑤

---

① (南朝梁)萧统编,(唐)李善注. 文选[M]. 上海:上海古籍出版社,1986:285.

② (南朝梁)萧统编,(唐)李善注. 文选[M]. 上海:上海古籍出版社,1986:285.

③ 转引自狩野直喜《旧钞卷子本庄子残卷校勘记》,东京:东京文化学院,1932年,第120—121页。

④ 杨树达曰:“‘鷾鸸’即上文之‘意怠’也。‘意’‘鷾’声类同。古‘而’与‘能’字通,‘台’与‘能’字亦通,故‘而’声、‘台’声字可通。《礼记·乐记》云:‘故人不耐无乐。’郑注云:‘耐,古书“能”字也,后世变之,此独存焉。古以“能”为“三台”字。’据此,尤足证‘而’与‘台’之可以相通。”

⑤ (唐)李延寿. 南史[M]. 北京:中华书局,1975:1783.

言《庄子》有《马捶》篇，今《至乐》篇曰："庄子之楚，见空髑髅，髐然有形。撽以马捶，因而问之。"言"败冢"，和"髑髅"密切相关，当即是此篇。

《释文》云司马本有三篇解说，《文选·谢灵运〈入华子岗是麻源第三谷〉》注引刘安《庄子略要》：

> 江海之士，山谷之人也，轻天下，细万物，而独往者也。①

司马彪注："独往自然，不复顾世也。"②可见刘安《庄子略要》是其中一篇。《文选·张协〈七命〉》注引《庄子》"庚市子肩之毁玉也"其下复引淮南子《庄子后解》：

> 庚市子，圣人无欲者也。人有争财相斗者，庚市子毁玉于其间，而斗者止。③

这个《庄子后解》不知是否也是一篇解说性文章，从内容来看似注释正文，从书名来看似乎是一篇文章。如果是文章名，那么极有可能是解说中的另一篇。既然有《庄子后解》，似当亦有《庄子前解》，则三篇解说，或皆刘安之作。

二、郭象对五十二篇《庄子》的整理。

《释文》说五十二篇本"言多诡诞，或似《山海经》，或类占梦书，

---

① (南朝梁)萧统编，(唐)李善注. 文选[M]. 上海：上海古籍出版社，1986：1250.

② (南朝梁)萧统编，(唐)李善注. 文选[M]. 上海：上海古籍出版社，1986：1250.

③ (南朝梁)萧统编，(唐)李善注. 文选[M]. 上海：上海古籍出版社，1986：1614.

故注者以意去取”，言“注者以意去取”，可见陆氏认为诸家不同的原因不是版本的不同，而是诸家自己有所删取，也就是说不止郭象对所见本进行了删取。又说“内篇众家并同，自余或有外而无杂”，则郭象只是对《庄子》外篇、杂篇进行了修订，对内篇并没有改动。褚伯秀《南华真经义海纂微序》引陈景元说：“庄子师长桑公，受其微旨，著书十万余言，目曰《南华论》。内篇三字标题者，是其旧。外、杂篇则为郭象所删修。”①所言同。《汉志》五十二篇，郭本三十三篇，并不是说郭象删除了十九篇，而是对外篇、杂篇重新进行了整理。和五十二篇相比较，固然删除了一部分，但也有一部分内容被整理到现存篇目中。郭象的整理，从大的方面来说包括两个方面，一个是调整，二个是删削。今就两方面分别论述如下。

（一）调整。

前文提到《在宥》篇“贱而不可不任者”章，《秋水》篇“夔怜蚿”章、“公孙龙问于魏牟”章，《至乐》篇“庄子之楚”章，《让王》篇“舜以天下让善卷”章、“舜以天下让石户之农”章，《盗跖》篇“子张问于满苟得”章，《天下》篇“惠施多方”章，这些内容可能原本不在一处，是郭象调整后的结果。这一类调整缺乏有效的证据，很难全面展开讨论。依笔者之见，外篇、杂篇中一些重复的内容可能就是郭象调整的结果。前面讨论过内篇和外篇、杂篇的重复问题，这可能是第一次编辑《庄子》一书导致的结果。而外篇、杂篇中重复的内容，很有可能是郭象第二次编辑的结果。如下面两则：

> 庄子钓于濮水。楚王使大夫二人往先焉，曰：“愿以竟内累矣！”庄子持竿不顾，曰：“吾闻楚有神龟，死已三千岁矣。王巾笥

① 褚伯秀.南华真经义海纂微[M]//《景印文渊阁四库全书》第1057册，台北：商务印书馆，1986：4.

而藏之庙堂之上。此龟者,宁其死为留骨而贵乎?宁其生而曳尾于涂中乎?”二大夫曰:“宁生而曳尾涂中。”庄子曰:“往矣!吾将曳尾于涂中。”(《秋水》)

或聘于庄子,庄子应其使曰:“子见夫牺牛乎?衣以文绣,食以刍菽。及其牵而入于太庙,虽欲为孤犊,其可得乎!”(《列御寇》)

还有一则,可以一起进行对比,《史记·庄子列传》:

楚威王闻庄周贤,使使厚币迎之,许以为相。庄周笑谓楚使者曰:“千金,重利;卿相,尊位也。子独不见郊祭之牺牛乎?养食之数岁,衣以文绣,以入大庙。当是之时,虽欲为孤豚,岂可得乎?子亟去,无污我。我宁游戏污渎之中自快,无为有国者所羁,终身不仕,以快吾志焉!”①

《列御寇》中牺牛之喻即截止于《史记》中之“岂可得乎”,文字尚大体相同。“子亟去”以下却有了很大的变化,《秋水》中的“吾将曳尾于涂中”即《史记》中的“我宁游戏污渎之中”,但《秋水》和《史记》完全是两个不同的故事,显然是一种重新建构。从《史记》来说,《列御寇》的“或”也是楚王,原文可能是楚王聘于庄子,因为不可能有两次延聘,所以被改作“或”字。郭象在整理的时候,不明白两处即一处之变,所以把两文都保留了下来。但无论如何,两文表达一样的主旨,就像《人间世》“匠石之齐”“南伯子綦游乎商之丘”“宋有荆氏

① (汉)司马迁撰,(南朝宋)裴骃集解,(唐)司马贞索隐,(唐)张守节正义. 史记[M]. 北京:中华书局,1959:2145.

者"三章喻同而置于一处,《德充符》数个兀者置于一处,此两处文章也应当置于一处。郭象在整理的时候没有注意到此现象,任意地将其中一文置于某篇之中,才导致两文所喻同而分置两处的现象。这也从侧面说明,解读《庄子》时,绝不可以就某一篇的思想作出一个总的概括,同时也不能执着于上下章之间的联系。

(二)删削。

1. 去其解说

上文提到《文选·谢灵运〈入华子岗是麻源第三谷〉》注引刘安《庄子略要》,下有司马彪注,可见司马本五十二篇是包含三篇解说的,因不属于《庄子》正文,所以被删除。

2. 去其重复。

一种是完全重复,《田子方》篇《释文》:"俗本此后有'孔子穷于陈蔡'及'孔子谓颜回'二章,与《让王》篇同。"①即属此类。一种是文略有差异,前面提到,隋释吉藏《百论疏》云:"《庄子》外篇,十二年不见全牛。"②假设郭象对内篇没有改动,那么此外篇中的"十二年不见全牛"和《养生主》"三年未尝见全牛"是重复的。

3. 去其奇说巧辞。

《释文》引郭象说:"一曲之才,妄窜奇说。若《阏弈》《意修》之首,《危言》《游凫》《子胥》之篇,凡诸巧杂十分有三。"③可见郭象删除此诸篇的原因是"奇说""巧杂"。奇说指的是说法怪异,《游凫》之以鸟问于矿物,《阏奕》之天高入星,均属此类。与之相类的还有:

> 插桃枝于户,连灰其下,童子入不畏,而鬼畏之,是鬼智不如

---

① (唐)陆德明. 经典释文[M]. 北京:中华书局,1983:387.

② 转引自王叔岷《庄子校诠》,台北:"中研院"历史语言研究所,1999 年,第 99 页。

③ (唐)陆德明. 经典释文[M]. 北京:中华书局,1983:17.

童子也。(《艺文类聚·果部上》)①

庄子谓惠子曰:"年沟之鸡,三岁为秼,相者视之,则非良鸡也。然而数以胜人者,以狸膏涂其头也。"(《太平御览》卷九一八)②

4. 去其思想相悖者。

《史记·日者列传》司马季主对宋忠、贾谊语引《庄子》:"君子内无饥寒之患,外无劫夺之忧,居上而敬,居下不为害,君子之道也。"③但庄子显然对"内无饥寒之患"是不赞同的。庄子的态度是虽处于饥寒之中而泰然自若,《列御寇》篇:

宋人有曹商者,为宋王使秦。其往也,得车数乘。王悦之,益车百乘。反于宋,见庄子,曰:"夫处穷闾厄巷,困窘织屦,槁项黄馘者,商之所短也;一悟万乘之主而从车百乘者,商之所长也。"

庄子的生活状况是"处穷闾厄巷,困窘织屦,槁项黄馘",然其能不羡牺牛④、曳尾涂中⑤,衣大布而不惫,并不在乎是否有饥寒之患。

① (唐)欧阳询. 艺文类聚[M]. 上海:上海古籍出版社,1985:1466.

② (宋)李昉等. 太平御览[M]. 北京:中华书局,1960:4072.

③ (汉)司马迁撰,(南朝宋)裴骃集解,(唐)司马贞索隐,(唐)张守节正义. 史记[M]. 北京:中华书局,1959:3219.

④《列御寇》:"或聘于庄子,庄子应其使曰:'子见夫牺牛乎?衣以文绣,食以刍菽。及其牵而入于太庙,虽欲为孤犊,其可得乎!'"

⑤《秋水》:"庄子钓于濮水。楚王使大夫二人往先焉,曰:'愿以竟内累矣!'庄子持竿不顾,曰:'吾闻楚有神龟,死已三千岁矣。王巾笥而藏之庙堂之上。此龟者,宁其死为留骨而贵乎?宁其生而曳尾于涂中乎?'二大夫曰:'宁生而曳尾涂中。'庄子曰:'往矣!吾将曳尾于涂中。'"

又如下两篇:

> 学之为福,犹飞之有羽翼也。(《北堂书钞》卷八三)①

> 人而不学命之曰视肉②,学而不行命之曰辄囊。(《太平御览》卷七〇四)③

两文并强调学习的重要性。然庄子认为道是不可见者,所以无法传授,《大宗师》言:"夫道有情有信,无为无形;可传而不可受,可得而不可见。"道可以神传而不可以体受,可以心得而不可以目见,是不能通过学习获得的。《天运》篇老聃曰:"使道而可献,则人莫不献之于其君;使道而可进,则人莫不进之于其亲;使道而可以告人,则人莫不告其兄弟;使道而可以与人,则人莫不与其子孙。"道不可以献于人、进于人、告于人、与于人。道既然不可传于人,那么自然不可以通过学习获得,学习的意义也就消失了。《天道》篇记载了这样一个故事:

> 桓公读书于堂上,轮扁斫轮于堂下,释椎凿而上,问桓公曰:"敢问:公之所读为何言邪?"公曰:"圣人之言也。"曰:"圣人在乎?"公曰:"已死矣。"曰:"然则君之所读者,古人之糟魄已夫!"桓公曰:"寡人读书,轮人安得议乎!有说则可,无说则死!"轮扁曰:"臣也以臣之事观之。斫轮,徐则甘而不固,疾则苦而不入,

---

① (隋)虞世南.北堂书钞[M].北京:中国书店,1989:307.

② "肉"原作"皮",据《史记·李斯列传》索隐、《北堂书钞》卷八三、《法苑珠林》卷六七、《义楚六帖》卷七、《太平御览》卷六〇七改。"皮"盖"肉"之形讹。视肉即视肉而食,终不得肉。

③ (宋)李昉等.太平御览[M].北京:中华书局,1960:3142.

不徐不疾，得之于手而应于心，口不能言，有数存焉于其间。臣不能以喻臣之子，臣之子亦不能受之于臣，是以行年七十而老斫轮。古之人与其不可传也死矣。然则君之所读者，古人之糟魄已夫！”

充分说明“大道不称”（《齐物论》）“道不可言，言而非也”（《知北游》）的道理。

5. 去其与史实、情理相悖者。

《太平御览》卷六〇二引桓谭《新论》：

庄周寓言，乃言“尧问孔子”。①

尧和孔子生活时代相聚甚远，两人不可能进行对话。《艺文类聚·火部》引《庄子》：

仲尼读书，老聃倚灶觚而听之，曰：“是何书也？”曰：“《春秋》也。”

“倚灶觚”庸俗不堪，而将老聃、孔子置于同一生活环境之中，虚构性太明显。

6. 去其艰涩难解者。

《庄子》流传到郭象时期，出现很多的错误，有些句子错误太多，已经不可解，所以被径直删除。如《玉烛宝典》卷一注引《庄子》及注：

① （宋）李昉等. 太平御览[M]. 北京：中华书局，1960：2710.

潜鲠春日毁滴而盖衢者，鳝也。（司马彪注云："潜，水中也。鲠，涩。滴，池。盖，辞。衢，道也。言冬日冰鲠涩不通，春日微温毁池冰而为道者也。鳝，鱼也。"）①

原文完全不可懂，即使看了司马彪的注文，也还是不能理解。相同的内容还有：

甘绳穷劲。（《玉篇残卷》）②

尝喝而不犯。（《玉篇残卷》）③

绥夫正胫。（司马彪曰："胫，限。"）（《玉篇残卷》）④

国有待绞而后见。（《玉篇残卷》）⑤

字虽皆识，却不能明知其义。此处需要强调一点，这类内容有些确实是艰涩难懂，但有一些可能原非如此，是后世流传中出现了讹

① （隋）杜台卿. 玉烛宝典[M].《古逸丛书》景日本钞卷子本：卷一.

② （南朝梁）顾野王. 玉篇零卷[M]//《续修四库全书》第228册，上海：上海古籍出版社，2002：367.

③ （南朝梁）顾野王. 玉篇零卷[M]//《续修四库全书》第228册，上海：上海古籍出版社，2002：370.

④ （南朝梁）顾野王. 玉篇零卷[M]//《续修四库全书》第228册，上海：上海古籍出版社，2002：546.

⑤ （南朝梁）顾野王. 玉篇零卷[M]//《续修四库全书》第228册，上海：上海古籍出版社，2002：656.

误。如《玉篇残卷》还引有“陷大矛”①三字,实即《山木》之“蹈乎大方”,“蹈”形讹作“陷”,“方”形讹作“矛”。《北堂书钞》卷七引“秉二地”②,即《天道》《徐无鬼》之“乘天地”,“乘”形讹作“秉”,“天”形讹作“二”。所以上面几条中也可能有这种现象,并不是所有的都艰涩不通。

7. 去其蹈方术、涉玄怪者。

这类主要是指那些超出世俗理解的内容,如:

> 地三年种蜀黍,其后七年多蛇。(《博物志》卷四)③

> 槐之生也,入季春五日而兔目,十日而鼠耳。(《艺文类聚·木部上》)④

> 马血之为燐也,人血之为野火也,鹞之为鹯,鹯之为布谷,布谷之复为鹞也。燕之为蛤也,田鼠之为鹑也,老韭之为苋也,老羭之为猿也,鱼卵之为虫也。此皆物之变者。(《太平御览》卷八八七)⑤

> 朽瓜化为鱼,物之变也。(《初学记》卷二八)⑥

> 童子埋蜻蛉头而化为珠。(《太平御览》卷九五〇)⑦

---

① (南朝梁)顾野王. 玉篇零卷[M]//《续修四库全书》第228册,上海:上海古籍出版社,2002:541.

② (隋)虞世南. 北堂书钞[M]. 北京:中国书店,1989:14.

③ (晋)张华撰,范宁校证. 博物志校证[M]. 北京:中华书局,1980:46.

④ (唐)欧阳询. 艺文类聚[M]. 上海:上海古籍出版社,1985:1517.

⑤ (宋)李昉等. 太平御览[M]. 北京:中华书局,1960:3943.

⑥ (唐)徐坚. 初学记[M]. 北京:中华书局,1962:684.

⑦ (宋)李昉等. 太平御览[M]. 北京:中华书局,1960:4216.

这类内容在《庄子》中也有,《至乐》篇:

> 种有几,得水则为㡭,得水土之际则为蛙蠙之衣,生于陵屯则为陵舄,陵舄得郁栖则为乌足,乌足之根为蛴螬,其叶为胡蝶。胡蝶胥也化而为虫,生于灶下,其状若脱,其名为鸲掇。鸲掇千日为鸟,其名为乾余骨。乾余骨之沫为斯弥,斯弥为食醯。颐辂生乎食醯,黄軦生乎九猷,瞀芮生乎腐蠸,羊奚比乎不箰,久竹生青宁,青宁生程,程生马,马生人,人又反入于机。万物皆出于机,皆入于机。

都是讲变化的,但《至乐》篇通过万物间的变化来阐述"万物皆出于机,皆入于机",申明道生万物、万物复归于道的道理。而《博物志》等所引内容,可能只是单纯的言物之变化,所以被郭象删除。

8. 去其演《庄子》之文者。

前文提到,《文选·张协〈七命〉》注引"遍谓周曰"一段,是根据《知北游》"周、遍、咸三者"虚构而成。这方面的内容还有,《玉烛宝典》卷八引《庄子》:

> 故马小童谓黄帝曰:"热艾其聚气,雄黄亦云燔金。热艾以炙其聚气,令以点为炙,直取其名。"①

此文有误,王叔岷从江世荣说辑为:"牧马小童谓黄帝曰:'热艾宛其聚气。'雄黄亦云:'燔金热艾,以炙其聚气。'"②末两句未收,其说较优。后两句似当为"今以针为炙,直取其名"。"故"乃"牧"之形

① (隋)杜台卿. 玉烛宝典[M].《古逸丛书》景日本钞卷子本:卷一.

② 王叔岷. 庄子校诠[M]. 台北:"中研院"历史语言研究所,1999:1389.

讹,牧马小童见《徐无鬼》"黄帝将见大隗乎具茨之山"章。《御览》卷八九九引《庄子》:

> 声氏之牛夜亡而遇夔,止而问焉,曰:"我尚有四足,动而不善。子一足而起踊,何以然?"夔曰:"以吾一足王于子矣。"①

《秋水》:"夔怜蚿,蚿怜蛇,蛇怜风,风怜目,目怜心。夔谓蚿曰:……。"此乃就《秋水》篇,模仿出"声氏之牛怜夔"一段。唐僧神清《北山录》曰:

> 汤问革曰:"上下四方有极乎?"革曰:"无极之外,复无极也。"②

僧慧宝注:"语在《庄子》,与《列子》小异。"③可见《庄子》原本有此段。④ 汤之问棘,见于《逍遥游》。

9. 去其浅薄鄙陋者。

《史记·宋微子世家》索隐引《庄子》:

---

① (宋)李昉等. 太平御览[M]. 北京:中华书局,1960:3990. 按:此条佚文存疑,《御览》引文,凡引某书数条内容,首引标书名,次引以"又曰"领之。而此条曰"《庄子》曰",下条又曰"《庄子》曰",与《御览》体例相悖。

② 转引自闻一多《庄子内篇校释》,见《闻一多全集》第9册《庄子编》,武汉:湖北人民出版社,2004年,第27页。

③ 转引自闻一多《庄子内篇校释》,见《闻一多全集》第9册《庄子编》,武汉:湖北人民出版社,2004年,第27页。

④ 此尚有不同的说法,如闻一多于《逍遥游》"汤之问棘也是已"曰:"此句与下文语意不属,当脱汤问棘事一段。唐僧神清《北山录》曰:'汤问革曰:"上下四方有极乎?"革曰:"无极之外,复无极也。"'僧慧宝注曰:'语在《庄子》,与《列子》小异。'……神清所引,其即此处佚文无疑。惜句多省略,无从补入。"认为乃《逍遥游》佚文。但诸本内篇皆同,司马彪本和郭象本自然也相同,郭象本既然没有此段,则司马彪本此段当不在《逍遥游》中,故闻氏之说不可从。

> 桓侯行，未出城门，其前驱呼“辟”，家人止之①，后为狂也。（司马彪云：“呼辟，使人避道。家人以桓侯名辟，而前驱呼‘辟’，故为狂也。”）②

桓侯的名字叫辟，一日桓侯出门，尚未出城门，在前面领路者为了让行人不挡道，所以大喊“辟”。“辟”即是“避”，二字古音同。直接喊君主的名字，是犯了忌讳的，所以桓侯的族人不让他继续喊，认为他太狂妄，不知避讳。此文可入《笑林》，但薄一哂，无丝毫哲理可言。相近的内容还有《初学记》卷二九引《庄子》：

> 介斗闾里有狗，宋人之驽狗也，其家命之为淖。逐狗不及，止而望之，自以为过矣。③

介斗盖闾巷之名。驽狗，劣狗也。言巷子里有一条狗，是宋国之劣狗，它的主人给起名为淖。它追赶别的狗没有追上，主人喊着它的名字让不要追了，但它却自以为已经超过其它狗了。“淖”字音同“超”，故狗闻其名而自以为过。和上条一样，同样是谐音梗，没有深层的意蕴。

10. 去其见他书而不类《庄》文者。

《太平御览》卷四七五引《庄子》：

> 子张见鲁哀公，不礼士也。托仆夫而去曰：“臣闻君好士，故

① “家”原作“蒙”，据《御览》卷七三九改。下“家”字同。

② （汉）司马迁撰，（南朝宋）裴骃集解，（唐）司马贞索隐，（唐）张守节正义. 史记［M］. 北京：中华书局，1959：1632.

③ （唐）徐坚. 初学记［M］. 北京：中华书局，1962：713.

不远千里以见。君之礼士也,有似叶公子高之好龙。室雕文尽写以龙。于是天龙而下之,窥头于牖,拖尾于堂。叶公见之,弃而还走,失其魂魄,五色无主。是叶公非不好龙也,好夫似龙而非龙也。今君非不好士也,好夫似士而非士者也。"①

此即叶公好龙之故事,除了见于《御览》卷四七五,《艺文类聚·鳞介部上》、《文选·刘琨〈劝进表〉》注、《白氏六帖》卷二九引并云出《庄子》,《大方广佛华严经随疏演义钞》卷七十五云:"叶公好龙者,事出《庄子》。"②故此当非误引,而是早期《庄子》确实有此一章。此事《新序·杂事五》著录,两相比较,文字差距很小,显然同出一源。或者郭象知道《新序》中有此文,而庄子是不强调好士的,于是怀疑乃《新序》中文章误入《庄子》而删去。除此之外,《穀梁传·哀公二年》疏引《庄子》自相矛盾事,见于《韩非子·难一》;慧琳《一切经音义》卷九三引《庄子》夸父逐日事,见于《山海经·海外北经》及《大荒北经》,被删去的原因盖相同。

以上是郭象整理的情况。第一次原始《庄子》的杂凑和第二次郭象的重新整理,使我们在解读《庄子》一书时必须要注意两个现象:第一,《庄子》一书有庄子的文章,有庄子后学的文章(后学包含庄子弟子及再传弟子等,下同,不俱说),有与庄子无关的资料,如果三类内容不加区分,是不能直接解析庄子思想及《庄子》一书的。第二,在分析《庄子》一书时,只能一章一章地进行解读,不能通篇概括思想,也不能以意缀联上章与下章之间的关系。下一章,笔者即针对第一个现象进行分析。

---

① (宋)李昉等. 太平御览[M]. 北京:中华书局,1960:2181—2182.

② (唐)释澄观. 大方广佛华严经随疏演义钞[M]. 大正新修大藏经本:卷七五.

第六章 《庄子》内容的区分问题

《庄子》一书是一个不断形成的过程，就可以考见者来说，大体分为三个阶段：结集阶段、演化阶段、定本阶段。第一次结集阶段即具有杂凑性质，第二次演化阶段则掺入了众多与《庄子》无关的内容①，第三次定本阶段的整理在章节、篇目上有较大的调整，每一阶段的变化都使《庄子》文本变得越来越复杂。若欲完全区分庄子自作、后学所作、无关资料羼入这三种情况，依照目前的资料，是不可能实现的。笔者对《庄子》成书三个阶段的划分，只是将《庄子》推入不可知论，虽能提出问题，尚不能完满地解决问题，则将会影响笔者观点的价值。有鉴于此，笔者只能尽量寻找一些方法，为后来的研究者提供一定的思路。郭象在整理《庄子》时，删除的内容即是郭象认为非庄子所作者，可以说是最早对《庄子》一书提出怀疑的人。其后苏轼在其《庄子祠堂记》中说：

---

① 第二阶段跨度比较长，即《庄子》首次结集至定本形成这一段时间，诸家《庄子》版本在原始版本基础上逐渐分化。这一阶段要注意的是，《释文》言"后人增足，渐失其真"，认为后人在第一次结集后增加了很多内容，但通过第一章、第二章的分析，证明今本《庄子》内容在先秦时候就已出现，则"后人增足"的说法不可尽信。郭象删除的内容很可能在第一阶段就已经存在，后期诸本的不同，是在流传过程中不断分合导致。后人的增足，表现在增加对《庄子》的解说，不是把其他相关资料掺入到原本《庄子》之中。

谨按《史记》,庄子与梁惠王、齐宣王同时,其学无所不窥,然要本归于老子之言。故其著书十余万言,大抵率寓言也。作《渔父》《盗跖》《胠箧》,以诋訾孔子之徒,以明老子之术。此知庄子之粗者。余以为庄子盖助孔子者,要不可以为法耳。楚公子微服出亡,而门者难之,其仆操棰而骂曰:"隶也不力。"门者出之。事固有倒行而逆施者。以仆为不爱公子,则不可;以为事公子之法,亦不可。故庄子之言,皆实予,而文不予,阳挤而阴助之,其正言盖无几。至于诋訾孔子,未尝不微见其意。其论天下道术,自墨翟、禽滑厘、彭蒙、慎到、田骈、关尹、老聃之徒,以至于其身,皆以为一家,而孔子不与,其尊之也至矣。然余尝疑《盗跖》《渔父》,则若真诋孔子者。至于《让王》《说剑》,皆浅陋不入于道。反复观之,得其《寓言》之意,终曰:"阳子居西游于秦,遇老子。老子曰:'而睢睢,而盱盱,而谁与居。太白若辱,盛德若不足。'阳子居蹴然变容。其往也,舍者将迎其家,公执席,妻执巾栉,舍者避席,炀者避灶。其反也,舍者与之争席矣。"去其《让王》《说剑》《渔父》《盗跖》四篇,以合于《列御寇》之篇,曰:"列御寇之齐,中道而反曰:'吾惊焉,吾食于十浆,而五浆先馈。'"然后悟而笑曰:"是固一章也。"庄子之言未终,而昧者剿之以入其言。余不可以不辨。凡分章名篇,皆出于世俗,非庄子本意。①

历代文人多喜庄子,其心中亦有庄子居之。然宋代以后,儒教治国,既怀为官为民为天下之心,则当拜孔崇孔。故一方面颂赞孔子之伟大,又一方面崇尚道家之自然。苏轼亦如此,极喜庄子,其心中亦有庄子居之,故于庄子极推崇。然幼既学经书,推崇孔子,而《庄子》中既有排摈孔子之文,故苏轼需要在孔子、庄子之间寻找一个平衡

① (宋)苏轼撰,邓立勋编校.苏东坡全集(中)[M].合肥:黄山书社,1997:41—42.

点，相比于调和儒道两家的矛盾，笔者更认为苏轼是为内心寻找一个可进可退的寄托地。所以苏轼把《盗跖》《渔父》两篇明显诋毁孔子的内容剔除出去，以防止与“尊之也至矣”的观点相悖。又认为《让王》《说剑》两篇“皆浅陋不入于道”，亦非庄子自作，从而将《寓言》阳子居之事和《列御寇》列御寇之事联系起来。此观点实无详辩之必要，苏轼以《寓言》《列御寇》篇相连属，则在其潜意识中，《庄子》一书各篇之间章旨是相互缀连的。在先秦的典籍中，是绝无这种现象出现的。

但苏轼的地位太高，影响太大，后世像林希逸、陆西星、沈一贯等等，基本遵循了他的说法。笔者以为怀疑此四篇的影响尚小，其最大的影响是引起了学者对《庄子》一书的怀疑，兴起了一股对《庄子》文章祛伪之风。于是一篇篇《庄子》中的文章，逐渐被剔除于《庄子》之外。至极的结果，是将内篇之外的文章全部认为非庄子自作，导致许多注《庄》者，仅注内篇，外篇、杂篇直接忽略。苏轼去除的原因是诋毁孔子，后世去除的基本原因多是文辞浅陋，①均缺乏相关的论证。而且笔者于前文已论说到，《庄子》最早的编辑是具有杂凑性质的，所以不能以篇来论是非，而当以章来论是非。轻率将整篇去除的做法，是不可取的。但如前所说，完全区分又不可能，故笔者只能尽量作一些努力，抛砖引玉，后世有贤达者，或能找出有效的方法。

一、庄子自作与后学所作的划分。

第一种方法学界比较常见，例如以《论语》中“子曰”来证明此段可能为孔子弟子所作；而其中出现有子、曾子、子张、子夏等章，即是他们的弟子所记载。同样，《庄子》中直接提到“庄子(庄周)”的，亦当是庄子后学所记。大约有如下几处：

---

① 如王夫之曰：“《骈拇》《马蹄》《胠箧》《天道》《缮性》《至乐》诸篇尤为悁劣，读者遇庄子之意于象言之外，则知凡此之不足存矣。”

篇目	内容
《逍遥游》	惠子谓庄子曰:魏王贻我大瓠之种,……
	惠子谓庄子曰:吾有大树,……
《德充符》	惠子谓庄子曰:人故无情乎?……
《天道》	庄子曰:吾师乎,吾师乎!……
《天运》	商大宰荡问仁于庄子。……
《秋水》	今吾闻庄子之言,汒然异之。……而犹欲观于庄子之言,……
	庄子钓于濮水。……
	惠子相梁,庄子往见之。……
	庄子与惠子游于濠梁之上。……
《至乐》	庄子妻死,惠子吊之,……
	庄子之楚,见空髑髅,……
《山木》	庄子行于山中,见大木,……
	庄子衣大布而补之,……
	庄周游于雕陵之樊,……
《田子方》	庄子见鲁哀公,……
《知北游》	东郭子问于庄子曰:……
《徐无鬼》	庄子曰:射者非前期而中谓之善射,……
	庄子送葬,过惠子之墓,……
《则阳》	长梧封人问子牢曰:……庄子闻之曰:今人之治其形,……
《外物》	庄周家贫,故往贷粟于监河侯。……
	惠子谓庄子曰:子言无用。……
	庄子曰:人有能游,……
《寓言》	庄子谓惠子曰:孔子行年六十而六十化。……
《说剑》	整篇。

续表

篇目	内容
《列御寇》	庄子曰：知道易，勿言难。……
	宋人有曹商者，……见庄子，……
	人有见宋王者，锡车十乘。以其十乘骄穉庄子。……
	或聘于庄子，……
	庄子将死，弟子欲厚葬之。……
《天下》	寂漠无形，……古之道术有在于是者，庄周闻其风而悦之。……

一共十六篇中出现，包含三十章，其中《说剑》是完整的一篇，《天下》篇则"惠施多方"以前为完整一篇。虽然部分内容可能为羼入（见下说），去除之后，数量仍不在少数。通过此表可以发现："庄子"二字掺杂在各篇之中，而不是如其他先秦子书在篇首作为引领之词。这种情况在他书中寡见（《论语》以"子曰"为主，而掺杂其他弟子之言），《墨子》中的"子墨子曰"、《荀子·议兵》"临武君与孙卿子"，皆是从头至尾的；《孟子》中孟子对话为一类，孟子言辞为一类，属于以类编排。《庄子》的这种情况，也只能用笔者前言《庄子》乃杂凑而成来解释；《逍遥游》《德充符》也有此现象，同样可以证明笔者内篇非《庄子》自作的观点。

第二种方法是通过思想的相悖进行区分，此观点乃笔者读郭店楚简《老子》时产生的想法。今本《老子》第十九章：

> 绝圣弃智，民利百倍；绝仁弃义，民复孝慈；绝巧弃利，盗贼无有。①

① 陈鼓应. 老子注译及评介[M]. 北京：中华书局，1984：136.

郭店本作：

> 绝智弃辨，民利百倍；绝巧弃利，盗贼亡有；绝伪弃虑，民复季子。①

第一句“绝圣弃智”，郭店本作“绝智弃辨”，“智”乃老子所反对，此无疑问，关键在“圣”和“辨”何者为老子所反对。“辨”通“辩”，谓言辩，《老子》第四十五章：“大辩若讷。”②第八十一章：“善者不辩，辩者不善。”③可见“辩”是老子所否定的。第三章：“圣人之治，虚其心，实其腹，弱其志，强其骨。”④第五章：“圣人不仁，以百姓为刍狗。”⑤第七章：“圣人后其身而身先，外其身而身存。非以其无私邪？故能成其私。”⑥第二十二章：“圣人抱一为天下式。”⑦等等，不但不反对圣人，且倡导圣人之治。则今本作“绝圣”非，当从郭店本作“绝辨”。然后世何以改易？又于何时而改易？则皆当深思之。先说改易之时间，马王堆帛书《老子》亦有此语⑧，与今本《老子》相同，马王堆汉墓帛书见于三号墓，是西汉初期长沙丞相轪侯利苍之子的墓，下葬年代在汉文帝前元十二年（前168）。前笔者论述《庄子》文本的成

① 陈伟. 楚地出土战国简册（十四种）［M］. 北京：经济科学出版社，2009：136. 按：此引文采用宽式释文，径直用本字。句中“虑”字，采用裘锡圭说。

② 陈鼓应. 老子注译及评介［M］. 北京：中华书局，1984：241.

③ 陈鼓应. 老子注译及评介［M］. 北京：中华书局，1984：361.

④ 陈鼓应. 老子注译及评介［M］. 北京：中华书局，1984：71.

⑤ 陈鼓应. 老子注译及评介［M］. 北京：中华书局，1984：78. 按：不仁，赞圣人也。陈鼓应引林希逸说：“刍狗之为物，祭则用之，已祭则弃之。喻其不着意而相忘尔。……而说者以为视民如草芥，则误矣。”

⑥ 陈鼓应. 老子注译及评介［M］. 北京：中华书局，1984：87.

⑦ 陈鼓应. 老子注译及评介［M］. 北京：中华书局，1984：154.

⑧ 裘锡圭主编. 长沙马王堆汉墓帛书集成（肆）［M］. 北京：中华书局，2014：41.

书年代时已经言及,文本的形成需要一个过程,西汉初期墓葬中的文本基本上可以确定成于先秦时期,故作“绝圣”之文本在先秦之时即已经出现。郭店墓是战国中期偏晚,则“绝辨”改为“绝圣”约为战国晚期。次说改易之原因,笔者以为在战国晚期,随着道家思想的发展,道家学派从平和向激进转变。

《庄子·天道》篇记载老子为“周之征藏史”,《史记》言老子为“周守藏室之史”①,老子之思想当与史官思想密切相关,故班固言“道家者流,盖出于史官”②。老子不仅是史官,其对古礼亦非常熟悉,故《史记》载孔子向老子问礼③。无论是史官还是熟知古礼,均说明老子的思想和周代的正统思想没有多大差别。有学者曾以《老子》与先秦典籍进行比较,发现《左传》《国语》等书中所载格言与《老子》相同或相近,④则老子思想或许即是对周礼的一种高度凝练,而老子也自然不可能完全有悖于周礼。以前笔者对道家“无为”的理解承袭旧说,以为“无为”即随顺自然,无所作为。后读《史记·老子韩非列传》,产生一个疑问,司马迁何以将无为的道家和有为的法家放在一

① (汉)司马迁撰,(南朝宋)裴骃集解,(唐)司马贞索隐,(唐)张守节正义. 史记[M]. 北京:中华书局,1959:2140.

② (汉)班固撰,(唐)颜师古注. 汉书[M]. 北京:中华书局,1962:1732.

③ (汉)司马迁撰,(南朝宋)裴骃集解,(唐)司马贞索隐,(唐)张守节正义. 史记[M]. 北京:中华书局,1959:2140. 按:《礼记·曾子问》:“孔子曰:‘吾闻诸老聃曰:天子崩,国君薨,则祝取群庙之主而藏诸祖庙。’”亦可为孔子问礼老子之证。

④ 可参金德建《老聃学说出于史官考》,《求索》1980年第3期,第73—75页。金氏所举例如《左传·成公二年》《昭公三十二年》“唯器与名,不可以假人”,与《老子》第三十六章“国之利器,不可以示人”相近;《左传·襄公二十五年》“慎始而敬终,终以不困”,《昭公五年》“敬始而思终,终无不复”,与《老子》第六十四章“慎始如终,则无败事”相近;《左传·僖公五年》引《周书》“皇天无亲,唯德是辅”,与《老子》第五章“天道无亲,常与善人”相近;《国语·越语下》“柔而不屈”,与《老子》第五章“虚而不屈”相近。等等。

起？韩非为法家,何以《韩非子》一书中有《解老》《喻老》两篇专门阐释《老子》的文章？又《四库全书总目》言《慎子》:“《汉志》列之于法家,今考其书,大旨欲因物理之当然,各定一法而守之,不求于法之外,亦不宽于法之中,则上下相安,可以清净而治。然法所不行,势必刑以齐之,道德之为刑名,此其转关,所以申韩多称之也。”①言老子向申韩的转变,《慎子》为其转捩,申不害、慎子、韩非子均是法家的代表人物,也说明道家和法家的密切关系。其后笔者读先秦典籍,发现诸家思想中皆有无为之现象,然与无所作为无关。如《慎子·民杂》:“君臣之道,臣有事而君无事也。君逸乐而臣任劳,臣尽智力以善其事,而君无与焉,仰成而已。”②《墨子·所染》:“善为君者,劳于论人,而佚于治官。不能为君者,伤形费神,愁心劳意,然国逾危,身逾辱。”③《荀子·王霸篇》:“治国有道,人主有职。若夫贯日而治详,一日而曲列之,是所使夫百吏官人为也,不足以是伤游玩安燕之乐。若夫论一相以兼率之,使臣下百吏莫不宿道乡方而务,是夫人主之职也。”④法家、墨家、儒家均强调无为,然三家之无为指的是君无事而臣有事,而且君无事是有前提条件的,即君主选择完贤臣之后才能无事。君主首先要选择有才能的大臣,让大臣去治理国家,君主不能干涉,坐享其成即可。笔者怀疑老子之无为本义也当如此,因为无论何种思想,其最终的目的是作用于政治,成为统治者治理国家的思想工具。若无为乃无所作为之义,甚至连君主也不需设立,此种思想不可能被统治者接纳。就此来说,道家早期思想绝不会偏激至此种程度。发展到

① 景印文渊阁四库全书·总目·三[M].台北:商务印书馆,1986:543.

② (周)慎到.慎子[M]//《景印文渊阁四库全书》第848册,台北:商务印书馆,1986:194.

③ (清)孙诒让.墨子间诂[M].北京:中华书局,2001:18.

④ 董治安、郑杰文、魏代富整理.荀子汇校汇注附考说[M].南京:凤凰出版社,2018:589.

战国晚期，道家思想逐渐演化，从对外的为政治服务转向对内的心灵解脱，开始否定一切人为的东西，从而由平和派过渡到激进派。

庄子生活时代为战国中期偏晚，所以他的思想也还属于平和派，而《庄子》一书中激进的内容，可能就是其后学所作。仍以“圣人”为例，且看下表：

篇目	对“圣”持肯定态度	对“圣”持否定态度
《逍遥游》	至人无己，神人无功，圣人无名。	
《齐物论》	是以圣人不由而照之于天，亦因是也。	
	是以圣人和之以是非，而休乎天钧，是之谓两行。	
	是故滑疑之耀，圣人之所图也。①	
	六合之外，圣人存而不论；六合之内，圣人论而不议；《春秋》经世先王之志，圣人议而不辩。	
	圣人怀之，众人辩之以相示也。	
	圣人不从事于务，不就利，不违害，不喜求，不缘道，无谓有谓，有谓无谓，而游乎尘垢之外。	
	圣人愚芚，参万岁而一成纯。	
	万世之后而一遇大圣，知其解者，是旦暮遇之也。	

① 滑疑之耀是被否定的对象，言圣人所图则不准确，闻一多曰：“‘鄙’本作‘图’，误。‘鄙’古只作‘啚’，校者误为‘图’字，遂改为‘图’耳。今正。惠子以坚白异同之论，解说是非，滑稽吊诡，变幻不穷，世以为其多智而能明大道。庄子则谓惠子之知，非圣人之真知，犹滑疑（脂）之耀，异乎日火之真耀，故曰‘滑疑之耀，圣人之所鄙也’。”高亨说同，皆认为“图”是“鄙”之误字。马叙伦曰：“‘图’借为‘否’，同舌音也。《说文》曰：‘否，相与语唾而不受也。’”则以为是假字。两说并通。

续表

篇目	对“圣”持肯定态度	对“圣”持否定态度
《养生主》		
《人间世》	名实者，圣人之所不能胜也，而况若乎。	
	天下有道，圣人成焉。天下无道，圣人生焉。	
《德充符》	夫子，圣人也，丘也直后而未往耳。	
	故圣人有所游，而知为孽，约为胶，德为接，工为商。圣人不谋，恶用知？不斫，恶用胶？无丧，恶用德？不货，恶用商？	
《大宗师》	故圣人之用兵也，亡国而不失人心；利泽施乎万世，不为爱人。故乐通物，非圣人也。	
	故圣人将游于物之所不得遁而皆存。	
	夫卜梁倚有圣人之才而无圣人之道，我有圣人之道而无圣人之才，吾欲以教之，庶几其果为圣人乎。不然，以圣人之道告圣人之才，亦易矣。	
《应帝王》	夫圣人之治也，治外乎？正而后行，确乎能其事者而已矣。①	
《骈拇》		小人则以身殉利，士则以身殉名，大夫则以身殉家，圣人则以身殉天下。

① 此篇“阳子居见老聃”章有“是于圣人也，胥易技系，劳形怵心者也”，亦有圣人，前已言“圣”乃“明王”二字之误，故未收录。而且即使无误，此圣人也是被赞扬的对象，不影响笔者的结论。

续表

篇目	对“圣”持肯定态度	对“圣”持否定态度
《马蹄》		及至圣人，蹩躠为仁，踶跂为义，而天下始疑矣；澶漫为乐，摘僻为礼，而天下始分矣。
		毁道德以为仁义，圣人之过也。
		及至圣人，屈折礼乐以匡天下之形，县跂仁义以慰天下之心，而民乃始踶跂好知，争归于利，不可止也。此亦圣人之过也。
《胠箧》		世俗所谓知者，有不为大盗积者乎？所谓圣者，有不为大盗守者乎？
		阖四竟之内，所以立宗庙社稷，治邑屋州闾乡曲者，曷尝不法圣人哉？然而田成子一旦杀齐君而盗其国，所盗者岂独其国邪？并与其圣知之法而盗之。故田成子有乎盗贼之名，而身处尧舜之安，小国不敢非，大国不敢诛，十二世有齐国。则是不乃窃齐国并与其圣知之法，以守其盗贼之身乎？
		世俗之所谓至知者，有不为大盗积者乎？所谓至圣者，有不为大盗守者乎？故跖之徒问于跖曰：“盗亦有道乎？”跖曰：“何适而无有道邪？夫妄意室中之藏，圣也；入先，勇也；出后，义也；知可否，知也；分均，仁也。五者不备而能成大盗者，天下未之有也。”由是观之，善人不得圣人之道不立，跖不得圣人之道不行。天下之善人

续表

篇目	对“圣”持肯定态度	对“圣”持否定态度
		少,而不善人多,则圣人之利天下也少,而害天下也多。故曰:唇竭则齿寒,鲁酒薄而邯郸围,圣人生而大盗起。掊击圣人,纵舍盗贼,而天下始治矣。
		圣人已死,则大盗不起,天下平而无故矣。圣人不死,大盗不止,虽重圣人而治天下,则是重利盗跖也。
		诸侯之门,而仁义存焉,则是非窃仁义圣知邪?
		此重利盗跖而使不可禁者,是乃圣人之过也。
		彼圣人者,天下之利器也,非所以明天下也。故绝圣弃知,大盗乃止;擿玉毁珠,小盗不起;焚符破玺,而民朴鄙;掊斗折衡,而民不争;殚残天下之圣法,而民始可与论议。
《在宥》	故圣人观于天而不助,成于德而不累,出于道而不谋,会于仁而不恃,薄于义而不积,应于礼而不讳,接于事而不辞,齐于法而不乱,恃于民而不轻,因于物而不去。物者莫足为也,而不可不为。	而且说明邪,是淫于色也;说聪邪,是淫于声也;说仁邪,是乱于德也;说义邪,是悖于理也;说礼邪,是相于技也;说乐邪,是相于淫也;说圣邪,是相于艺也;说知邪,是相于疵也。天下将安其性命之情,之八者,存可也,亡可也;天下将不安其性命之情,之八者,乃始脔卷伧囊而乱天下也。而天下乃始尊之惜之,甚矣,天下之惑也。

续表

篇目	对“圣”持肯定态度	对“圣”持否定态度
		吾未知圣知之不为桁杨椄槢也,仁义之不为桎梏凿枘也,焉知曾史之不为桀跖嚆矢也。故曰:绝圣弃知,而天下大治。

以上是《庄子》前十一篇的统计结果①,从表格来看,内篇中除了《养生主》无“圣”字,其余六篇均有。六篇中的“圣”均是作为被赞扬的对象,而《骈拇》《马蹄》《胠箧》三篇中的“圣”均是作为被否定的对象。《在宥》篇有否定,有肯定,其肯定的是末章“贱而不可不任者”一章,前面已经讨论过,该章与前不相符,是后来编排进去的。故《骈拇》《马蹄》《胠箧》《在宥》四章,当即晚期道家激进派的作品,恐非庄子自作。《在宥》篇“崔瞿问于老聃”章末作“故曰:绝圣弃知,而天下大治”,用的是《老子》的话,而和今本《老子》相同,亦作“绝圣弃智”,不仅能够反证此篇属晚期激进派所为,也可以证明此种方法的可靠性。

第三种方法是通过阐释性的内容进行区分。

此类又包含两个方面,一是对庄子言论的阐释,一是对《老子》的阐释。前文讨论重复问题的时候提到,《大宗师》“意而子见许由”章,许由曰:

吾师乎,吾师乎,𩐋万物而不为义,泽及万世而不为仁,长于上古而不为老,覆载天地、刻雕众形而不为巧,此所游已。

① 《天地》篇以下笔者本来也有统计,其中的“圣”和“圣人”均是作为被赞扬的对象,因篇幅太大,徒废纸张,故略而不计。

《天道》篇引用了这句话，直接引作“庄子曰”，则《大宗师》此段当为庄子自作，而《天道》篇一段可能就是后学引庄子话展开论述。同理，《庄子》中一些重复的部分内容也有可能是庄子后学的作品。至于对《老子》的阐释，上文说到《在宥》篇“故曰：绝圣弃知，而天下大治”，引《老子》话来证成自己观点，乃晚期道家所为。笔者复又思考，庄子本人会不会引《老子》、阐释《老子》？《天下》篇论老聃、庄子，均极尽赞扬，可证此篇是道家后学所作；老聃、庄子又分而论之，可证此篇是庄子后学所作。庄子后学推崇庄子，认为庄子自成一派，有意识地割裂庄子和老子的关系，从另一方面说明庄子不会对老子的话直接进行阐释，因为如果庄子有此做法，则否定庄子和老子关系的观点即难以成立。所以有理由怀疑，《庄子》中“故曰”以下见于《老子》的，也极有可能是其后学所为，而非庄子自为。此类内容笔者初步作了统计，如下表：

《庄子》	《老子》
《胠箧》：“故曰：鱼不可脱于渊，国之利器不可以示人。”	三十六章：“鱼不可脱于渊，国之利器不可以示人。”
《胠箧》：“故曰：大巧若拙。”	四十五章：“大巧若拙。”
《在宥》：“故曰：绝圣弃知。”	十九章：“绝圣弃知。”
《知北游》：“故曰：失道而后德，失德而后仁，失仁而后义，失义而后礼。”	三十八章：“失道而后德，失德而后仁，失仁而后义，失义而后礼。”
《知北游》：“故曰：为道者日损，损之又损之，以至于无为。无为而无不为也。”	四十八章：“为学日益，为道日损。损之又损，以至于无为。无为而无不为。”

除了《胠箧》篇“大巧若拙”为衍文外①，其它四则均直接引用

① 朱得之曰：“突然一句，衍文也。”范耕研曰：“六字盖是旧注误入正文者。”王懋竑、杨柳桥亦以为衍文。笔者论曰：“以为衍文是也。本段句势如下：(1)擢乱六律，铄绝竽瑟，塞瞽旷之耳，而天下始人含其聪矣；(2)灭(转下页注)

《老子》,《胠箧》《在宥》前已言为庄子后学所作,此又可为一证。《知北游》的情况比较特殊,该章虽引《老子》文,但虚构了一个知和黄帝对话的寓言,通过黄帝之口说出。下文还有一处“故曰:通天下一气耳”,本于《大宗师》“游乎天下之一气”,是既本《老子》,又本《庄子》。

以上是直接引用老子,还有一类间接引用,如《至乐》篇“故曰:天地无为也而无不为也”,本《老子》四十八章:“为道日损,损之又损,以至于无为,无为而无不为。”①也应看作此类。

还有一种“故曰”,虽不出《老子》,但其杂凑性质很明显,也类于阐释性的内容。《天道》篇“庄子曰”以下还有一段文字:

> 故曰:知天乐者,其生也天行,其死也物化。静而与阴同德,动而与阳同波。故知天乐者,无天怨,无人非,无物累,无鬼责。故曰:其动也天,其静也地,一心定而王天下;其鬼不祟,其魂不疲,一心定而万物服。言以虚静推于天地,通于万物,此之谓天乐。天乐者,圣人之心以畜天下也。

笔者以为:

> 本段文杂义复,多见《庄子》他篇:“整万物而不为戾,泽及

(接上页注)文章,散五采,胶离朱之目,而天下始人含其明矣。(3)毁绝钩绳,而弃规矩,攦工倕之指,而天下始人有其巧矣。【故曰:大巧若拙。】(4)削曾史之行,钳杨墨之口,攘弃仁义,而天下之德始玄同矣。(1)彼人含其明,则天下不铄矣;(2)人含其聪,则天下不累矣;(3)人含其知,则天下不惑矣;(4)人含其德,则天下不僻矣。自(1)至(4),相承为文。独(3)后多一句,必为衍文。盖为此句注文误入者也。”

① 陈鼓应. 老子注译及评介[M]. 北京:中华书局,1984:250.

万世而不为仁，长于上古而不为寿，覆载天地、刻雕众形而不为巧”，见《大宗师》篇；“其生也天行，其死也物化。静而与阴同德，动而与阳同波”“无天怨，无人非，无物累，无鬼责”“其鬼不祟，其魂不疲”，见《刻意》篇；“其动也天，其静也地”，即《在宥》篇之“其居也渊而静，其动也县而天”。疑此段乃后世注上章“天乐”二字，杂引《庄》书以解之，后世乃误为《庄子》文耳。

此段之上一句为“与人和者，谓之人乐；与天和者，谓之天乐”，此段则全为论述“天乐”而作，但多引他篇，也不可能是庄子自作。因为《天道》篇此段多见《刻意》篇，故笔者又调查了《刻意》篇此段，其原文为：

故曰：夫恬惔寂漠，虚无无为，此天地之平而道德之质也。故曰：圣人休休焉则平易矣。平易则恬惔矣。平易恬惔，则忧患不能入，邪气不能袭，故其德全而神不亏。故曰：圣人之生也天行，其死也物化。静而与阴同德，动而与阳同波。不为福先，不为祸始。感而后应，迫而后动，不得已而后起。去知与故，循天之理。故无天灾，无物累，无人非，无鬼责。其生若浮，其死若休。不思虑，不豫谋。光矣而不耀，信矣而不期。其寝不梦，其觉无忧。其神纯粹，其魂不罢。虚无恬惔，乃合天德。故曰：悲乐者，德之邪；喜怒者，道之过；好恶者，德之失。故心不忧乐，德之至也；一而不变，静之至也；无所于忤，虚之至也；不与物交，淡之至也；无所于逆，粹之至也。故曰：形劳而不休则弊，精用而不已则劳，劳则竭。

为了便于览见，仍用表格形式展现出来：

《庄子・刻意》	相同或相近内容
故曰:夫恬惔寂漠,虚无无为,此天地之平而道德之质也。故曰:圣人休休焉则平易矣。	《庄子・天道》:“夫虚静恬淡寂漠无为者,天地之平而道德之至。故帝王圣人休焉。”
故曰:圣人之生也天行,其死也物化。静而与阴同德,动而与阳同波。	《庄子・天道》:“故曰:知天乐者,其生也天行,其死也物化。静而与阴同德,动而与阳同波。”
不为福先,不为祸始。	《文子・九守》:“不为福始,不为祸先。”
	《文子・符言》:“不为福先,不为祸始。”
感而后应,迫而后动,不得已而后起。	《文子・九守》:“感而应,迫而动,不得已而往。”
去知与故。	《管子・心术上》:“去智与故。”
	《尸子・分》《韩非子・扬搉》:“去智与巧。”①
循天之理。	《文子・符言》:“循天之理。”
	《庄子・盗跖》:“从天之理。”②
故无天灾,无物累,无人非,无鬼责。其生若浮,其死若休。	《庄子・天道》:“故知天乐者,无天怨,无人非,无物累,无鬼责。”
其寝不梦,其觉无忧。	《庄子・大宗师》:“其寝不梦,其觉无忧。”
其神纯粹,其魂不罢。	《庄子・天道》:“其鬼不祟,其魂不疲。”
故曰:悲乐者,德之邪;喜怒者,道之过;好恶者,德之失。	《文子・道原》:“夫喜怒者,德之邪也;忧悲者,德之邪也;好恶者,心之过也。”
	《文子・九守》:“夫哀乐者,德之邪;好憎者,心之累;喜怒者,道之过。”
故心不忧乐,德之至也;一而不变,静之至也;无所于忤,虚之至也;不与物交,淡之至也;无所于逆,粹之至也。	《文子・道原》:“嗜欲不载,虚之至也;无所好憎,平之至也;一而不变,静之至也;不与物杂,粹之至也;不忧不乐,德之至也。”

① “巧”“故”义同。

② “循”“从”义同。

此段文字，除了见于《庄子》本书，他书中亦多有相近文字，则《天道》和《刻意》恐不是相互征引，而是同为后学所作，而其中的“其生也天行，其死也物化。静而与阴同德，动而与阳同波”“无天怨，无人非，无物累，无鬼责”“其鬼不祟，其魂不疲”三段，当来源甚早，极有可能是庄子原话。又如《徐无鬼》篇“故曰：鸱目有所适，鹤胫有所节，解之也悲”，即《骈拇》篇之“是故凫胫虽短，续之则忧；鹤胫虽长，断之则悲”，《骈拇》乃庄子后学所作，前文已证，而《徐无鬼》篇以“故曰”引起，乃是征引旧文，则亦非庄子自作，故此两篇和《天道》与《刻意》篇的关系一样，均为后学所作，而“鹤胫”一喻，可能为庄子原话。

第四种方法是通过时间来判断。高亨《庄子今笺自叙》中曾讨论《庄子》内篇为庄子自作，外篇、杂篇非自作，其中论外篇、杂篇时说到三个证据：

> 外篇《胠箧》曰：“田成子十二世有齐国。”据《史记·齐世家》，由田成子至王建仅十世，此篇云十二世，当为传闻之讹，俞樾欲改“十二世”为“世世”，非也。知此篇作于齐亡之后。考《史记·六国表》，齐亡于秦始皇二十七年，是时庄周死已久，此篇非庄周自撰甚明。……杂篇《盗跖》曰：“汤武立为天子而后世绝灭。”知此篇作于周亡之后。考《史记·六国表》，周赧王五十九年秦灭周，是时庄子已死，此篇非庄周自撰亦甚明。……杂篇《列御寇》曰：“庄子将死，弟子欲厚葬之。”讵有将死之人尚秉简作书者，此篇非庄周自撰又甚明。①

这三条证据均确凿无疑，其中第三条亦可用第一种方法来证明。除此之外，《大宗师》有一段也值得怀疑：

---

① 高亨. 诸子今笺·庄子今笺[M]. 民国二十年开封歧文斋刊本：自叙.

> 古之人,其知有所至矣。恶乎至?有以为未始有物者,至矣,尽矣,不可以加矣。其次以为有物矣,而未始有封也。其次以为有封焉,而未始有是非也。是非之彰也,道之所以亏也。道之所以亏,爱之所以成。果且有成与亏乎哉?果且无成与亏乎哉?有成与亏,故昭氏之鼓琴也。无成与亏,故昭氏之不鼓琴也。昭文之鼓琴也,师旷之枝策也,惠子之据梧也,三子之知几乎。皆其盛者也,故载之末年。唯其好之也,以异于彼;其好之也,欲以明之。彼非所明而明之,故以坚白之昧终。而其子又以文之纶终,终身无成。若是而可谓成乎?虽我亦成也。若是而不可谓成乎?物与我无成也。是故滑疑之耀,圣人之所图也。为是不用而寓诸庸,此之谓以明。

其中有"而其子又以文之纶终"一句,陆西星曰:"'文'字,恐'父'字之误。"①笔者以为:

> "文"作"父"字为上。"文""父"形近,古多互讹。《荀子·性恶》篇:"不如齐鲁之孝具敬父者。"杨倞注:"'敬父'当为'敬文',传写误耳。"②……又按:庄子与惠子同时,则其年龄相仿,固不能见惠子之子终于其父之业。以此论之,此章恐非庄子自作也。

文中提到惠子之子继承惠子的事业而终身从事之,惠子之死虽

① (明)陆西星. 南华真经副墨[M]. 明万历六年刻本:卷二.

② 《达生》篇:"庄公以为文弗过也。"武延绪曰:"'文'疑'父'字之讹,上脱'造'字耳。《荀子·哀公》篇……云:'昔舜巧于民,而造父巧于使马。舜不穷其民,造父不穷其马,是舜无失民,造父无失马也。'据此订为"'造父'。"奚侗、刘文典、王叔岷亦以为当从《吕览》作"造父",亦可为"文""父"易讹之证。

早于庄子,惠子之子终身从事其父之业则庄子不当知之,故以此推断,《大宗师》中此段文字恐非庄子自作。

二、无关资料的羼入。

今人著书,是等此书整体完成之后方出版①。古人著书则与今不同,是写成一篇即流传出去,而且不署名字②,因为写了名字,读文章者若对作者先有偏见,或因知与己非同派而斥之,则即不愿读此文,该文之思想接受群体则会受到影响。篇章单独流传、不署名字两点,给后人在编纂前人文集时增加了困难,倘有谨慎一些的,会在搜集资料后对资料进行辨别,如《孟子》一书,赵岐说有外书四篇,言:"其文不能宏深,不与内篇相似,似非孟子本真,后世依放而托之者也。"③或许即是编纂《孟子》者觉着不像孟子文而单独编在一起。又如《荀子》,末《大略》《宥坐》《子道》《法行》《哀公》《尧问》或集格言,或集寓言④,与前文章不类。董治安曰:"《大略》篇收长短文字数十则,前后既无条贯,内容或议论或记事又不一致,都与前二十六篇有所不同。本篇文字多处与今本《荀子》之《王制》《天论》《正论》《礼论》《解蔽》相同或相通;又屡屡称引《诗》《易》《礼》《春秋公羊传》及《穀梁传》,亦与荀卿传诸经之说相符。杨倞说'(《大略》)盖弟子杂录荀卿之语',不无道理。……《宥坐》以下五篇,杨倞说:'皆荀卿及弟子所引记、传杂事。'其思想之驳杂、内容之无序,更甚于《大

① 此处指篇章前后勾连之书,非单篇论文集结成篇之书。

②《史记·韩非列传》:"人或传其书至秦,秦王见《孤愤》《五蠹》之书,曰:'嗟乎,寡人得见此人与之游,死不恨矣!'李斯曰:'此韩非之所著书也。'"言见"《孤愤》《五蠹》之书",可证单篇流传;李斯告而知其名,可见不署姓名。汉代尚如此,《史记·司马相如列传》:"上读《子虚赋》而善之,曰:'朕独不得与此人同时哉!'得意曰:'臣邑人司马相如自言为此赋。'"同理可证。

③ (清)焦循撰,沈文倬点校. 孟子正义[M]. 北京:中华书局,1987:15.

④《尧问》最后一段是为荀子进行辩护的文章,非寓言,但亦非荀子自作。

略》篇。……此五篇不仅不可能成于荀卿本人，而且许多内容亦必不似出自荀卿的直接传授。”①此六篇盖编《荀子》者知其非荀子自作，故将其编连一处而置他篇之后。《庄子》的编纂则比较特殊，从其杂凑性质来看，编纂者并不具备较高的判断能力，只是将资料堆积在一起。不仅导致《庄子》一书散乱无章，而且也导致部分非庄子及庄子后学文章的羼入。

我们先看这样一段文章，焦竑《读庄子》：

> 严君平作《老子指归》，其称引《庄子》者多矣，曰："任车未亏，僮子行之；及其倾覆也，颠高堕谷，千人不能安。卵之未剖也，一指摩之；及其为飞鸿也，奋翼凌云，罾缴不能达也。胎之能乳也，一绳制之；及其为牡也，罗网不能禁也。虎也执群兽，食牛马，剑戟不能难也。故涟滴之流，久久而成江海，小蛇不死，化为神龙。积微之善，以至吉祥；小恶不止，乃至灭亡。"又曰："我之所以为我者，岂我也哉？我犹为身者非身，身之所以为身者，以我存也。而我之所以为我者，以有神也，神之所以留我者，道使然也。"又曰："道之所生，天之所兴，始始于不始，生生于不生，存存于不存，亡亡于不亡。"又曰："夫起福生利，成功遂事，备物致用，使人大富，天下奢僭，财货不足，民人愈丑；福满山泽，金玉成积，国愈不安。民益少利，饰智相愚，以诈相要，防堤邪淫，奸宄之路密；分别同异，是非之变众，则国家昏而政事衰，作方遂伎，雕琢文彩，奇变异怪，以褒有德，以别尊卑，巧故滋起，后出愈奇。令速赏深，罚峻刑严，斫肌肤，断四支，疏远不隐，亲近不和，罪至夷灭，赏至封侯，天地振栗，盗贼愈多。"又曰："夫饥而倍食，渴而

① 董治安、郑杰文、魏代富整理. 荀子汇校汇注附考说·代序[M]. 南京：凤凰出版社，2018：12—13.

大饮，热而投水，寒而入火。所苦虽除，其身必死，胸中有瘕不可凿，喉中有疾不可剥也，蚊虻著面不可射也，虮虱著身不可斫也。”又曰：“夫日月之出入也同明，人之死生也同形，春秋之分也同利，玄圣之与野人也同容，通者之与闭塞也同事，道士之与赤子也同功。凡此数者，其中异而外同，非有圣人，莫之能明。”又曰：“夫阴而不阳，万物不生；阳而不阴，万物不成。天地之道，始必有终，终必有始。”又曰：“夫婴儿未知而忠信于仇雠，及其壮大有识，欺绐兄嫂。三军得意则下亡虏，穷溪之兽不避兕虎，其事非易，事理然也。”以上诸语，皆今书所不载。按《汉·艺文志》《庄子》五十三篇，郭象去其巧杂，定为三十三篇，则今之所存，特十之四耳。严书出象前，其所引皆其逸篇可知也。子瞻谓《让王》《说剑》《盗跖》《渔父》四篇为伪撰，罗勉道者又疑《刻意》《缮性》亦复浅肤，定为二十六篇，大抵语意精粗居然别矣。若君平所引其为象所删，无足疑者。噫！象诚俊识者哉！①

严君平《道德指归》有大量“庄子曰”，焦氏以为皆《庄子》佚文，后来被郭象删去。但如果考察严君平的“庄子曰”，无一句与今本《庄子》合者，何以会出现这种现象？实际上，严君平本名庄君平，因避汉明帝刘庄讳而改为严。《道德指归》里的庄子是严君平，而非庄周。焦氏虽误，却能给人一种启发：既然汉代有另外一个庄子，那么先秦会不会也还有一个庄子，今本《庄子》误将另外一个庄子的文章收入？《汇考》完成之后，笔者倩博导赵逵夫先生写一篇《序》，先生于《序》中征引其旧作《庄辛——屈原之后楚国杰出的散文作家》一文，也认为今本《庄子》中有非庄周及后学之作者，举的例子是《说

① (明)焦竑. 庄子翼[M]//《景印文渊阁四库全书》第1058册，台北：商务印书馆，1986：8—9.

剑》篇。先生首先否定了《说剑》非庄子所作：

(政治主张和哲学思想)庄周及庄子一派,在先秦时代是不言“五行”的,在《庄子》一书中,除此处外,也再找不到一处有关“五行”的议论。此文所写庄子讲“制以五行”,马叙伦《庄子义证》即指出:“本书不言五行义。此虽泛论,可致疑也。”

……

其次,从史实方面来看,这个庄子,也不会是庄周。《说剑》中写赵惠文王沉溺于观剑士的争斗,其太子请庄子劝止之。按赵惠文王初立时年不过十一,即使其三十岁之时初立太子,时为赵惠文王十九年左右,庄周已年届八旬。即使庄周在行将就木之年突然改弦更张,也已无力远至赵国以求名逐利了。

再次,从这篇文章的风格来说,也不是庄周或其后学所写,其中“庄子”,不是指庄周。马叙伦《庄子义证》在“昔赵惠文王喜剑”一句之下按云:“本书记庄子事,无加昔字者。”此篇记“庄子”事,而开头加“昔”,说明本非庄周一派人所写,所写“庄子”也不是庄周。①

先生所论,可谓卓具慧眼。从时间上来说,庄子不可能去见赵惠文王。先生进一步提出此为庄辛所作：

庄辛谏楚襄王不听,因而去楚至赵,正在赵惠文王之时。庄辛离楚在秦发兵攻楚之前,离开楚国不久,秦将白起领兵攻楚,拔取鄢、邓、西陵等五城,此顷襄王二十年后半年事。顷襄王二

① 赵逵夫.庄辛——屈原之后楚国杰出的散文作家[J].西北民族大学学报,1990(4):95.

> 十一年,白起又攻楚,取郢,烧楚先王墓夷陵,取洞庭、五渚、江南。襄王东北保于陈城,忆庄辛之语而征之于赵。此应在襄王二十一年,也正是赵惠文王二十一年,《史记·赵世家》说:“(赵惠文王)二十二年,大疫。置公子丹为太子。”《说剑》所写庄子在赵国之时太子名悝,二十二年所立名丹,这可能是先立悝,后因大疫,废悝而立丹。所以,从史实上说,《说剑》中庄子系指庄辛,应无可怀疑。①

庄辛也称庄子(见《韩非子·喻老》);生活年代与赵惠文王又同,又曾去过赵国(见《战国策·楚策》);《说剑》一篇类战国辩士言论,雄肆之气与庄辛《谏楚襄王》相近;庄辛乃楚人,《庄子》一书用楚文字写成。综合以上四点,将《说剑》看作庄辛所作是有道理的。

当然,以上只是一种推测,缺乏直接的证据。《说剑》一篇蕴含着浓厚的儒家思想,赵先生也认为“庄周及其学派攻击儒家的道德”,但“《说剑》所表现的庄子却不仅身着儒服,而且标榜‘智勇’‘贤良’‘清廉’‘忠圣’”②。庄辛作为楚人,为何具有这种思想?说庄子完全反对儒家的思想,也不符合《庄子》一书的内容。《庄子》里对儒家采取的是一种忽冷忽热的态度,前后不可解处太多。以《庄子》中的孔子为例,《庄子》对孔子的定性是不统一的,如下表:

---

① 赵逵夫.庄辛——屈原之后楚国杰出的散文作家[J].西北民族大学学报,1990(4):96.

② 赵逵夫.庄辛——屈原之后楚国杰出的散文作家[J].西北民族大学学报,1990(4):94.

篇目	章节	人物属性之智	人物属性之愚①
《人间世》	颜回见仲尼	孔子	颜回
《人间世》	叶公子高将使于齐	孔子	叶公子高
《人间世》	孔子适楚	楚狂接舆	孔子
《德充符》	鲁有兀者王骀	孔子	常季
《德充符》	鲁有兀者叔山无趾	叔山无趾	孔子
《德充符》	鲁哀公问于仲尼曰	孔子	鲁哀公
《大宗师》	子桑户、孟子反、子琴张三人相与友	孔子	子贡
《大宗师》	颜回问仲尼曰	孔子	颜回
《大宗师》	颜回曰回益矣	孔子、颜回	
《天道》	孔子西藏书于周室	老子	孔子
《天运》	孔子西游于卫	师金	孔子
《天运》	孔子行年五十有一而不闻道	老子	孔子
《天运》	孔子见老聃而语仁义	老子	孔子
《天运》	孔子见老聃归	老子	孔子
《天运》	孔子谓老聃曰	老子	孔子
《秋水》	孔子游于匡	孔子	子路
《至乐》	颜渊东之齐	孔子	颜回
《达生》	仲尼适楚	痀偻者、孔子	
《达生》	颜渊问仲尼曰	孔子	颜回
《达生》	孔子观于吕梁	吕梁丈夫	孔子
《山木》	孔子围于陈蔡之间	太公任	孔子

① 此处的“愚”“智”只是作为对立面而存在，为了便于区分，不是对人物属性的真实判断。部分性质不好判定的章节，未有统计。

续表

篇目	章节	人物属性之智	人物属性之愚
《山木》	孔子问子桑雩曰	子桑雩	孔子
《山木》	孔子穷于陈蔡之间	孔子	颜回
《田子方》	颜渊问于仲尼曰	孔子	颜回
《田子方》	孔子见老聃	孔子	颜回
《知北游》	孔子问于老聃曰	老子	孔子
《知北游》	冉求问于仲尼曰	孔子	冉求
《知北游》	颜渊问乎仲尼曰	孔子	颜回
《徐无鬼》	仲尼之楚	孔子	市南宜僚
《则阳》	孔子之楚	孔子	子路
《外物》	老莱子之弟子出薪	老莱子	孔子
《让王》	孔子谓颜回曰	孔子、颜回	
《让王》	孔子穷于陈蔡之间	孔子	子路、子贡
《盗跖》	孔子与柳下季为友	盗跖	孔子
《渔父》	孔子游乎缁帷之林	渔父	孔子

通过此表可以看出,基本遵循如下规律:当孔子和老子一同出现的时候,孔子为未得道者,老子为得道者;当孔子和颜回一同出现的时候,孔子为得道者,颜回为未得道者。(《大宗师》《让王》两篇孔子、颜回均作为得道者出现。)孔子和颜回外其他弟子一同出现的时候,孔子为得道者,其他弟子为未得道者;孔子和其他人物一同出现的时候,孔子为未得道者,其他人为得道者。(《徐无鬼》篇例外。)依笔者的观点,早期平和派道家和儒家关系密切,并不排斥孔子,孔子问礼于老子,则孔子亦可视为老子弟子,道家本于老子,思想上当有一定的相通性。在笔者看来,两家同倡道与德,《易》曰"形而上者谓之道,形而下者谓之器",早期平和派道家集中探讨道之本身,向上追

溯，最终归于无，陷入不可知论。儒家兼俱形而上、形而下两种特点，以道为本而通过器以明道，向下溯源，最终转向人伦纲常。平和派道家是不反对孔子的，①在道家形象中，孔子被塑造成一个或追求道或已得道的形象。他们认同儒家以形而上论道的内容，但反对以器明道的方法。通俗来说，荀子说庄子“蔽于天而不知人”，“天”即形而上之道，“人”即形而下之器。晚期激进派道家则开始彻底反对孔子，诋毁儒家，《外物》篇言“儒以《诗》《礼》发冢”，《盗跖》篇“孔子与柳下季为友”章对孔子极尽贬低，两章可能都是晚期激进派作品。《盗跖》篇“子张问于满苟得”章有“孔子不见母，匡子不见父，义之失也”，亦贬孔子，恐亦激进派之作品。

无论平和派道家还是激进派道家的作品，仍可归于《庄子》。但其中对儒家“器”这一套持赞扬态度的，就很值得怀疑了。前文提及《在宥》篇“贱而不可不任”章，重物、民、事、法、义、仁、礼、德、道、天；《列御寇》篇“孔子曰凡人心险于山川”章，重忠、敬、能、知、信、仁、节、则、色，均是典型的儒家思想，恐皆非庄子或后学的作品。

通观《庄子》一书，还可以发现该书和《春秋》密切相关，《天运》篇通过老子口言《诗》《书》《礼》《乐》《易》《春秋》乃“先王之陈迹”，是持否定态度的。其他几处与《春秋》有关的内容，《齐物论》说：“《春秋》经世先王之志，圣人议而不辩。”是赞扬《春秋》的，而据班固

① 《田子方》：“庄子见鲁哀公，哀公曰：‘鲁多儒士，少为先生方者。’庄子曰：‘鲁少儒。’哀公曰：‘举鲁国而儒服，何谓少乎？’庄子曰：‘周闻之：儒者冠圜冠者知天时，履句屦者知地形，缓佩玦者事至而断。君子有其道者，未必为其服也；为其服者，未必知其道也。公固以为不然，何不号于国中曰：“无此道而为此服者，其罪死！”’于是哀公号之五日，而鲁国无敢儒服者。独有一丈夫，儒服而立乎公门。公即召而问以国事，千转万变而不穷。庄子曰：‘以鲁国而儒者一人耳，可谓多乎？’”成玄英疏：“一人，谓孔子。孔子圣人，观机吐智，若镜之照，转变无穷，举国一人，未足多也。”林希逸曰：“一丈夫，言孔子也。”虽系寓言，可证庄子并不反对孔子。

的说法，此章原在外篇。《天下》曰：“《诗》以道志，《书》以道事，《礼》以道行，《乐》以道和，《易》以道阴阳，《春秋》以道名分。”也赞扬《春秋》，但马叙伦、谭戒甫、杨柳桥均以为衍文。①《人间世》：“兽死不择音。”见《左传·文公十七年》。《列御寇》：“正考父一命而伛，再命而偻，三命而俯，循墙而走，孰敢不轨！如而夫者，一命而吕巨，再命而于车上儛，三命而名诸父。孰协唐、许？”见《左传·昭公七年》正考父《鼎铭》。《艺文类聚·火部》引《庄子》：“仲尼读书，老聃倚灶觚而听之，曰：‘是何书也？’曰：‘《春秋》也。’”②庄子崇尚道，认为道无所不在，但道又不是有形态的，所以反对固化的知识，故以《春秋》为“先王之陈迹”（《天运》），以书为“古人之糟魄”（《天道》），似不可能去赞扬《春秋》，而且引《左传》的句子以阐释哲理。笔者猜测，先秦时候庄辛、庄周之外，或许还有一个传授《春秋》的庄子，《庄子》中的部分内容，或许即此人文章所羼入。

这种情况不是没有可能，笔者在作《尸子疏证》的时候，即发现有个尸子和《穀梁传》密切相关：

> 穀梁子曰：“舞夏，天子八佾，诸公六佾，诸侯四佾。初献六羽，始僭乐矣。”尸子曰：“舞夏，自天子至诸侯，皆用八佾。初献六羽，始厉乐矣。”（《穀梁传·隐公五年》）③

---

① 马叙伦曰：“‘《诗》以道志’以下六句，疑古注文，传写误为正文。”谭戒甫曰：“‘《诗》以道志’六句，疑汉人加入之文，上亦衹有四项耳。盖六经之名，虽见于《天运》，实自汉初。《荀子》《吕览》最晚，固未并举此六经，且亦无六经之名也。”杨柳桥曰：“‘其明而在于数度者’‘其在于《诗》《书》《礼》《乐》者’‘其数散于天下而设于中国者’三层对文，中间不应插入‘《诗》以道志’等六句，而溢出《易》《春秋》两事，尤为不合。马氏疑为注文，甚有理。”

② （唐）欧阳询. 艺文类聚[M]. 上海：上海古籍出版社，1985：1374.

③ （清）阮元校刻. 十三经注疏·春秋穀梁传注疏[M]. 北京：中华书局，1980：2369.

> 朝不言使，言使非正也。使世子伉诸侯之礼而来朝，曹伯失正矣。诸侯相见曰朝，以待人父之道待人之子，以内为失正矣。内失正，曹伯失正，世子可以已矣，则是故命也。尸子曰："夫已，多乎道？"（《穀梁传·桓公九年》）①

> 鲁有穀梁赤，治《春秋传》，子夏门人也。《尸子》云："穀梁俶传《春秋》十五卷。"（《元和姓纂》卷十）②

这个尸子不可能是战国杂家的尸佼，所以阮元、廖平等均以为别有一个治《春秋》的尸子③，其说可信。《庄子》的情况或与《尸子》相类，另外一个庄子治《春秋》，《庄子》的编纂者没有注意到这种情况，将彼庄子的部分作品收录了进去。

以上的论点乃建立在对《庄子》思想的分析之上。由此可以进而思考：《庄书》中既非平和派道家也非激进派道家的一些内容，是否也属于羼入性内容？笔者于前文已经讨论过《庄子》一书如没有其他证据，所有内容应当视作成书于先秦时期，这自然包含郭象所删除的内容。而郭象所删除的内容比较驳杂，但里面很多条目涉及方术类的

① （清）阮元校刻. 十三经注疏·春秋穀梁传注疏[M]. 北京：中华书局，1980：2376.

② （唐）林宝撰，岑仲勉校记，郁贤皓、陶敏整理. 元和姓纂[M]. 北京：中华书局，1994：2376.

③ 阮元曰："佼为秦相商鞅客，鞅被刑后，遂亡逃入蜀，而预为征引，必无是事。或《传》中所言非尸佼也。"廖平曰："尸子，先师也。《人表序》以为在孟子后，或以为佼，非也。"张西堂《尸子考证》（见《古史辨》第4册）、孙次舟《论尸子的真伪》（见《古史辨》第6册）、徐文武《〈尸子〉辨》（见《孔子研究》2005年第4期）都以为有两尸子。钱穆则曰："《谷梁》两引其语，则亦治《春秋》，正名以治，为法家师，如吴起之流矣。"认为尸佼兼治《春秋》，恐不可从。

内容,这是部分道家向方术转变的结果还是无关资料的羼入,是不易判定的。道家思想在战国中期由治国思想向养生思想转变,由外在的国向内在的我转变,更加注重道对心的作用,《庄子》即是此次转变的代表。从战国中期到战国晚期,道家思想又从养生理论向养生实践转变,从追求心灵的合道向追求身体的合道转变,最终和医家思想结合,向经方、房中、神仙等演化。也就是说郭象删除的方术类内容极有可能是庄子后学的作品,是不可轻易删除的。即使今本《庄子》中,也还存有众多的方术内容,只是相较于郭象所删,更加注重理论性而已。这类内容的存在,是庄子时即已援方术入道?还是庄子后学作品?抑或是与之无关而羼入?笔者目前暂无成熟之想法。故下章仅将相关内容整理出来,且由读者自行判断。

第七章　《庄子》中与方术有关的内容

“方术”一词最早见于《庄子》,《天下》篇曰:“天下之治方术者多矣,皆以其有为不可加矣!”成玄英疏:“方,道也。”认为方术是指道术,故后面接着说“古之所谓道术者,果恶乎在”。后面论述墨家、名家、道家皆包含在道术之列,是《庄子》中的方术即流派的意思。此文的“方术”,乃传统意义上的概念,即为方技和术数的合称。《汉书·艺文志》中,数术包含天文、历谱、五行、蓍龟、杂占、形法,方技包含医经、经方、房中、神仙,班氏曰:“数术者,皆明堂羲和史卜之职也。”①“方技者,皆生生之具,王官之一守也。”②据其内容,数术重外在的天地,探求的是天地存在的状态以及天地与人之间的关系;方术重内在的我身,力求通过对“我”的改造达到人与天地相通的目的。下面,笔者即从《庄子》原文及佚文出发,分析《庄子》中包含的方术思想。③

一、数术类。

(一)天文。

《汉志》中的天文类以星占为主,其记载的内容今皆不存。马王堆帛书有《五星占》《天文气象杂占》,是目前所见最早的星占书。汉代的星占内容在谶纬中多有遗留,笔者所作《尚书纬》《孝经纬》《论

---

① (汉)班固撰,(唐)颜师古注.汉书[M].北京:中华书局,1962:1775.

② (汉)班固撰,(唐)颜师古注.汉书[M].北京:中华书局,1962:1780.

③ 本文撰写参考了李零《中国方术考》(修订本),北京:东方出版社,2001。

语谶》中,均含有大量此等内容。而《孝经雌雄图》《孝经内事》通篇皆是,笔者因而怀疑《汉志》中失传的内容可能在此类文献中尚有保存。后世保存较多的是唐代的《乙巳占》《观象玩占》《开元占经》等,《乙巳占》《观象玩占》基本不列出处,但通过与《开元占经》所列出处相比,可推知其内容亦是辑录前代典籍而成。《开元占经》为集大成者,保存了唐以前星占的大量资料,涉及天地、日月、五星、二十八宿、流星、风雨云虹、山冢、水火、霜雪冰雹、历法、星算、植物、动物、人鬼等,是研究星占最全面的资料。《庄子》与天文类有关的内容,《天运》篇记天地运行,但应归属于房中术(见第十章)。另外,《外物》篇曰:

> 阴阳错行,则天地大绞,于是乎有雷有霆。水中有火,乃焚大槐。

言天象变化的原因是阴气和阳气不能按规律运行,扰乱了阴阳调和的原始秩序,从而导致雷霆等天象的出现。盖雷霆有声,声音乃二物相击而产生,故将雷霆视作阴阳相击的产物。水中有火,司马彪曰:"水中有火,谓电也。焚谓霹雳时烧大树也。"①则是讲电的产生,水谓雨,火谓电光,雨中产生的电光焚烧了槐树。《庄子》佚文有两则内容:

> 阴阳交争为雷。(《北堂书钞》卷一五二)②

> 阴气伏于黄泉,阳气上通于天,阴阳分争,故为电。(《艺文

---

① (唐)陆德明. 经典释文[M]. 北京:中华书局,1983:396.

② (隋)虞世南. 北堂书钞[M]. 清光绪十四年万卷堂刻本:卷一百五十二.

类聚·天部下》)①

《淮南子·天文》篇曰:“阴阳相薄,感而为雷。”②《左传·隐公九年》正义引《河图》曰:“阴阳相薄为雷,阴激阳为电。”③结合几条内容,盖在古人的意识中,阴气是在地下的,阳气则从地至天并有,且为由衰至盛。当盛阴向上升,盛阳向下降,两者在一个交叉点相遇相激,因而产生了雷,所以叫“交争”;当阳气不动,阴气上升,不断地摩擦阳气,则产生了电。电是火,这是从摩擦生热的原理得出的结论。《事类赋》卷一引《庄子》:“阳燧见日,则燃为火。”司马彪注:“阳燧,鉴也。摩拭令热,便置日中,以艾就之,火生。”④也是运用摩擦生热的道理,两者有相通之处。用阴阳理论解释天象的还有一条,《艺文类聚·天部下》引《庄子》:

阳炙阴为虹。⑤

阳气热,阴气冷,阳气在上压迫阴气(“炙”是烧、烤的意思),热、冷相遇而生气,此气即为虹。里面包含了两点认识,一是虹是在雨后才出现的,古人认为雨后太阳照射在地下,所以才有虹。故此处的“阴”和上文的伏于地下的“阴”不同,应主要指落地的雨水而言。二是一种生活常识,把水浇灌到烧红的铁块上,会冒出热气,古人借这

① (唐)欧阳询. 艺文类聚[M]. 上海:上海古籍出版社,1985:36.
② 何宁. 淮南子集释[M]. 北京:中华书局,1998:170.
③ (清)阮元校刻. 十三经注疏·春秋左传正义[M]. 北京:中华书局,1980:1734.
④ (宋)吴淑. 事类赋[M]//《景印文渊阁四库全书》第892册,台北:商务印书馆,1986:809.
⑤ (唐)欧阳询. 艺文类聚[M]. 上海:上海古籍出版社,1985:38.

种现象来解释虹的产生。烧红的铁块即是阳,水即是阴,冒出的气即是虹。相同的原理还有《初学记》卷二引《庄子》:

> 腾水上溢故为雾。①

腾水即水蒸气,《逍遥游》说:"野马也,尘埃也,生物之以息相吹也。""尘埃"亦指雾。② 北大简《阴阳家言》:"地气发,天气弗应,则为雾。"③两者结合,"腾水上溢"即"地气发",地中、地上水气向上蒸腾,阳气不加阻挡,故形成了雾。

天象之外,还有涉及地震的一则。《艺文类聚·水部上》引《庄子》:

---

① (唐)徐坚. 初学记[M]. 北京:中华书局,1962:36.

② 笔者论曰:"慧琳《一切经音义》卷九注'野马'云:'野马,犹阳炎也。案:《庄子》所谓尘埃也,生物之以息相吹者。注云:"鹏之所凭而飞者,乃是游气耳。"'玄应《一切经音义》卷三:'野马,《大论》云:"饥渴闷极,见气谓为水是也。"'今按:司马云:'春月泽中游气也。'崔云:'天地间气如野马驰也。'乃言水气蒸发现象,然水气蒸发人肉眼不可见,似非。慧琳以'阳炎'解之(杨慎言'阳焰'),为上。《淮南子·时则》篇:'行夏令旱,行秋令雾。'注云:'旱象阳炎,秋气阴故乱雾。''阳炎'即野马,'雾'即尘埃也。野马乃光之折射现象,夏日之时,地面空气热、密度小,地上空气冷、密度大,光之折射亦地面弱而地上强。光本直线传播,在受热均匀情况下,物体状态比较完整地呈现于人眼中;若上下热度不均,光传播中将发生折射现象,进入目中即见有热气流动。今夏日行于柏油路上,远望若有地气外溢,即此也,古人谓之野马。沙漠中亦常有此现象,玄应《音义》'见气谓为水'即谓此。尘埃乃水气凝聚现象,当相对湿度达饱满状态时,空气中水气凝结,乃成为雾。生物,本指天地间一切有生命之物,此但就植物言之。古人不解此两种现象,以为乃植物呼吸所吐之气,数种植物所吐之气相互碰撞,因而发生空气流动,故谓之'以息相吹'。"

③ 北京大学出土文献研究所编. 北京大学藏西汉竹简(叁)[M]. 上海:上海古籍出版社,2015:233.

海水三岁一周,流波相薄,故地动。①

认为地震的产生是海水激荡的结果。海水按照圆的形式流动,三年流动一周,在一周之际,刚流到的水激荡原来的水,所以产生了地震。然而该条笔者怀疑是《庄子》旧注,海水震荡引发的是海啸,和陆地的地震没有多大关联。《逍遥游》说“海运则将徙于南冥”,《玉篇》:“运,动也。”②海运就是海动的意思,地动也是海动的意思,和通常所说的地震有别。

(二)五行。

《汉志》中的五行包含范围较广,涉及阴阳、五行、堪舆、灾异、刑德、天一、太一、六甲、五音等,其书亦皆不存。今《庄子》中涉及以下内容。

1. 阴阳、五行、刑德。

此即见《说剑》篇,庄子论天子之剑曰:

制以五行,论以刑德,开以阴阳,持以春夏,行以秋冬。

成玄英疏:“五行,金、木、水、火、土。刑,刑罚;德,德化也。以此五行,匡制区宇,论其刑德,以御群生。夫阴阳开辟,春夏维持,秋冬肃杀,自然之道也。”其解“五行”是对的,但简单地将“刑”看作刑罚、“德”看作德化却有问题③,因为成玄英的解释,将刑德与五行、阴阳、四时割裂开来。林希逸曰:“日为德,月为刑。”④(林氏说本《淮南

① (唐)欧阳询. 艺文类聚[M]. 上海:上海古籍出版社,1985:151.

② (南朝梁)顾野王. 宋本玉篇[M]. 北京:中国书店,1983:195.

③ 成氏所言乃其本义,《韩非子·二柄》:“杀戮谓之刑,庆赏谓之德。”

④ (宋)林希逸. 庄子鬳斋口义[M]. 南宋刻本:卷九.

子·天文》)大概就是注意到此问题了。《汉志》中所载《刑德》《五音奇胲刑德》今不存,马王堆帛书有《刑德》篇,据其内容,和干支、五行相关联,如《刑德乙》曰:“德始生甲,太阴始生子,刑始生水。水,子,故曰刑德始于甲子。”①子为北方,水亦为北方,太阴即刑,太阳即德;刑始于子,德始于甲,故刑德始于甲子。马王堆帛书《十六经·观》又曰:“春夏为德,秋冬为刑,先德后刑以养生。”②是刑德与四季亦有关联。《说剑》中这一段,实际上是古代用兵中的五行、刑德理论,刑德和战争密切相关,马王堆帛书《刑德乙》又载:“倍刑、德,战,胜,拔国。倍德右刑,战,胜,取地。左德右刑,战,胜,取地。左德倍刑,战,胜,不取地。……”③通过行兵之日与刑德的关系来预测战争是否取胜。《尉缭子·天官》亦曰:“梁惠王问尉缭子曰:‘黄帝刑④德,可以百胜,有之乎?’尉缭子对曰:‘刑以伐之,德以守之,非所谓天官、时日、阴阳、向背也。’”⑤尉缭子虽然对刑德用兵持否定态度,但通过此文,可知刑德用兵,包含天官、时日、阴阳、向背等。所以《说剑》一篇,更多的是包含当时的方术思想,而非儒家思想。

《说剑》篇之外,《大宗师》篇曰:“以刑为体,以礼为翼,以知为时,以德为循。”《天道》篇曰:“形德仁义,神之末也,非至人孰能定之!”⑥两次提到刑德(形德),但第一次和礼知连用,第二次和仁义连用,皆用刑德的原初意义,与《说剑》篇不同。

---

① 裘锡圭主编. 长沙马王堆汉墓帛书集成(伍)[M]. 北京:中华书局,2014:36.

② 裘锡圭主编. 长沙马王堆汉墓帛书集成(肆)[M]. 北京:中华书局,2014:152.

③ 裘锡圭主编. 长沙马王堆汉墓帛书集成(伍)[M]. 北京:中华书局,2014:41.

④ “刑”原作“形”,二字通,然下作“刑”字,当统一,径改。

⑤ (周)尉缭. 尉缭子[M]//《景印文渊阁四库全书》第726册,台北:商务印书馆,1986:726.

⑥ 王叔岷曰:“‘形德仁义’四字似平列,‘形’与‘刑’通。”

2. 太一。

《汉志》《刑德》七卷之前，有《泰一》二十九卷，亦不传。《刑德》既与兵法有关，此《泰一》亦当如是。《汉志》有《太壹兵法》一篇，属兵阴阳，《隋志》有《太一三宫兵法立成图》，亦属于兵阴阳。《汉志》中的《泰一》可能和此类书有相关之处。此太一为神名。《庄子》中的太一见于《列御寇》："太一形虚。"太一作齐同讲。《天下》："建之以常无有，主之以太一。"太一乃天地未分之状态，亦即化生天地之道。又有大一，《徐无鬼》："知大一。""大一通之。"义与上同。《天下》："至大无外，谓之大一；至小无内，谓之小一。"大一谓大之极。皆和《汉志》之太一不同，故不复赘述。①

3. 钟律。

《汉志》有《钟律灾异》《钟律丛辰日苑》《钟律消息》，通过钟律来观天象、人事；又有《五音奇胲用兵》《五音奇胲刑德》，通过五音来确定战争结果，两者只是目的不同，但原理有一致性。典籍中论钟律和战争的关系，最早见于《左传·襄公十八年》："晋人闻有楚师，师旷曰：'不害。吾骤歌北风，又歌南风，南风不竞，多死声。楚必无功。'"杜预注："歌者吹律以咏八风，南方音微，故曰不竞也。"②又《史记·律书》载："武王伐纣，吹律听声，推孟春以至于季冬，杀气相并，而音尚宫。"《正义》引《兵书》："夫战，太师吹律，合商则战胜，军事张强；角则军扰多变，失士心；宫则军和，主卒同心；徵则将急数怒，军士劳；羽则兵弱少威焉。"③《庄子》中涉及音乐内容较多，但没有与

① 作为神的太一和作为道的太一是有关联的，道的太一被拟人化即成为神的太一。

② （清）阮元校刻. 十三经注疏·春秋左传正义［M］. 北京：中华书局，1980：1966.

③ （汉）司马迁撰，（南朝宋）裴骃集解，（唐）司马贞索隐，（唐）张守节正义. 史记［M］. 北京：中华书局，1959：1240.

战争有关的资料,只有与情感相关的资料。《天运》篇“北门成问于黄帝”章,载黄帝奏《咸池》之乐,北门成“始闻之惧,复闻之怠,卒闻之而惑”,黄帝解释说先“奏之以人,征之以天,行之以礼义,建之以太清”,故北门成惧;复“奏之以阴阳之和,烛之以日月之明”,故北门成怠;又“奏之以无怠之声,调之以自然之命”,故北门成惑。又《御览》卷七六七引《庄子》:

> 师旷为晋平公作清角,一奏有云从西北起,再奏大雨大风随之,裂帷幕,破俎豆,堕廊瓦。平公惧,伏于室内。①

此文又见《韩非子·十过》,较此为详。师旷通过演奏清角之音,达到使晋平公畏惧的效果。师旷即为钟律占之鼻祖,上引《左传》可见,《汉志》阴阳家载有《师旷》八篇,《后汉书·方术列传》注“师旷之书”曰:“占灾异之书也,今书《七志》有《师旷》六篇。”②据《齐民要术》《开元占经》等引《师旷占》,多论四时与农业之关系,若此《师旷占》即《汉志》所载《师旷》,则与方术无关。《汉志》小说家又有《师旷》六篇,或当在此。

(三)蓍龟。

蓍龟包括蓍草占卜和龟甲占卜,蓍草占卜为数占,称作筮;龟甲占卜为象占,称作卜,两者在甲骨文中均已出现。《庄子》中出现了三则占卜的故事,《则阳》篇“仲尼问于太史大弢、伯常骞、狶韦”章载卫灵公临死之时:

> 夫灵公也,死,卜葬于故墓,不吉;卜葬于沙丘而吉。掘之数

① (宋)李昉等. 太平御览[M]. 北京:中华书局,1960:3404.

② (南朝宋)范晔撰,(唐)李贤等注. 后汉书[M]. 北京:中华书局,1965:2704.

仞，得石椁焉，洗而视之，有铭焉，曰："不冯其子，灵公夺而埋之。"

写卜葬墓之地事。《外物》篇"宋元君夜半而梦人被发窥阿门"章，写宋元君之时，渔父余且献给宋元君一只龟：

龟至，君再欲杀之，再欲活之。心疑，卜之。曰："杀龟以卜吉。"乃刳龟，七十二钻而无遗策。

写卜是否杀龟事。以上两则只是通过占卜以阐述道理，难以看出其对占卜的态度。《太平御览》卷八四九引《庄子》：

孔子病，子贡出卜。孔子曰："汝待也。吾坐席不敢先居，处若齐，食饮若祭，吾卜之久矣。"①

《论语·述而》篇有相近的故事：

子疾病，子路请祷，子曰："有诸?"子路对曰："有之；诔曰：'祷尔于上下神祇。'"子曰："丘祷之久矣。"②

两则故事显然为一个故事的两个版本。这在《庄子》中并不寡见，前言《人间世》"孔子适楚"章，本于《论语·微子》；《德充符》"鲁有兀者王骀"章孔子曰："受命于地，唯松柏独也在，冬夏青青。"《让王》篇"孔子穷于陈蔡之间"章孔子曰："天寒既至，霜雪既降，吾是以

① (宋)李昉等. 太平御览[M]. 北京：中华书局，1960：3794.
② 杨伯峻. 论语译注[M]. 北京：中华书局，1980：76.

知松柏之茂也。”本于《论语·子罕》:“岁寒,然后知松柏之后雕也。”①所以这则故事见于《庄子》也很正常,郭象大概因为此则未包含道家哲理所以删除了。该故事阐释的是内心恭敬的道理,因为占卜时需要斋戒沐浴,保持内心的虔诚,而孔子自认为平常居处即如斋戒时之恭敬,饮食即如祭祀时之虔诚,所以是经常保持占卜时的状态,故曰“吾卜之久矣”。可见在孔子看来,进行占卜是无必要的。《庚桑楚》篇老子曰:

> 卫生之经,能抱一乎!能勿失乎!能无卜筮而知吉凶乎!能止乎!能已乎!能舍诸人而求诸己乎!能翛然乎!能侗然乎!能儿子乎!

“抱一”“勿失”“止”“已”等均是老子所提倡的养生道理,则不用卜筮而能知吉凶是老子所提倡的,亦即是庄子所提倡的,可见庄子对卜筮并不持肯定态度。盖庄子追求的是人与天地的自然契合,而卜筮则是通过蓍龟这种外部事物来推断人和天地的关系,中间隔了一层,故不被提倡。《御览》所引佚文,是与此思想相符的。

又上《外物》篇提到以龟占卜之事,《秋水》篇“庄子钓于濮水”章言神龟既死,“王巾笥而藏之庙堂之上”,亦言藏之以待占卜,非视如宝物而藏之不用也,故成玄英曰:“龟有神异,故刳之而卜,可以决吉凶也。盛之以笥,覆之以巾,藏之庙堂,用占国事,珍贵之也。”

(四)杂占。

《汉志》杂占涉及的内容也很广泛,如《黄帝长柳占梦》《甘德长柳占梦》乃占梦,《武禁相衣器》乃占衣服器用,《嚏耳鸣杂占》乃占喷嚏耳鸣,《祯祥变怪》《人鬼精物六畜变怪》乃言鬼怪变化,《变怪诰

---

① 杨伯峻. 论语译注[M]. 北京:中华书局,1980:95.

咎》《执不祥劾鬼物》《请官除妖祥》《禳祀天文》乃厌胜,《请祷致福》乃祝祷,《五法积贮宝藏》乃藏物,《神农教田相土耕种》《昭明子钓种生鱼鳖》《种树臧果相蚕》乃农业。今就与《庄子》有关者分而论之。

1. 占梦。

《汉志》中有,今皆不存。在古人的意识中,梦是起到预示作用的,甲骨文中就有对梦的占卜,如《合集》13507:“贞王梦隹之禼?二月。贞王梦不隹之禼?”①《合集》17465:“……梦不隹禼?”②“禼”是灾祸的意思。言商王作梦之后,占卜是否会带来灾祸。典籍中见于记载的,如《诗经·小雅·斯干》:“吉梦维何?维熊维罴,维虺维蛇。大人占之:维熊维罴,男子之祥;维虺维蛇,女子之祥。”郑笺:“大人占之,谓以圣人占梦之法占之也。熊罴在山,阳之祥也,故为生男。虺蛇穴处,阴之祥也,故为生女。”③又《小雅·无羊》:“牧人乃梦,众维鱼矣,旐维旟矣,大人占之。众维鱼矣,实维丰年;旐维旟矣,室家溱溱。”郑笺:“牧人乃梦见人众相与捕鱼,又梦见旐与旟,占梦之官得而献之于宣王,将以占国事也。鱼者,庶人之所以养也。今人众相与捕鱼,则是岁熟,相供养之祥也。溱溱,子孙众多也。”④《左传》中还有景公梦大厉而不食新的故事⑤。合以上资料观之,占梦是根据梦的内容来推论所代表的现实。占梦的具体方法已不能得知,睡虎地秦简《日书》后附有《梦》篇,记录了一些占梦内容:

---

① 胡厚宣主编. 甲骨文合集释文[M]. 北京:中国社会科学出版社,2010:704.

② 胡厚宣主编. 甲骨文合集释文[M]. 北京:中国社会科学出版社,2010:879.

③ (清)阮元校刻. 十三经注疏·毛诗正义[M]. 北京:中华书局,1980:437.

④ (清)阮元校刻. 十三经注疏·毛诗正义[M]. 北京:中华书局,1980:438.

⑤《左传·成公十年》:“晋侯梦大厉,被发及地,搏膺而踊,曰:‘杀余孙,不义!余得请于帝矣!’坏大门及寝门而入。公惧,入于室。又坏户。公觉,召桑田巫。巫言如梦,公曰:‘何如?’曰:‘不食新矣。’……六月丙午,晋侯欲麦,使甸人献麦,馈人为之。召桑田巫,示而杀之。将食,张,如厕,陷而卒。”

甲乙梦被黑裘衣冠,喜,入水中及谷,得也。

丙丁梦□,喜也。木金,得也。

戊己梦黑,吉,得喜也。

庚辛梦青黑,喜心。木水,得也。

壬癸梦日,喜也。金,得也。①

相比较于《诗经》《左传》中的占梦,一是将占梦与十干结合起来,二是占梦结果笼统化。后世比较著名的占梦书有宋邵雍《梦林玄解》、明陈士元《梦占逸旨》,至于民间流传的各种版本《周公解梦》在现在影响最大。

在《庄子·齐物论》中,是混同梦我的界限的,先是说:

梦饮酒者,旦而哭泣;梦哭泣者,旦而田猎。方其梦也,不知其梦也。梦之中又占其梦焉,觉而后知其梦也。且有大觉而后知此其大梦也。

有个人做梦,梦见饮酒,占卜的结果是第二天会哭泣;然当第二天哭泣的时候发现哭泣也是个梦,所以又去占卜梦见哭泣如何,而占卜哭泣的结果,则预示着第二天会去打猎。这是两层梦境,当第一次做梦的时候,做梦者不知是在梦中,所以在梦中又去占梦,等第二次醒了才知道原来第一次所谓的醒也是梦。那么我们如何确定第二次是不是梦呢?我们的一生如何确定是不是个梦呢?只有大觉者才能确定,常人是不能得知的。此处泯灭了梦觉的界限。末章又说:

① 陈伟主编,彭浩、刘乐贤等撰.秦简牍合集:释文注释修订本(贰)[M].武汉:武汉大学出版社,2016:517.

> 昔者庄周梦为胡蝶，栩栩然胡蝶也！自喻适志与。不知周也。俄然觉，则蘧蘧然周也。不知周之梦为胡蝶与，胡蝶之梦为周与？周与胡蝶，则必有分矣。此之谓物化。

庄子梦见蝴蝶，在梦中，庄子不知道自己是庄子，醒了后才发现自己不是蝴蝶而是庄子。庄子在梦中化作蝴蝶，那么所谓醒了的庄子是不是只是蝴蝶的梦呢？蝴蝶和庄子肯定是有分别的，但又不需要区别，因为“与物化者，一不化者也”（《知北游》）。此处是通过梦混同物我的界限。如果这两条确为庄子的思想，那么庄子本人应是不赞同占梦的。但《庄子》中还是有占梦的故事的①，《田子方》篇“文王观于臧”章，言文王梦见一个钓鱼的丈夫——臧丈人，欲委托朝政于他，又恐怕其大臣不同意，所以想了个办法：

> 于是旦而属之大夫②曰：“昔者寡人梦见良人，黑色而頿，乘驳马而偏朱蹄，号曰：‘寓而政于臧丈人，庶几乎民有瘳乎！’”诸大夫蹴然曰：“先君王也。”文王曰：“然则卜之？”诸大夫曰：“先君之命，王其无它，又何卜焉。”遂迎臧丈人而授之政。

文王告诉大臣梦见先君季历，告诉他应将国政委托于臧丈人，问

① 《人间世》篇“匠石之齐”章写匠石看到一棵“其大蔽牛，絜之百围，其高临山，十仞而后有枝”的栎社树，认为是无用的“散木”。匠石回家后，栎社树托梦给他，“匠石觉而诊其梦”。《释文》引司马、向云：“诊，占梦也。”但王念孙曰：“下文皆匠石与弟子论栎社之事，无占梦之事。‘诊’当读为‘畛’，《尔雅》：‘畛，告也。’郭注引《曲礼》曰：‘畛于鬼神。’‘畛’与‘诊’古字通。此谓匠石觉而告其梦于弟子，非谓占梦也。”笔者认为王念孙的说法比较合理，故此章不计入占梦之列。

② “大夫”原作“夫夫”，见第十章所论。

大臣是否需要占卜一下。诸大臣说此乃先君之命令，无需占卜。此次占卜记录和上面《诗经》《左传》等梦不同，上面是梦见具体的事物，占卜时需要挖掘隐含的意思；此则梦见是否要作某件事情，只要占卜是否即可。

《庄子》佚文还有两则与梦有关，《太平御览》卷三九七引《庄子》：

> 梦者，阴阳之精也，心所喜怒则精气从之。①

阴阳即喜怒，阴为怒，阳为喜。认为梦是人之情绪在睡觉时的表达，这属于从科学角度阐释梦的原理了。梦的产生原因是多样的，现代科学认为梦和神经有关，人在白天时所经历的事情，衍生出各种各样的情绪，在晚上睡觉之时，此种情绪仍旧在大脑中活跃，从而导致梦的产生。又《北堂书钞》卷一四四引《庄子》：

> 咸者不作而欲食之，夜必梦饮三冷。（注曰："冷，瓶也。"）②

认为人吃了咸的东西，那么晚上必然会梦见喝三瓶水。这是梦的另一个成因，即梦是身体机能的反映，《列子·周穆王》说"甚饱则梦与，甚饥则梦取"③，亦是此理。占梦是承认梦的预示性，是说"将来"；此种解释则是承认梦的映照性，是说"过去""现在"。就此理论来说，亦必然是否认占梦的。

2. 鬼怪变化。

《汉志》有《祯祥变怪》《人鬼精物六畜变怪》，据其内容，似包含

① （宋）李昉等. 太平御览[M]. 北京：中华书局，1960：1834.
② （隋）虞世南. 北堂书钞[M]. 北京：中国书店，1989：604.
③ （晋）张湛注. 列子[M]. 上海：上海书店，1985：34.

两个方面,一者是物物之间的变化,一者是专言各种祥瑞、鬼怪。鬼和神一样,其产生是人们对自然界与自身的幻化,当对某种事物、现象不能有合理的解释之时,就只能通过虚构的形象来追求对知识的满足感。科学越滞后,此类内容越多。至于物物之间的变化,则是人们对道与万物关系的哲学建构,万物既皆由道而生,必然相互之间存在一定的关联,寻找这种关联,乃是证明万物生于道的基本证据。今分别就此两方面进行论述。

(1)鬼怪。

《达生》篇"桓公田于泽"章言桓公打猎,管仲驾车,后来桓公看到一只鬼,问管仲是否看见,管仲说没有。桓公回去之后就生病了,皇子告敖认为不是鬼伤了桓公,而是桓公自己引起的疾病。桓公问皇子告敖是否真的有鬼,皇子告敖回答说有,并陈说各种鬼:

> 曰:"有。沈有履;灶有髻;户内之烦壤,雷霆处之;东北方之下者,倍阿鲑蠪跃之;西北方之下者,则泆阳处之;水有罔象;丘有峷;山有夔;野有彷徨;泽有委蛇。"公曰:"请问委蛇之状何如?"皇子曰:"委蛇,其大如毂,其长如辕,紫衣而朱冠。其为物也恶,闻雷车之声则捧其首而立。见之者殆乎霸。"

一共提到十种鬼,此十种鬼很多不见记载,所以后世注家亦解说纷纭。笔者翻阅出土文献和传世文献,亦未全部得到合理的解释。今就诸鬼做一番分析,未有新证者则仍采用旧说。

"沈有履",《释文》:"司马本作'沈有漏',云:'沈,水污泥也。漏,神名。'"①俞樾曰:"司马云:'沈,水污泥也。'则当与'水有罔象'等句相次,不当与'灶有髻'相次也。'沈'当为'煁',……《白华》

① (唐)陆德明.经典释文[M].北京:中华书局,1983:385.

篇:‘卬烘于煁。’毛传曰:‘煁,灶也。’是煁、灶同类,故以‘煁有履’‘灶有髻’并言之耳。”①俞樾的怀疑是对的,“沈”如果是水污泥,不当和“灶有髻”并列,而当与“水有罔象”等并列。但将其解释为煁,与灶同,则又犯了重复之病,恐亦非,姑存疑。

“灶有髻”,《释文》:“司马云:‘髻,灶神,著赤衣,状如美女。’”②“髻”,世得堂本作“髺”③,下从告。《史记·武帝本纪》:“李少君亦以祠灶、谷道、却老方见上。”《索隐》:“司马彪注《庄子》云:‘浩,灶神也,如美女,衣赤。’李弘范音诰。”④祠灶今各地风俗多有,“灶”即灶王爷,是灶神亦名曰灶。吴承仕曰:“今以《释文》校之,疑‘浩’应作‘结’,‘诰’应作‘诘’,皆形近之讹。”⑤则认为“浩”“诰”并是讹字。笔者以为:

> 望山一号墓楚简 139 有“[祭]窖”,字从宀从示从火,告声,整理者以为即“灶”字异体,乃灶神之专用字。“髺”“窖”并从告得声。包山楚简签牌 11 亦有此字,“示”作“土”,二字并形旁,表社墠祭祀之义。疑司马彪注本当作“祰”,从示误作从水耳。

在楚文字中,灶神之名就是叫窖,“窖”“髺”“浩”是同音假借的关系,从这点来说,作“髺”反而是故书。后世作“髻”者,大概认为下

---

① (清)俞樾.诸子平议[M].北京:中华书局,1954:361.

② (唐)陆德明.经典释文[M].北京:中华书局,1983:385.

③ (晋)郭象注,(唐)陆德明音义.南华真经[M].《四部丛刊》景明世德堂刊本:卷七.

④ (汉)司马迁撰,(南朝宋)裴骃集解,(唐)司马贞索隐,(唐)张守节正义.史记[M].光绪五洲同文局刊武英殿本:卷十二.按:中华书局 1959 年整理本《索隐》“浩”字作“髻”,“诰”字作“诘”,有所改定。

⑤ 吴承仕.经籍旧音序录·经籍旧音辨证[M].北京:中华书局,1986:160.

面各种鬼均有具体的名字，灶神不能又叫髻，所以改成“髻”字。

“户内之烦壤，雷霆处之”，《释文》未引他说，成玄英疏：“门户内粪壤之中，其间有鬼，名曰雷霆。”未闻。

“东北方之下者，倍阿鲑蠪跃之”，《释文》：“司马云：‘倍阿，神名也。鲑蠪，状如小儿，长一尺四寸，黑衣，赤帻，大冠，带剑，持戟。’”① 方以智曰：“倍阿，培阿也。鲑蠪，即《白泽》所云门室精谓之傒龙也。”②方说近是，《太平御览》卷八八六引《白泽图》：“室之精名傒龙，如小儿，长一尺四寸，衣黑衣，赤帻大冠，带剑持戟，以其名呼之即去。”③即此。一名鲑蠪，一名傒龙者，同音假借字。④

“西北方之下者，则泆阳处之”，《释文》：“司马云：‘泆阳，豹头马尾。一作“狗头”。’”⑤朱亦栋《群书札记》卷六“夷羊在牧”条：“韦注：‘夷羊，神兽。’按：《庄子·达生》篇：‘西北方之下者，则泆阳处之。’……‘夷’乃‘泆’之平声，‘泆’乃‘夷’之入声，则夷羊即泆阳也。”⑥按：夷羊出《国语》，又见《淮南子·本经》，高诱以为“土神”⑦，《管子·形势》解有“祈羊”⑧，疑即一物。依《管子》，此物乃山神，非室内之神，故朱说恐不确。笔者以为：

---

① (唐)陆德明. 经典释文[M]. 北京：中华书局，1983：385.

② (明)方以智. 药地炮庄[M]. 清康熙浮山此藏轩刻本：卷六.

③ (宋)李昉等. 太平御览[M]. 北京：中华书局，1960：3938. 按：《法苑珠林》卷五八引作“孙龙”，“孙(孫)”盖“傒”之形讹。

④ 从圭从奚古字通，《说文》：“謑，謑或从奊。”《淮南子·俶真》：“满鮭离跂。”高诱注：“鮭，‘傒径’之‘傒’也。”

⑤ (唐)陆德明. 经典释文[M]. 北京：中华书局，1983：385.

⑥ (清)朱亦栋. 群书札记//《续修四库全书》第1155册，上海：上海古籍出版社，2002：92.

⑦ 何宁. 淮南子集释[M]. 北京：中华书局，1998：562.

⑧ 黎翔凤. 管子校注[M]. 北京：中华书局，2004：21.

> 敦煌卷子 P. 2682—8 载《白泽图》:“入室而畏者,呼曰‘曹羊’。”据其“入渊而畏者,呼曰‘冈像’。□泽而畏者,呼曰‘委蛇’”,所呼乃神名也,则“曹羊”亦室之神,“阳”“羊”古通,惟“曹”“泆”音形俱远,疑“则泆”即“曹”字之误分也。(“沈有履,灶有髻”“水有罔象,丘有峷,山有夔,野有彷徨,泽有委蛇”七处句势相同;“户内之烦壤,雷霆处之;东北方之下者,倍阿鲑蠪跃之;西北方之下者,则泆阳处之。”三处句势相同,不当此句独加“则”字。)“曹”字,《古文四声韵》引崔希裕《纂古》作“”,“则”字,郭店楚简《五行》作“”,字形与“曹”上部相似;“泆”字若左右反书作“”,则与“曹”字下半部相似。又或曰:“泆”当作“沃”,读作“夭”,“则夭”即“曹”之缓读也。亦可备一说。

虽提出两种说法,但二说皆未惬,姑存疑。

“水有罔象”,《释文》:“罔象,司马本作‘无伤’,云:‘状如小儿,赤黑色,赤爪,大耳,长臂。’一云:‘水神名。’”①此典籍多见,方以智曰:“蝄蜽,《孔丛子》:‘水石之怪龙、罔象。’郝楚望曰:‘罔两、罔宸、罔象、方相,皆一声之转。’”②马叙伦曰:“‘罔象’见《天地》篇矣。《淮南·泛论训》:‘水生罔象。’高注:‘水之精也。’《国语》曰:‘龙、网象也。’《尸子》曰:‘地中有人,名曰无伤。’”③王叔岷曰:“《国语·鲁语下》:‘丘闻之,水之怪曰龙、罔象。’又见《史记·孔子世家》。《法苑珠林》引《夏鼎志》:‘罔象,如三岁儿,赤目,黑色,大耳,长臂,赤爪。索缚则可得食。’”④所云并是。又《法苑珠林》卷五八引《白

① (唐)陆德明. 经典释文[M]. 北京:中华书局,1983:385.

② (明)方以智. 药地炮庄[M]. 清康熙浮山此藏轩刻本:卷六.

③ 马叙伦. 庄子义证[M]. 上海:商务印书馆,1930:卷十九.

④ 王叔岷. 庄子校诠[M]. 台北:“中研院”历史语言研究所,1999:698.

泽图》:"水之精名曰罔象,其状如小儿,赤目,黑色,大耳,长爪。以索缚之则可得,烹之吉。"①与司马说同。敦煌卷子 P. 2682—8 载《白泽精怪图》:"入渊而畏者,呼曰'冈像'。"②亦即此也。

"丘有峷",《释文》:"峷,本又作'莘',所巾反,又音臻。司马云:'状如狗,有角,文身五采。'"③此鬼未闻,笔者论曰:

> 睡虎地秦简《日书·诘咎》:"人无故鬼昔其宫,是=丘鬼。取故丘之土以为伪人犬,置墙上,五步一人一犬,环其宫,鬼来扬灰击箕以噪之,则止。"或即此物。此言以伪犬,盖以其状如狗也。又或曰:丘,谓坟墓也。《方言》:"冢,自关而东谓之丘。"北大简《周训》:"莫守其坟,人发其丘。"坟墓之鬼,《法苑珠林》卷五八引《白泽图》有二,"故废丘墓之精,名曰无状,如老役夫,衣青衣而操杵,好舂。以其名呼之,使人宜禾谷。""丘墓之精名曰狼鬼,善与人斗不休。为桃棘、矢羽,以鸡羽以射之。狼鬼化为飘风,脱履捉之,不能化也。"盖其说不同。

亦强说之语,未得确解,姑存疑。

"山有夔",《释文》:"司马云:'状如鼓而一足。'"④典籍多见,方

---

① (唐)释道世. 法苑珠林[M]//《景印文渊阁四库全书》第 1049 册,台北:商务印书馆,1986:870.

② 黄永武主编. 敦煌宝藏(第 123 册)[M]. 台北:新文丰出版公司,1982:290. 按:"冈"为"罔"俗字,《刊谬补缺切韵》:"罔,亦作'网''冈'。"东汉《魏元丕碑》:"九年而冈愆。"魏《受禅表》:"冈不沾渥。""传之冈极。""冈"并读作"罔"。东汉《曹全碑》:"续遇禁冈。"魏《上尊号碑》:"冈漏吞舟。""冈"亦读作"罔",假为"网"。

③ (唐)陆德明. 经典释文[M]. 北京:中华书局,1983:385.

④ (唐)陆德明. 经典释文[M]. 北京:中华书局,1983:385.

以智曰:“《说文》:‘夔,神魖也,如龙,一足。’《国语》:‘木石之怪夔。’”①马叙伦曰:“《山海经·大荒东经》:‘东海中有流波山,入海七千里,其上有兽,状如牛,苍身而无角,一足。出入水,则必风雨。其声如雷,其名曰夔。’”②其说并是。又《博物志》卷三:“山有夔,其形如鼓,一足。”③《玄中记》:“山精如人,一足,长三四尺,食山蟹,夜出昼藏。人日不见,夜闻其声。千岁,蟾蜍食之。”④《抱朴子》卷十七:“山中山精之形,如小儿而独足,走向后,喜来犯人。人入山,若夜闻人音声大语,其名曰蚑,知而呼之,即不敢犯人也。一名热内,亦可兼呼之。”⑤盖皆即夔也。⑥

“野有彷徨”,《释文》:“司马云:‘方皇,状如蛇,两头,五采文。’”⑦此物未见,《法苑珠林》卷五八引《白泽图》:“故泽之精名曰冕,其状如蛇,一身两头,五采文。以其名呼,有使取金银。”⑧与司马彪叙彷徨之状相似,言为泽精,与此不同。

“泽有委蛇”,此物皇子告敖自解曰:“委蛇,其大如毂,其长如辕,紫衣而朱冠。其为物也恶,闻雷车之声则捧其首而立。”典籍亦多

---

① (明)方以智.药地炮庄[M].清康熙浮山此藏轩刻本:卷六.

② 马叙伦.庄子义证[M].上海:商务印书馆,1930:卷十九.

③ (晋)张华撰,范宁校证.博物志校证[M].北京:中华书局,1980:36.

④ (晋)郭璞撰,(清)茆泮林辑.玄中记[M]//《续修四库全书》第1264册,上海:上海古籍出版社,2002:287.

⑤ 王明.抱朴子内篇校释[M].北京:中华书局,1986:303.

⑥《淮南子·泛论》:“山出枭阳。”《搜神记》曰:“诸葛恪为丹阳太守,出猎两山之间,有物如小儿,伸手引人。恪令曳去故地,死。参佐问之。恪曰:‘此事在《白泽图》,曰:“两山之间有精,如小儿,名曰傒囊。”诸人未之见也。’”(《太平御览》卷八八六引)“枭阳”与“傒囊”音近,或即一物,盖亦山神之别名。敦煌卷子P.2682—8载《白泽图》:“上山而畏者,呼曰‘善人’。”又一名也。

⑦ (唐)陆德明.经典释文[M].北京:中华书局,1983:385.

⑧ (唐)释道世.法苑珠林[M]//《景印文渊阁四库全书》第1049册,台北:商务印书馆,1986:870.

见,马叙伦曰:“《山海经·海内经》曰:‘有神焉,人首蛇身,长如辕,左右有首。衣紫衣,冠旃冠,名曰延维。人主得而飨食之,伯天下。’郭璞音‘延维’曰‘委蛇’。”①又《博物志》:“泽有委蛇,状如毂,长辕,见之者霸。”②敦煌卷子 P. 2682—8 载《白泽图》:“□泽而畏者,呼曰‘委蛇’。”③并以委蛇为泽神。

通过以上分析可知,以上诸鬼盖皆非虚构,而是当时实有之名。当然,此则故事的主题并非说鬼,而是通过鬼来阐述养生的道理,探讨精神对养生的影响。

(2)变化。

《庄子》中涉及变化的内容比较多,因为在《庄子》一书中,道是唯一的,但道的表现形式是不同的,道“无所不在”,可以表现为蝼蚁、瓦甓、屎溺诸多形态(《知北游》),诸种形态又只是暂时的,最终还是要归于道。万物之间既然具有相通性,则物物间的相互转化亦不足为奇。《逍遥游》言鲲鹏之化以明有待之理,《至乐》篇种几之化以明出机入机之理,《至乐》篇“支离叔与滑介叔观于冥伯之丘”章又言滑介叔柳树生于左肘,言人物之化,明死生之理。均是借变化来阐述一定的道理。但在佚文中,却有大量单纯讲变化的,如下:

> 槐之生也,入季春五日而兔目,十日而鼠耳。(《艺文类聚·木部上》)④

> 马血之为燐也,人血之为野火也,鹞之为鹯,鹯之为布谷,布

---

① 马叙伦. 庄子义证[M]. 上海:商务印书馆,1930:卷十九.

② (晋)张华撰,范宁校证. 博物志校证[M]. 北京:中华书局,1980:36.

③ 黄永武主编. 敦煌宝藏(第 123 册)[M]. 台北:新文丰出版公司,1982:290.

④ (唐)欧阳询. 艺文类聚[M]. 上海:上海古籍出版社,1985:1517.

谷之复为鹞也。燕之为蛤也，田鼠之为鹑也，老韮之为芫也，老羭之为猿也，（注："羭状羊。"）鱼卵之为虫也。此皆物之变者。（《太平御览》卷八八七）①

朽瓜化为鱼，物之变也。（《初学记》卷二八）②

老槐生火，久血为磷，人弗怪也。（注："磷，野火。"）（《事类赋》卷八）③

以上内容，杂见《国语·晋语九》《礼记·月令》《逸周书·月令解》《时训解》《淮南子·泛论》等，是对当时物之变化的概括。

3. 压胜。

压胜和我们的生活密切相关，现在过年给孩子压岁钱，其来源就是汉代的压胜钱。压胜和鬼怪的产生或许是同时的，有鬼怪产生就有克服鬼怪作祟方法的产生。《汉志》中的《变怪诰咎》就是祛除鬼怪之书，"诰"乃禁止之义，"咎"乃灾害之义。《执不祥劾鬼物》，据其名，"执"乃捉住，"劾"乃祛除，言捉鬼去鬼之法。至于《请官除妖祥》《禳祀天文》《求雨止雨》等，当皆是通过一定的方法达到某种目的。《庄子》原文、佚文中均有压胜的内容，《人间世》：

故解之以牛之白颡者，与豚之亢鼻者，与人有痔病者，不可以适河。

---

① （宋）李昉等. 太平御览［M］. 北京：中华书局，1960：3943.

② （唐）徐坚. 初学记［M］. 北京：中华书局，1962：684.

③ （宋）吴淑. 事类赋［M］//《景印文渊阁四库全书》第 892 册，台北：商务印书馆，1986：875.

"解",刘武曰:"《前汉·郊祀志》:'古天子常以春解祠黄帝,用一枭,破镜。'师古注:'解祠者,谓祠祭以解罪求福。'又《淮南·修务训》:'是故禹之为水,以身解于阳盱之河。'张湛注:'为治水解祷,以身为质。"解"读"解除"之"解"。'"①"解"和"诘""刻"意思相近,均有祛除之义。《释文》:"颡,司马云:'额也。'亢鼻,司马云:'高也,頞折故鼻高。'崔云:'仰也。'痔,司马云:'隐创也。'适河,司马云:'谓沈人于河祭也。'"②成玄英疏:"古者将人沉河以祭河伯,西门豹为邺令,方断之,即其类是也。"这段讲的是古代祭祀河神之事,在祭祀之时,牛额头是白色的,猪鼻子太长的,人有痔疮的,这三类均不能作为祭品使用。以人为祭,甲骨文中有很多这方面的资料,周朝若《尚书·金縢》记周公愿代武王以上天③,也是一种人祭制度,只是转为祝祷,形式上慈良多了。到了春秋战国时期,此风仍甚炽,齐景公欲杀史固、祝佗④,邺巫为河伯娶妇⑤,皆是也。《庄子》中还有一则人祭故事,《御览》卷四五七引《庄子》公孙龙曰:

昔者齐景公之时,天旱三年,卜之曰:"必以人祠乃雨。"景公

① 刘武.庄子集解内篇补正[M].北京:中华书局,1987:116.

② (唐)陆德明.经典释文[M].北京:中华书局,1983:367.

③《尚书·金縢》周公祝辞:"惟尔元孙某,遘厉虐疾。若而三王是有丕子之责于天,以旦代某之身。"

④《晏子春秋·内篇谏上·景公病久不愈欲诛祝史以谢晏子谏》:"景公疥且疟,期年不已。召会谴、梁丘据、晏子而问焉,曰:'寡人之病病矣,使史固与祝佗巡山川宗庙,牺牲珪璧,莫不备具,数其常多先君桓公,桓公一则寡人再。病不已,滋甚,予欲杀二子者以说于上帝,其可乎?'"

⑤《史记·滑稽列传》褚少孙补:"魏文侯时,西门豹为邺令。豹往到邺,会长老,问之民所疾苦。长老曰:'苦为河伯娶妇,以故贫。'豹问其故。对曰:'邺三老、廷掾常岁赋敛百姓,收取其钱得数百万,用其二三十万为河伯娶妇,与祝巫共分其余钱持归。当其时,巫行视小家女好者,云是当为河伯妇,即聘取。'"

下堂顿首曰:“吾所以求雨者,为民也。今必使吾以人祠乃且雨,寡人将自当之。”言未卒而天大雨方千里何?为有德于天而惠施民也。①

齐景公之时,天下大旱,占卜的结果是只有人祭才可以求得雨。景公爱民未遵,天则以景公爱民而降下大雨。这则故事笔者怀疑是虚构的,《晏子春秋》中记载的齐景公并不是这种形象,《内篇谏上·景公饮酒不恤天灾致能歌者晏子谏》:“景公之时,霖雨十有七日。公饮酒,日夜相继。晏子请发粟于民,三请,不见许。”②又《景公衣狐白裘不知天寒晏子谏》:“景公之时,雨雪三日而不霁。公被狐白之裘,坐堂侧陛。晏子入见,立有间,公曰:‘怪哉!雨雪三日而天不寒。’”③天有水灾而景公不顾,天降大雪而衣裘言天不寒,完全是“何不食肉糜”一类的昏君。笔者怀疑此乃两则故事之综合,景公之时确实有大旱,而景公也有治理的意思,《内篇谏上·景公欲祠灵山河伯以祷雨晏子谏》载“齐大旱逾时”,景公欲“少赋敛以祠灵山”“祠河伯”之事,④《吕氏春秋·制乐》:“宋景公之时,荧惑在心,公惧,召子韦而问焉,曰:‘荧惑在心,何也?’子韦曰:‘荧惑者,天罚也;心者,宋之分野也:祸当于君。虽然,可移于宰相。’公曰:‘宰相所与治国家也,而移死焉,不祥。’子韦曰:‘可移于民。’公曰:‘民死,寡人将谁为君乎?宁独死。’”⑤一个齐景公,一个宋景公,后来混同在一起。⑥ 但

---

① (宋)李昉等. 太平御览[M]. 北京:中华书局,1960:2102.
② 吴则虞. 晏子春秋集释[M]. 北京:中华书局,1982:13.
③ 吴则虞. 晏子春秋集释[M]. 北京:中华书局,1982:74.
④ 吴则虞. 晏子春秋集释[M]. 北京:中华书局,1982:55.
⑤ 陈奇猷. 吕氏春秋新校释[M]. 上海:上海古籍出版社,1982:351.
⑥ 此属于符号混同,拙著《先秦两汉历史传说研究》第二章有论述,参见魏代富《先秦两汉历史传说研究》,北京:人民出版社,2019 年。

此类混同有个前提条件,即混同后的材料仍符合当地的实际状况,也就是说故事虽为虚构,而故事流传地确实存在人祭的传统。

前面我们讨论《庄子》佚篇的时候,提到《游凫》篇佚文:

> 游乌问雄黄曰:“今逐疫出魅,击鼓呼噪,何也?”曰:“昔黔首多疾,黄帝氏立巫咸,教黔首,使之沐浴齐戒,以通九窍;鸣鼓振铎,以动其心;劳刑趋步,以发阴阳之气;春月毗巷,饮酒茹葱,以通五藏。夫击鼓呼噪,非以逐疫出魅。黔首不知,以为魅祟也。”①

此虽寓言,但寓言亦建立在现实社会之上。当时祛除灾异、鬼魅的方法是一边击鼓,一边大喊。后面探讨此种方法的来源:在古代人民容易生病,黄帝授职巫咸,教人民斋戒沐浴,保持卫生;鸣鼓振铎,使心情愉悦;不断运动,提高身体免疫力;饮酒茹葱,通过辛辣祛毒。通过各种方法来减少人民的疾病。后来人民疾病减少,以为“鸣鼓振铎”是去除疾病的有效方法,而忽略了其中的科学性。但这种击鼓祛灾的方法却一直传了下来,笔者幼时所学《天狗食月》讲到月食的时候,人们“就拿着锣啊,脸盆啊,用木棍敲着满村跑。敲着敲着,就把天狗吓跑了”,即是此方法之孑遗。笔者因又联想到《天道》篇:“又何偈偈乎揭仁义,若击鼓而求亡子焉!”(《天运》篇作:“又奚杰然若负建鼓而求亡子者邪!”)成玄英疏:“亡子,逃人也。言孔丘勉励身心,担负仁义,强行于世,以教苍生,何异乎打击大鼓而求觅亡子,是以鼓声愈大而亡者愈离,仁义弥彰而去道弥远,故无由得之。”成氏的

① (隋)杜台卿.玉烛宝典[M].《古逸丛书》景日本钞卷子本:卷一.按:原文略有改动,详见前引注文。

解释没有问题①,但笔者由此怀疑古代是否有一种方法,通过击鼓来求逃亡之人,亦非不可能。

驱鬼之法,还有一条,《玉烛宝典》卷一引《庄子》:

> 斫鸡于户,悬韦炭于其上,揷挑其旁,连灰其下,而鬼畏之。②

此文有误,又见《艺文类聚·果部上》,引作:“插桃枝于户,连灰其下,童子入不畏,而鬼畏之,是鬼智不如童子也。”③两相比较,“揷挑”当是“插桃”之形讹。尚别有误,未得解。大意是在家中杀一只鸡,在鸡上面悬韦炭,鸡旁边插桃枝,鸡下面放灰,这样鬼就会害怕而不能伤人了。韦炭不知何物,但鸡、桃枝和灰古今都是避鬼之良物。用鸡和桃枝比较习见,睡虎地秦简《日书》:“人无故鬼攻之不已,是=刺鬼。以桃为弓,牡棘为矢,羽之鸡羽,见而射之,则已矣。”④提到桃、鸡羽,都是驱鬼之物。今恐怖电影中,经常出现用鸡血和桃木剑驱鬼和僵尸的画面,其实渊源有自。清明节、端午节插桃枝用来避邪,亦是此理。灰之驱鬼在《日书》中也多见,如:“人无故鬼昔其宫,是=丘鬼。……鬼来扬灰击箕以噪之,则止。”⑤“女子不狂痴,歌以生商,是

① “亡子”即逃亡之人,秦简《日书》甲种:“以亡不得,毋门。”九店楚简三一作“逃人不得,无聒”,是“亡人”即“逃人”。北大简《六博》:“问亡人,在方中者,不出国中。”亡人即逃跑之奴隶。

② (隋)杜台卿.玉烛宝典[M].《古逸丛书》景日本钞卷子本:卷一.

③ (唐)欧阳询.艺文类聚[M].上海:上海古籍出版社,1985:1468.

④ 陈伟主编,彭浩、刘乐贤等撰.秦简牍合集:释文注释修订本(贰)[M].武汉:武汉大学出版社,2016:413.

⑤ 陈伟主编,彭浩、刘乐贤等撰.秦简牍合集:释文注释修订本(贰)[M].武汉:武汉大学出版社,2016:413.

阳鬼乐从之,以北向□之辨二七,燔,以灰□食食之,鬼去。"①"鬼恒裸入人宫,是幼殇鬼死不葬,以灰渍之,则不来矣。"②灰在古人认识中,能隔绝鬼物,撒上灰则鬼不能进来。此方法亦一直流传下来,明代臧晋叔《元曲选》中《盆儿鬼》:"人说门前撒下一把灰,那邪神野鬼便不敢进来。"③今山西、山东尚有此习俗,人去世之后,在去埋葬的路上若经过某家,此家就要在门口撒上一道灰,防止逝者之鬼神进入。我们现在去寺庙等烧香祈福,也和此有关,象达天上以感神,灰落地下以避邪,是包含两方面的寓意的。

4. 祝祷。

祝祷一般的形式是通过摆设祭品,通过语言来表述目的。前面讨论筮龟时引了《论述·述而》"子疾病,子路请祷",即是通过祷告来达成祛除疾病的目的。祝祷在古代是最为常见的一种方式,上至皇帝公卿,下至平民百姓,都经常性地采用。如《史记·滑稽列传》淳于髡曰:"今者臣从东方来,见道傍有禳田者,操一豚蹄,酒一盂,祝曰:'瓯窭满篝,污邪满车,五谷蕃熟,穰穰满家。'"④即平民求丰收的祷告。《庄子》中关于祝祷的内容见《天地》篇:

> 尧观乎华。华封人曰:"嘻,圣人! 请祝圣人。使圣人寿?"尧曰:"辞。""使圣人富?"尧曰:"辞。""使圣人多男子?"尧曰:"辞。"

① 陈伟主编,彭浩、刘乐贤等撰. 秦简牍合集:释文注释修订本(贰)[M]. 武汉:武汉大学出版社,2016:416.

② 陈伟主编,彭浩、刘乐贤等撰. 秦简牍合集:释文注释修订本(贰)[M]. 武汉:武汉大学出版社,2016:416.

③ (明)臧晋叔. 元曲选[M]. 上海:世界书局,1936:1401.

④ (汉)司马迁撰,(南朝宋)裴骃集解,(唐)司马贞索隐,(唐)张守节正义. 史记[M]. 北京:中华书局,1959:3198.

言尧到华地去游玩，华地守封疆的人想祈祷尧能够长寿、富裕、多子，但都被尧拒绝了。

5. 农业。

《汉志》中《神农教田相土耕种》《昭明子钓种生鱼鳖》《种树臧果相蚕》三书涉及农业生产，然其在杂占之中，则恐非如《齐民要术》般讲农业生产的具体方法，而是通过迷信手段来获得农业丰收，就像上文引《史记》淳于髡所见路边祷告者一样。《庄子》中没有这样的内容，而有部分内容和农业生产有关，如《则阳》篇长梧封人言自己耕种："昔予为禾，耕而卤莽之，则其实亦卤莽而报予；芸而灭裂之，其实亦灭裂而报予。予来年变齐，深其耕而熟耰之，其禾繁以滋，予终年厌餐。"《外物》篇言任公子垂钓："任公子为大钩巨缁，五十犗以为饵，蹲乎会稽，投竿东海，旦旦而钓，期年不得鱼。"言钓鱼之事。慧琳《一切经音义》卷四五引《庄子》佚文："龙伯国人钓鳌。"①言钓鳌之事。三事未必与《汉志》所载内容相同，故不赘论。

（三）形法。

1. 地理博物。

《汉志》将《山海经》放入此篇，因其涉及"九州之势"②，但《山海经》不仅涉及九州之势，除了地形外，还有神话、动物、植物、矿产、祭祀等，内容广泛。《庄子》一书和《山海经》亦有联系，比如《逍遥游》中《齐谐》一书，林希逸即以为"如今《山海经》之类"③；《释文》亦称"言多诡诞，或似《山海经》，或类占梦书"④。《庄子》中许多内容，亦见于《山海经》。分别如下：

---

① 徐时仪. 一切经音义三种校本合刊[M]. 上海：上海古籍出版社，2008：1285.

② （汉）班固撰，（唐）颜师古注. 汉书[M]. 北京：中华书局，1962：1775.

③ （宋）林希逸. 庄子鬳斋口义[M]. 南宋刻本：卷一.

④ （唐）陆德明. 经典释文[M]. 北京：中华书局，1983：17.

（1）《逍遥游》："藐姑射之山，有神人居焉。"成玄英疏："《山海经》云：'姑射山在寰海之外，有神圣之人，戢机应物。时须揖让，即为尧舜；时须干戈，即为汤武。'"马叙伦曰："《山海经·海内北经》：'列姑射在海河洲中。'郭璞注曰：'《庄子》所谓藐姑射之山也。'"①按：《东山经》有姑射之山②、北姑射之山③、南姑射之山④，《海内北经》有列姑射⑤，又有姑射国⑥。

（2）《德充符》："游于羿之彀中。"《海内经》："帝俊赐羿彤弓素矰，以扶下国，羿是始去恤下地之百艰。"⑦《海内西经》："非仁羿莫能上冈之岩。"⑧

（3）《大宗师》："堪坏得之，以袭昆仑。"《西山经》："是与钦䲹杀葆江于昆仑之阳。"⑨按：《淮南子》作"钦负"，马叙伦曰："《淮南·齐俗训》'堪坏'作'钳且'。……《山海经》作'钦䲹'，……伦谓'钦''堪'音同溪纽，'钳'音群纽，同浅喉音。"⑩

（4）《大宗师》："冯夷得之，以游大川。"《海内北经》："从极之渊深三百仞，维冰夷恒都焉。冰夷人面，乘两龙。"⑪马叙伦曰："《说文》：'冯，从马，仌声。''仌'为'冰'之初文，故通借也。"⑫

---

① 马叙伦．庄子义证[M]．上海：商务印书馆，1930：卷一．
② 袁珂．山海经校注[M]．上海：上海古籍出版社，1980：108．
③ 袁珂．山海经校注[M]．上海：上海古籍出版社，1980：109．
④ 袁珂．山海经校注[M]．上海：上海古籍出版社，1980：109．
⑤ 袁珂．山海经校注[M]．上海：上海古籍出版社，1980：321．
⑥ 袁珂．山海经校注[M]．上海：上海古籍出版社，1980：322．
⑦ 袁珂．山海经校注[M]．上海：上海古籍出版社，1980：466．
⑧ 袁珂．山海经校注[M]．上海：上海古籍出版社，1980：294．
⑨ 袁珂．山海经校注[M]．上海：上海古籍出版社，1980：42．
⑩ 马叙伦．庄子义证[M]．上海：商务印书馆，1930：卷六．
⑪ 袁珂．山海经校注[M]．上海：上海古籍出版社，1980：316．
⑫ 马叙伦．庄子义证[M]．上海：商务印书馆，1930：卷六．

(5)《大宗师》:“肩吾得之,以处大山。”《西山经》:“昆仑之丘,是实惟帝之下都,神陆吾司之。”①郭璞注:“即肩吾也。庄周曰:‘肩吾得之,以处大山也。’”②

(6)《大宗师》“黄帝得之,以登云天。”《海内经》:“黄帝生骆明。”③《大荒北经》:“蚩尤作兵伐黄帝。”④

(7)《大宗师》:“颛顼得之,以处玄宫。”《海内经》:“(韩流)取淖子曰阿女,生帝颛顼。”⑤《大荒西经》:“颛顼生老童。”⑥

(8)《大宗师》:“禺强得之,立乎北极。”《释文》:“司马云:‘《山海经》曰:“北海之渚有神,人面鸟身,珥两青蛇,践两赤蛇,名禺强。”’崔云:‘《大荒经》曰:“北海之神名曰禺强,灵龟为之使。”’……案:《海外经》云:‘北方禺强,黑身,手足乘两龙。’郭璞以为水神,人面鸟身。”⑦

(9)《大宗师》:“西王母得之,坐乎少广,莫知其始,莫知其终。”《西山经》:“西王母其状如人,豹尾虎齿而善啸,蓬发戴胜。”⑧《大荒西经》:“有人,戴胜,虎齿,有豹尾,穴处,名曰西王母。”⑨

(10)《应帝王》:“中央之帝为浑沌。”《西山经》:“混沌无面目,是识歌舞,实为帝江也。”⑩

(11)《天地》:“黄帝游乎赤水之北,登乎昆仑之丘而南望。”《西

---

① 袁珂.山海经校注[M].上海:上海古籍出版社,1980:47.
② 袁珂.山海经校注[M].上海:上海古籍出版社,1980:48.
③ 袁珂.山海经校注[M].上海:上海古籍出版社,1980:465.
④ 袁珂.山海经校注[M].上海:上海古籍出版社,1980:430.
⑤ 袁珂.山海经校注[M].上海:上海古籍出版社,1980:443.
⑥ 袁珂.山海经校注[M].上海:上海古籍出版社,1980:395.
⑦ (唐)陆德明.经典释文[M].北京:中华书局,1983:370.
⑧ 袁珂.山海经校注[M].上海:上海古籍出版社,1980:50.
⑨ 袁珂.山海经校注[M].上海:上海古籍出版社,1980:407.
⑩ 袁珂.山海经校注[M].上海:上海古籍出版社,1980:55.

山经》:"(昆仑之丘)河水出焉,而南流东注于无达。赤水出焉,而东南流注于氾天之水。"①

(12)《天地》:"尧治天下,伯成子高立为诸侯。"俞樾曰:"《列子·杨朱》篇称伯成子高,《山海经·海内经》:'华山、青山之东有山名曰肇山,有人名曰柏子高。'郭注:'柏子高,仙者也。'伯高子与柏子高,未识即伯成子高否。"②

(13)《天运》:"类自为雌雄。"《释文》:"《山海经》云:'亶爰之山,有兽焉,其状如狸而有发,其名曰师类。带山有鸟,其状如凤,五采文,其名曰奇类。皆自牝牡也。'"③按:《释文》引见《南山经》。

(14)《秋水》:"夔怜蚿。"《达生》:"山有夔。"《大荒东经》:"东海中有流波山,入海七千里。其上有兽,状如牛,苍身而无角,一足,出入水则必风雨,其光如日月,其声如雷,其名曰夔。"④

(15)《达生》:"泽有委蛇。"马叙伦曰:"《山海经·海内经》曰:'有神焉,人首蛇身,长如辕,左右有首。衣紫衣,冠旃冠,名曰延维。人主得而飨食之,伯天下。'郭璞音'延维'曰'委蛇'。"⑤

(16)《徐无鬼》:"黄帝将见大隗乎具茨之山。"奚侗曰:"《山海经·中山经》:'大騩之山。'郭注:'荥阳密县有大騩之山。'"⑥按:《中山经》又有騩山。⑦

(17)《让王》:"因自投清泠之渊。"《中山经》:"神耕父处之,常

① 袁珂. 山海经校注[M]. 上海:上海古籍出版社,1980:47—48.
② (清)俞樾. 庄子人名考[M]. 清光绪十一年春在堂刊本.
③ (唐)陆德明. 经典释文[M]. 北京:中华书局,1983:381.
④ 袁珂. 山海经校注[M]. 上海:上海古籍出版社,1980:361.
⑤ 马叙伦. 庄子义证[M]. 上海:商务印书馆,1930:卷十九.
⑥ 奚侗. 庄子补注[M]. 民国六年江苏省立官纸印刷厂排印本:卷四.
⑦ 袁珂. 山海经校注[M]. 上海:上海古籍出版社,1980:127.

游清泠之渊。"①

(18)慧琳《一切经音义》卷九三引《庄子》:"(夸父)与日角走,渴死于北地。"②《海外北经》:"夸父与日逐走,入日。"③《大荒北经》:"有人珥两黄蛇,名曰夸父。后土生信,信生夸父。夸父不量力,欲追日景,逮之于禺谷。"④

凡十八处。前面曾经探讨《庄子》中非庄子自作的内容,本书大量内容见于《山海经》,无外乎有两种解释,一者庄子受楚文化影响深厚,二者非庄子自作。除了直接见于《山海经》的内容之外,佚文中还有一些动物类的内容也可以归于此:

> 地三年种蜀黍,其后七年多蛇。(《博物志》卷二)⑤
>
> 雅,贾矣。(《水经注·漯水注》)⑥
>
> 魄二首。(《颜氏家训·勉学》)⑦
>
> 潜鲠春日毁滴而盖衢者,鳝也。(司马彪注云:"潜,水中也。鲠,涩。滴,池。盖,辞。衢,道也。言冬日冰鲠涩不通,春日微温毁池冰而为道者也。鳝,鱼也。")(《玉烛宝典》卷一)⑧

---

① 袁珂. 山海经校注[M]. 上海:上海古籍出版社,1980:165.
② 徐时仪. 一切经音义三种校本合刊[M]. 上海:上海古籍出版社,2008:2098.
③ 袁珂. 山海经校注[M]. 上海:上海古籍出版社,1980:238.
④ 袁珂. 山海经校注[M]. 上海:上海古籍出版社,1980:427.
⑤ (晋)张华撰,范宁校证. 博物志校证[M]. 北京:中华书局,1980:46.
⑥ (北魏)郦道元著,陈桥驿校证. 水经注校证[M]. 北京:中华书局,2007:316.
⑦ 王利器. 颜氏家训集解(增补本)[M]. 北京:中华书局,2002:226.
⑧ (隋)杜台卿. 玉烛宝典[M].《古逸丛书》景日本钞卷子本:卷一.

青鵶爱子忘亲。(司马彪注曰:"鵶鸟专爱其子而忘其母也。")(《太平御览》卷九二三)①

大鸧饱食,仰天而嘘。(《太平御览》卷九二五)②

周周衔羽以济河。(司马彪注:"周周,河士③鸟也。头重尾轻,是以衔他鸟羽如飞过。何人之不可求益于物,以补其所短也。)(《太平御览》卷九二八)④

这些内容有些可能也是注文,第二条《水经·漯水注》引孙炎曰:"卑居,楚鸟。犍为舍人以为壁居,《说文》谓之雅。雅,楚鸟。《庄子》曰:'雅,贾矣。'"⑤"雅"即"鸦"之别字(从鸟从隹同),《齐物论》:"鸱鸦耆鼠。"或者即注此处。而且和《山海经》相较,可能不是单纯记物,而是借物喻理,末"周周"条司马彪言"何人之不可求益于物,以补其所短也",喻善假物。

2.《相人》。

相人包含相形与相神两种,相形是通过外貌形态,相神是通过精神气质,如《世说新语·容止》:

魏武将见匈奴使,自以形陋,不足雄远国,使崔季珪代,帝自捉刀立床头。既毕,令间谍问曰:"魏王何如?"匈奴使答曰:"魏

① (宋)李昉等. 太平御览[M]. 北京:中华书局,1960:4099.
② (宋)李昉等. 太平御览[M]. 北京:中华书局,1960:4112.
③ "士"疑当作"上"。
④ (宋)李昉等. 太平御览[M]. 北京:中华书局,1960:4124.
⑤ (北魏)郦道元著,陈桥驿校证. 水经注校证[M]. 北京:中华书局,2007:316.

王雅望非常，然床头捉刀人，此乃英雄也。”魏武闻之，追杀此使。①

崔季珪长相俊美，匈奴使评价其“雅望非常”，是就相貌来说。曹操长相丑陋，但被评价为“英雄”，则是从精神气质上作的判断。古籍中对相人术的记载，《荀子·非相》《论衡·骨相》《潜夫论·相列》等，可以参看。《盗跖》篇孔子曰：

凡天下有三德：生而长大，美好无双，少长贵贱，见而皆悦之，此上德也。知维天地，能辩诸物，此中德也。勇悍果敢，聚众率兵，此下德也。

而盗跖“身长八尺二寸，面目有光，唇如激丹，齿如齐贝，音中黄钟”，即所谓上德。中德、下德是通过行为来判断，与上德不同。②《逸周书·太子晋解》记载师旷相太子晋：“汝声清汗，汝色赤白。火

① 余嘉锡. 世说新语笺疏[M]. 北京：中华书局，1983：607.

② 此处的中德、下德二相人之术，是通过人的行为举止来判定，《史记·魏世家》载魏文侯立人为相，在魏成子和翟璜之间陷入为难，于是问李悝该如何选择，李悝提出“居视其所亲，富视其所与，达视其所举，穷视其所不为，贫视其所不取”的相人方法。《列御寇》篇“故君子远使之而观其忠，近使之而观其敬，烦使之而观其能，卒然问焉而观其知，急与之期而观其信，委之以财而观其仁，告之以危而观其节，醉之以酒而观其则，杂之以处而观其色”的“九征”相人法，与之相近。但这种相人术是科学的，与相形、相神有别。又《太平御览》卷四六四引《庄子》：“孔子舍于沙丘，见主人，曰：‘辩士也。’子路曰：‘夫子何以识之？’曰：‘其口穷踦，其鼻空大，其服博戏，其睫流抝，其举足也高，其践地也深，鹿与而牛舍。’”类于后世的刑侦学。《外物》篇：“老莱子之弟子出薪，遇仲尼，反以告，曰：‘有人于彼，修上而趋下，末偻而后耳，视若营四海，不知其谁氏之子。’老莱子曰：‘是丘也，召而来。’”只是单纯根据弟子描述推断出是孔子。这些，都未陷入神道，和《汉志》中的相人有别。

色不寿。”①通过相人来判断寿命。《庄子》中也有这样的记载,《应帝王》:

郑有神巫曰季咸,知人之死生存亡、祸福寿夭,期以岁月旬日,若神。郑人见之,皆弃而走。列子见之而心醉,归以告壶子,曰:“始吾以夫子之道为至矣,则又有至焉者矣。”壶子曰:“吾与汝既其文,未既其实,而固得道与?众雄而无雄,而又奚卵焉。而以道与世亢,必信,夫故使人得而相汝。尝试与来,以予示之。”

明日,列子与之见壶子。出而谓列子曰:“嘻!子之先生死矣!弗活矣!不以旬数矣!吾见怪焉,见湿灰焉。”列子入,泣涕沾襟以告壶子。壶子曰:“乡吾示之以地文,萌乎不震不正,是殆见吾杜德机也。尝又与来。”

明日,又与之见壶子。出而谓列子曰:“幸矣!子之先生遇我也。有瘳矣!全然有生矣!吾见其杜权矣。”列子入,以告壶子。壶子曰:“乡吾示之以天壤,名实不入,而机发于踵。是殆见吾善者机也。尝又与来。”

明日,又与之见壶子。出而谓列子曰:“子之先生不齐,吾无得而相焉。试齐,且复相之。”列子入,以告壶子。壶子曰:“吾乡示之以太冲莫胜,是殆见吾衡气机也。鲵桓之审为渊,止水之审为渊,流水之审为渊。渊有九名,此处三焉。尝又与来。”

明日,又与之见壶子。立未定,自失而走。壶子曰:“追之。”列子追之不及,反以报壶子曰:“已灭矣,已失矣,吾弗及已。”壶子曰:“向吾示之以未始出吾宗。吾与之虚而委蛇,不知其谁何,

① 黄怀信、张懋镕、田旭东. 逸周书汇校集注(修订本)[M]. 上海:上海古籍出版社,2007:1031.

因以为弟靡，因以为波流，故逃也。”

文章较长，术语也比较多，现在仍无法完全诠释。大体内容是季咸相人精准，能通过外貌来判断人的生死时间，甚至准确到具体何日。列子见后十分钦佩，去告诉了他的师父壶子。壶子认为季咸相术未必准确，故让列子请季咸来给自己相面。季咸相了四次，第一次说壶子死期将至，第二次说壶子不会死，第三次说相不出，第四次见了壶子就跑开。壶子解释说，第一次展示给季咸“地文”，所以季咸看见他的“杜德机”；第二次展示给季咸“天壤”，所以季咸看见他的“善者机”；第三次展示给季咸“太冲莫胜”，所以季咸看见他的“衡气机”；第四次展示给季咸“未始出吾宗”，所以季咸跑开。依笔者的理解，“地文”即死相，所以季咸能判其死期。“天壤”乃生相，所以季咸言其“活矣”。“太冲莫胜”乃混沌之相，所以季咸无法判断。“未始出吾宗”乃虚无之相，季咸以为见鬼，所以吓得跑开。这则故事实际是反对相人术的，相人只能相定相，不能相变相。道之体一，但道之相是千变万化而未始有极的；得道之人合于道，故相亦能千变万化而未始有极，所谓“形若槁木，心若死灰”即得道之一态。《庄》书还有一则反对相人术的内容，《徐无鬼》：

子綦有八子，陈诸前，召九方歅曰：“为我相吾子，孰为祥。”九方歅曰：“梱也为祥。”子綦瞿然喜曰：“奚若？”曰：“梱也，将与国君同食以终其身。”子綦索然出涕曰：“吾子何为以至于是极也？”九方歅曰：“大与国君同食，泽及三族，而况父母乎！今夫子闻之而泣，是御福也。子则祥矣，父则不祥。”子綦曰：“歅，汝何足以识之。而梱祥邪？尽于酒肉，入于鼻口矣，而何足以知其所自来！吾未尝为牧而牂生于奥，未尝好田而鹑生于宎，若勿怪，何邪？吾所与吾子游者，游于天地，吾与之邀乐于天，吾与之邀食于地。吾不与之为事，不与之为谋，不与之为怪。吾与之乘天地之诚，而不以物与之相攖，吾与之一委蛇，而不与之为事所宜。今也然有世俗之偿焉？凡有怪征者必有怪行。殆乎！非我与吾子之罪，几天与之也！吾是以泣也。”无几何而使梱之于燕，盗得之于道，全而鬻之则难，不若刖之则易。于是乎刖而鬻之于齐，适当渠公之街，然身食肉而终。

子綦让九方歅给他的八个儿子看相，九方歅说其子梱有善相，将一辈子和国君吃一样的东西。而子綦听后却哭了，认为不祥。后来梱去燕国，路上被盗贼捉住，砍掉脚卖到齐国。梱在齐国掌管渠公之街的大门①，卖肉的送肉进宫要经过此门，所以经常贿赂他，故他终身和国君吃一样的肉。② 九方歅只能看到结果，却不能看到为什么会有这种结果，即子綦说的“何足以知其所自来”。而在子綦看来，真正的得道者应该“与之乘天地之诚，而不以物与之相攖”“与之一委蛇，而不与之为事所宜”，跳出世俗的祸福，达到与天地齐一、不受外物扰乱的境界。《应帝王》《徐无鬼》皆表达了反对相人术的思想，是符合道家的主张的。道家向内在的“心”去追求，而反对外在的

① “适当渠公之街”，王叔岷曰：“孙氏（诒让）谓‘当’当为‘掌’，当即‘掌’之借字，《荀子·正名》：‘然而征知必将待天官之当簿其类，然后可也。’（杨注：‘当，主也。’）‘当’亦‘掌’之借字（朱骏声有说），与此同例。”“渠公”或当作“桓公”，笔者以为：“据《淮南》《列子》，九方歅盖秦穆公时人，秦穆公前659年—前621年在位，齐国在世国君为桓公、孝公、昭公，以形求之，‘渠’疑当为‘桓’之讹。‘桓’‘洹’古通，《洹子孟姜壶》：‘齐侯既遵洹子孟姜丧。’洹子，吴大澂《说文古籀补》：‘今《左传》作“桓子”。’即其证。洹，《壶》作‘[illegible]’，与‘洰’形近亦讹。古书字形无定，其或有作‘渠’者因误作‘渠’欤？”

② 此用日人杜多秀峰说，杜多氏曰：“渠公之街，街名渠公也，齐大夫雍廪之邑名。渠丘见《左传·昭十一年》注，又齐楚称县大夫曰公。见鬻于齐，守此街门。盖屠者至齐庖厨者必由此门，是以常以肉赂，终身与齐君同食也。”

“形”,力图达到“德有所长而形有所忘”,故《德充符》记载的众多兀者均是被赞扬的对象。

3. 相六畜。

目前传下来的相马的内容比较多,《吕氏春秋·观表》载善相马者十三人①,其中王良、伯乐、九方堙典籍尚有记载,《韩非子·说林下》记载伯乐教人相踶马的故事②,《列子·说符》记载九方皋相天下马的故事③,《庄子·马蹄》篇言及伯乐,上《徐无鬼》篇言及九方皋④。今完整的相马著作有马王堆帛书《相马经》,包括经、传、故训三部分,以相马头为主,注重相马的理论。《太平御览》卷八九六引有

① 《吕氏春秋·观表》:“古之善相马者,寒风是相口齿,麻朝相颊,子女厉相目,卫忌相髭,许鄙相尻,投伐褐相胸胁,管青相膹吻,陈悲相股脚,秦牙相前,赞君相后。凡此十人者,皆天下之良工也。”《文选·张协〈七命〉》注引《吕氏春秋》:“古之善相马者,管青相唇吻,秦牙相前,皆天下良士也。若赵之王良,秦之伯乐、九方堙,尤尽其妙矣。”

② 《韩非子·说林下》:“伯乐教二人相踶马,相与之简子厩观马。一人举踶马,其一人从后而循之,三抚其尻而马不踶,此自以为失相。其人一曰:‘子非失相也。此其为马也,踒肩而肿膝。夫踶马也者,举后而任前,肿膝不可任也,故后不举。子巧于相踶马而拙于任肿膝。’”

③ 《列子·说符》:“秦穆公谓伯乐曰:‘子之年长矣,子姓有可使求马者乎?’伯乐对曰:‘良马可形容筋骨相也。天下之马者,若灭若没,若亡若失。若此者,绝尘弥辙。臣之子皆下才也,可告以良马,不可告以天下之马也。臣有所与共担纆薪菜者,有九方皋,此其于马非臣之下也。请见之。’穆公见之,使行求马。三月而反报曰:‘已得之矣,在沙丘。’穆公曰:‘何马也?’对曰:‘牝而黄。’使人往取之,牡而骊。穆公不说,召伯乐而谓之曰:‘败矣!子所使求马者,色物、牝牡尚弗能知,又何马之能知也?’伯乐喟然太息曰:‘一至于此乎!是乃其所以千万臣而无数者也。若皋之所观,天机也,得其精忘其粗,在其内而忘其外。见其所见,不见其所不见;视其所视,而遗其所不视。若皋之相者,乃有贵乎马者也。’马至,果天下之马也。”

④ 九方歅即九方皋,马叙伦曰:“歅,《说文》作‘欭’,影纽双声。《淮南》作‘皋’者,‘皋’音见纽,同喉音也。然未知正字谁是。”

伯乐《相马经》、马援《铜马相法》。相马之外,银雀山汉墓有《相狗方》,双古堆汉简有《相狗经》(未公布),现代王世襄《锦灰堆》中收有《相狗经》,对狗之形貌论述甚详,笔者曾对比银雀山《相狗方》,有诸多相通之处。《庄子》中涉及相马、相狗、相鸡三种。《徐无鬼》"徐无鬼因女商见魏武侯"章徐无鬼曰:

> 尝语君吾相狗也:下之执(质),饱而止,[①]是狸德也;中之质,若视日;上之质,若亡其一。吾相狗又不若吾相马也。吾相马:直者中绳,曲者中钩,方者中矩,圆者中规。是国马也,而未若天下马也。天下马有成材[②],若恤若失,若丧其一。若是者,超轶绝尘,不知其所。

提到相狗和相马。狗分三类:上、中、下。下等之狗,以吃饱为事。中等之狗,双目微眯,如看太阳。上等之狗,仿佛没有狗一样。[③]马则分为国马、天下马两种。国马就是身体的每一个部位都达到完美的状态,天下马则已经超越了形体的范畴,人不能观见其真实的形态。《列子·说符》伯乐曰:"天下之马者,若灭若没,若亡若失。若此者,绝尘弥辙。"[④]所论同。《达生》篇记载了相鸡的故事:

---

① 以上两句原作"下之质,执饱而止",《释文》:"一本无'质'字。"无"质"字是,"执"即读作"质"。

② 根据下面的论述,天下之马已经超越了形体的范畴,则似不应该说"有成材",而应该说"无成材"。

③ 银雀山《相狗方》:"相成狗,其卧也,兔起而栗,目中皮覆眼,须臾乃视。"成狗,即最完美无缺之狗。"目中皮覆眼,须臾乃视",言上等之狗目闭而无视,乃以形论,还未上升到神的角度。

④ 杨伯峻. 列子集释[M]. 北京:中华书局,1979:255.

纪渻子为王养斗鸡。十日而问:“鸡已乎?”曰:“未也,方虚憍而恃气。”十日又问,曰:“未也,犹应向景。”十日又问,曰:“未也,犹疾视而盛气。”十日又问,曰:“几矣,鸡虽有鸣者,已无变矣,望之似木鸡矣,其德全矣。异鸡无敢应者,反走矣。”

鸡分为四等:最下等是高昂着头,走路一副骄傲的样子。上一等是看见其它鸡,还跃跃欲试想与之争斗。再上一等是看见其它鸡,身体能保持不动,但眼睛却仍散发着欲斗的目光。最上等是看见其它鸡完全没反应。言狗曰“上之质,若亡其一”,言马曰“若恤若失,若丧其一”,言鸡曰“鸡虽有鸣者,已无变矣,望之似木鸡矣”,还有上面季咸相壶子,壶子最后展现的状态是“未始出吾宗”,四者展现的狗、马、鸡、人的最高状态是一致的,就是最后达到“形若槁木,心若死灰”、无彼无我的境界。

《庄子》佚文中还有一则相鸡的故事,《太平御览》卷九一八:

庄子谓惠子曰:“年沟之鸡,(司马彪注曰:“年沟,斗鸡处。”)三岁为株,(株,魁帅也。)相者视之,则非良鸡也。然而数以胜人者,以狸膏涂其头也。”(鸡畏狸故。)①

年沟里的鸡,三年即可以变成众鸡之领袖。但在相者看来,并不是真正的好鸡。之所以能够战胜别的鸡,只是因为把狸膏涂在它头上。因为鸡害怕狐狸,所以它才能如此。这则故事说明重外不重内的道理,如前所云,真正的斗鸡是通过内在的培养达到无我的境界,而年沟的鸡则是通过外在的技巧达到使它鸡畏惧的效果。

---

① (宋)李昉等. 太平御览[M]. 北京:中华书局,1960:4072.

二、方技类。

《汉志》方技分四类，医经阐释医学理论为主，经方则载具体药方，房中讲男女合和之道，神仙讲养生成仙之法。今见存者，仅医经之《黄帝内经》。出土文献中则有众多此方面的内容，如马王堆汉墓帛书《五十二病方》《足臂十一脉灸经》《阴阳十一脉灸经》《脉法》《阴阳脉死候》《十问》《合阴阳》《杂禁方》，张家山汉简《脉书》《引书》，武威汉简《白水病方》，老官山汉简《六十病方》，等等。

（一）医经。

《庄子》中有些内容来源于当时的医学理念，《大宗师》说"真人之息以踵"，《应帝王》说"名实不入，而机发于踵"，都是说气息发于脚踝。但为什么发于脚踝？张家山汉简《脉书》："钜阳之脉，毄于踵外踝中。"①巨阳之脉在脚踝部位，人之气从巨阳之脉出发，最终流遍全身。普通人是用鼻子呼吸，真人则是用脚踝呼吸，从而能"深根宁极"（《缮性》）。《徐无鬼》："药也：其实堇也，桔梗也，鸡壅也，豕零也，是时为帝者也。""时为帝"说的是主药和辅药的关系，《黄帝内经素问·制真要大论》："主病之谓君，佐君之谓臣，应臣之谓使。"②《千金要方》卷一："凡药有君臣佐使，以相宣摄合和。"③主药是君（帝），辅药是臣。在不同的药方中，主药、辅药会发生互换，所以说"时为帝"。这是说的药理的问题。

致病原因上，《齐物论》提到"民湿寝则腰疾偏死"，涉及人的居

---

① 张大伦．张家山汉简《脉书》校释［M］．成都：成都出版社，1992：35．按：马王堆汉墓帛书《阴阳十一脉灸经》作"钜阳脉，系于踵外踝娄中"。

② 南京中医学院编著．黄帝内经素问译释［M］．上海：上海科学技术出版社，1991：658．

③ （唐）孙思邈著，余瀛鳌、林菁、田思胜等编选．千金要方集要［M］．沈阳：辽宁科学技术出版社，2009：18．

处环境对人身体的影响。《释文》:“偏死,司马云:‘偏枯死也。’”①是说人睡觉的地方潮湿会引起腰疼和偏枯。《吕氏春秋·古乐》:“阴多滞伏而湛积,水道壅塞,不行其原,民气郁阏而滞著,筋骨瑟缩不达。”②“筋骨瑟缩不达”也是偏枯之义。《吕氏春秋》的“阴多滞伏而湛积”,实际上是用阴阳理论来探讨病因,这是古代医学的理论核心。中医讲究阴阳调和,而阴阳不调是致病的根本原因。《列御寇》曰:

> 为外刑者,金与木也;为内刑者,动与过也。宵人之离外刑者,金木讯之;离内刑者,阴阳食之。夫免乎外内之刑者,唯真人能之。

世界上存在外刑、内刑两种刑罚,外刑就是刑罚,内刑就是疾病。“阴阳食之”,即阴阳侵蚀之义。“金木讯之”是外刑的结果,自己犯了罪才是导致外刑的原因。同样的,“阴阳食之”是内刑的结果,自己阴阳不调才是导致内刑的原因。《在宥》:

> 人大喜邪,毗于阳;大怒邪,毗于阴。阴阳并毗,四时不至,寒暑之和不成,其反伤人之形乎!

人大喜则阳气充盈,阳气充盈则损阳;人大怒则阴气盛满,阴气盛满则害阴。阴阳皆有损害,最终导致自己伤害自己。《淮南子·原道》篇:“人大怒破阴,大喜坠阳。”③《黄帝内经素问·阴阳应象大

① (唐)陆德明. 经典释文[M]. 北京:中华书局,1983:364.
② 陈奇猷. 吕氏春秋新校释[M]. 上海:上海古籍出版社,1982:288.
③ 何宁. 淮南子集释[M]. 北京:中华书局,1998:62.

论》篇："喜怒伤气，寒暑伤形。暴怒伤阴，暴喜伤阳。"①《大戴礼记·文王官人》篇："喜气内畜，虽欲隐之，阳喜必见；怒气内畜，虽欲隐之，阳②怒必见。"③张家山竹简《引书》："喜则阳气多，怒则阴气多，是以道者喜则急呴，怒则剧吹，以和之，吸天地之精气，实其阴，故能毋病。"④阐述的道理与此句相同，均是言情绪过度激动造成阴阳失调从而导致疾病的产生。《太平御览》卷七三九引《庄子》：

> 流脉并作，则为惊怖；阳气独上，则为癫病。⑤

脉象紊乱，是阴气充盈之象，人则多畏；如果阳气充盈，人则易狂。以人情验之，女性多胆怯，男性多轻狂，与此同理也。上文说遭受内刑的原因是"动与过"，"动"是人的欲望得不到满足，所以在外汲汲追求，就是穷人想变富的意思；"过"是从局外者的视角来看，当某人的基本欲望已经满足的情况下，他却还继续追求更多的欲望，就是富人想变得更富的意思。但我们说"欲壑难填"，人只要有欲望，就永远不会有满足的时候。人的任何欲望都是对性命的损伤，《天地》篇：

> 且夫失性有五：一曰五色乱目，使目不明；二曰五声乱耳，使耳不聪；三曰五臭熏鼻，困惾中颡；四曰五味浊口，使口厉爽；五曰趣舍滑心，使性飞扬。此五者，皆生之害也。

---

① 南京中医学院编著. 黄帝内经素问译释[M]. 上海：上海科学技术出版社，1991：42.

② "阳"当作"阴"。

③ （清）王聘珍撰，王文锦点校. 大戴礼记解诂[M]. 北京：中华书局，1983：192.

④ 魏燕利. 道教导引术研究（东晋南北朝隋唐卷）[M]. 上海：三联书店，2018：212—213.

⑤ （宋）李昉等. 太平御览[M]. 北京：中华书局，1960：3280.

五色、五声、五臭、五味是口欲，趣舍是心欲。只要还存在欲望，那么欲望就会时时刻刻侵蚀着个人的身体。很多人只知道刀剑能杀人，却不知道被刀剑杀的可能性很小，而被自己欲望害死的可能性却很大，故《达生》篇曰："人之所取畏者，衽席之上，饮食之间，而不知为之戒者，过也！"人真正应该敬畏的，是人静默地坐在那里之时，是人饮食之时，因为在此等时间中，人自以为外物无害于体，却不知欲望已经在侵蚀个人的身体了。

（二）经方。

从《汉志》来看，其记载的书籍应该皆是具体治病的方法，《庄子》中没有此类内容，《天地》篇说"有虞氏之药疡也，秃而施髢，病而求医。孝子操药以修慈父"，只是提到有病要医治，也没说药方。但在《庄子》中，也有一些与治病有关的内容。

1. 药物。

上引《徐无鬼》篇提到四种：堇、桔梗、鸡壅、豕零。堇，《释文》："司马云：'乌头也，治风冷痹。'"①桔梗，《释文》："司马云：'桔梗，治心腹血瘀瘕痹。'"②鸡壅，《释文》："司马云：'即鸡头也，一名芡。与藕子合为散，服之延年。'"③这三种药物都很常见。重点说一下豕零，《释文》："豕零，司马本作'豕囊'，云：'一名猪苓，根似猪卵，可以治渴。'"④此说恐非。豕零，当即茯苓，马王堆帛书《养生方》："煮=靁去滓。"⑤"煮=靁"读作"煮猪苓"，"煮""猪"同符合文，"猪苓"即"茯苓"。又司马本作"豕囊"，《御览》卷九八九引作"豕橐"⑥，笔者以为：

---

① （唐）陆德明. 经典释文[M]. 北京：中华书局，1983：394.
② （唐）陆德明. 经典释文[M]. 北京：中华书局，1983：394.
③ （唐）陆德明. 经典释文[M]. 北京：中华书局，1983：394.
④ （唐）陆德明. 经典释文[M]. 北京：中华书局，1983：394.
⑤ 裘锡圭主编. 长沙马王堆汉墓帛书集成(陆)[M]. 北京：中华书局，2014：44.
⑥ （宋）李昉等. 太平御览[M]. 北京：中华书局，1960：4378.

(司马本、《御览》)并误,字当作"豕橐","橐"读作"膏",《周礼·大司徒》:"其植物宜膏物。"郑注:"'膏'当为'橐',字之误也。"(此当为假借,非误字,本书《天下》篇:"禹亲自操槖耜而九杂天下之川。"槖,《释文》作"稾",旧音古考反,即读作"橐"。详彼注。)豕膏,马王堆帛书《五十二病方》多见,如治干瘙方:"煮溺二斗,令二升,豕膏一升,冶藜芦二升,同傅之。"治久疕方:"藜芦二,礜一,豕膏和,而索以熨疕。"字又作"彘膏""彘职膏""猪膏""猪煎膏",武威汉简《医简》作"肪膏",《名医别录》作"豚肪膏",云:"主煎煮膏药,解斑猫、芫青毒。"即今猪油也。

此文所举四种药物应该是常见之药,无论作茯苓还是豕橐,都比解释作猪苓要好一些。

2. 治病方法。

前面提到《庄子》佚篇《游凫》有"逐疫"之法,即是一种。彼文已论,今不赘述。《列御寇》篇载宋人曹商讽刺庄子穷困,庄子反讽时说:

秦王有病召医,破痈溃痤者得车一乘,舐痔者得车五乘,所治愈下,得车愈多。

痈、痤是皮肤化脓性炎症,常有脓胞;痔就是痔疮。虽然是寓言,但在当时应该有用这种方法治病的。如《史记·佞幸列传》:"文帝尝病痈,邓通常为帝嗜吮之。"①今虽看来不可思议,但或如勾践尝屎

① (汉)司马迁撰,(南朝宋)裴骃集解,(唐)司马贞索隐,(唐)张守节正义. 史记[M]. 北京:中华书局,1959:3192.

一样①,于当时不足为奇。《庄子》佚文中还有一条涉及针灸的,《玉烛宝典》卷八:

> 故马小童谓黄帝曰:"热艾其聚气。"雄黄亦云:"燔金热艾,以炙其聚气。"令以点为炙,直取其名。②

此条有脱误,前文已论之。王叔岷从江世荣说辑为:"牧马小童谓黄帝曰:'热艾宛其聚气。'雄黄亦云:'燔金热艾,以炙其聚气。'"③其说较上。末两句则当作"今以针为炙,直取其名"。是探讨针灸为什么也叫艾灸的问题。先有艾灸,后来产生了针灸,但大家习惯了艾灸的叫法,所以把针灸仍称作艾灸。

(三)神仙。

《汉志》曰:"神仙者,所以保性命之真,而游求于齐外者也。聊以荡意平心,同死生之域,而无怵惕于胸中。"④医经、经方的目的是保证身体机能不受到损害,神仙的目的却是突破身体的界限,达到远高于常人的寿命;甚至突破寿命,达到与天地同齐的目的。道家向道教的转变,就是吸取了方术中神仙的内容,从而由哲学理论向符箓服食转变。

---

① 《吴越春秋·勾践入臣外传》:"越王出石室,召范蠡曰:'吴王疾,三月不愈。吾闻人臣之道,主疾臣忧。且吴王遇孤恩甚厚矣。疾之无瘳,惟公卜焉。'……范蠡曰:'臣窃见吴王,真非人也。数言成汤之义,而不行之。愿大王请求问疾,得见,因求其粪而尝之,观其颜色,当拜贺焉,言其不死,以瘳起日期之。既言信后,则大王何忧?'……王召而见之。适遇吴王之便,太宰嚭奉溲恶以出,逢户中。越王因拜:'请尝大王之溲,以决吉凶。'即以手取其便与恶而尝之。"

② (隋)杜台卿. 玉烛宝典[M].《古逸丛书》景日本钞卷子本:卷一.

③ 王叔岷. 庄子校诠[M]. 台北:"中研院"历史语言研究所,1999:1389.

④ (汉)班固撰,(唐)颜师古注. 汉书[M]. 北京:中华书局,1962:1780.

1. 形体锻炼。

《汉志》有《黄帝杂子步引》,“步引”当是步法,古巫有禹步①,或有一定关联;又有《黄帝岐伯按摩》,“按摩”是结合经络学说治疗身体的理论。两种都属于形体锻炼,形所以纳神,两者当是兼修的。《达生》篇“田开之见周威公”章,周威公问田开之如何跟他的师父祝肾学养生,田开之举例曰:

> 鲁有单豹者,岩居而水饮,不与民共利,行年七十而犹有婴儿之色,不幸遇饿虎,饿虎杀而食之。有张毅者,高门县薄,无不走也,行年四十而有内热之病以死。豹养其内而虎食其外,毅养其外而病攻其内。

单豹属于养神而不养形,年纪活得很长,但最后被老虎吃掉,而至人则应该“大泽焚而不能热,河汉沍而不能寒,疾雷破山、风振海而不能惊”(《齐物论》),“登高不栗,入水不濡,入火不热”(《大宗师》),形体上达到至刚至坚的程度,水火不能侵,何况老虎呢?张毅则属于养形而不养神,最终导致神气亏损,内热发之而死。

《庄子》中与形体锻炼有关的记载有两处。《刻意》篇:

> 吹呴呼吸,吐故纳新,熊经鸟申,为寿而已矣。此道引之士,养形之人,彭祖寿考者之所好也。

此文与上面一样,对单纯的养形是持否定态度的。里面提到两种形体锻炼:熊经、鸟申。华佗所创的《五禽戏》即是在此基础上加工

---

① 关于禹步,可参看张鹏《秦汉简所见“禹须臾”与“禹步”新论》,《世界宗教研究》2019 年第 1 期。

而成①。这两种方法皆已失传②。《释文》:"熊经,司马云:'若熊之攀树而引气也。'鸟申,司马云:'若鸟之嚬呻也。'"③认为熊经就是像熊两手攀住树,鸟申就是像鸟鸣。此论形体动作,鸟鸣的解释显然是错误的。成玄英曰:"如熊攀树而自经,类鸟飞空而伸脚。"以熊经像熊爬树而上吊,鸟申像鸟飞着的时候脚向后伸。均解释为动作,但熊上吊之说又甚不辞。直到马王堆出土了帛书《导引图》才解决了这个问题,《导引图》有熊经无鸟申,但有信这个动作,"信""申"通假,可能就是鸟申。如下图:

马王堆帛书《导引图·熊经》④

①《后汉书·方术列传·华佗传》:"吾有一术,名五禽之戏:一曰虎,二曰鹿,三曰熊,四曰猿,五曰鸟。"

② 陶弘景《养性延命录》对《五禽戏》有记载,熊戏之法曰:"正仰以两手抱膝下,举头,左擗地七,右亦七,蹲地,以手左右托地。"鸟戏之法曰:"双立手,翘一足,伸两臂,扬眉鼓力,各二七,坐伸脚,手挽足距各七,缩伸二臂各七也。"但古代动作在传承中多有变化,陶氏距华佗三百余年,未必乃古法也。

③(唐)陆德明.经典释文[M].北京:中华书局,1983:381.

④ 裘锡圭主编.长沙马王堆汉墓帛书集成(陆)[M].北京:中华书局,2014:29.

马王堆帛书《导引图·信(申)》①

从其动作来看,和“攀树”“伸脚”没有关联。

《外物》篇:“眥媙可以休老。”这一条也是反对只养形的,其下接着说“虽然,若是劳者之务也,非佚者之所未尝过而问焉”②,郭注:“若是犹有劳,故佚者超然不顾。”“眥媙”,旧注也以为是一种动作,但众说纷纭。《释文》:“眦,子斯反,徐子智反。亦作‘揃’,子浅反。《三苍》云:‘揃,犹翦也。’《玉篇》云:‘灭也。’媙,本亦作‘搣’,音灭,又武齐反。《字林》云:‘枇也。’”③奚侗曰:“《急就篇》:‘沐浴揃搣,寡合同颜。’颜师古注:‘揃搣,谓鬄拔眉发也,盖去其不整齐者。’此亦休老之一法也。”④是拔去眉毛、头发。陈景元曰:“史崇《藏经音义》云:‘搣,手拔也。’可以沐老,老则目角皮皱也。搣,批也,令使手

① 裘锡圭主编. 长沙马王堆汉墓帛书集成(陆)[M]. 北京:中华书局,2014:26.

② 此句有误文,武延绪曰:“疑当作‘劳者之务也,佚者之未尝过而问焉’,‘非’字衍文。或曰:‘务也’当作‘务世’,‘之’下脱‘所以’二字,‘佚者’下‘之所’二字衍文,‘所’即上文所脱之字误置于此也。”王叔岷曰:“审郭注‘故佚者超然不顾’,即‘非佚者之所尝过而问焉’之意。今本‘尝’上有‘未’字,盖涉下文‘未尝过而问焉’而衍。”未审孰是。

③ (唐)陆德明. 经典释文[M]. 北京:中华书局,1983:397.

④ 奚侗. 庄子补注[M]. 民国六年江苏省立官纸印刷厂排印本:卷四.

批皴平,可以洗老容,谓摩拭赤宅也。”[①]是用手抚平皱纹。户崎淡渊曰:“‘灭’与‘搣’同,按也,摩也。以两手按目之四眦,令眼神光明,或为屏除物欲。”[②]是用手按摩眼睛。未知孰是。[③]

2. 服食。

服食可分两类,一类是自然之物,《汉志》有《黄帝杂子芝菌》,即属此类。自然之物以越不常见越为珍贵,《逍遥游》言藐姑射之神人“不食五谷,吸风饮露”,即是。《徐无鬼》“徐无鬼见武侯”章,魏武侯曰:

---

① (宋)陈景元. 南华真经章句音义[M]//《正统道藏》第15册,上海:上海书店出版社,1988:946—947.

② [日]户崎淡渊. 郭注庄子考[M]. 手抄本:卷五.

③ 笔者以为几种说法皆未必确,论曰:“‘静然可以补病,眦媙可以休老,宁可以止遽’三句并列,‘静默’‘宁’皆谓行止安定,若‘眦媙’为剪修须眉,则义不相合。疑‘眦媙’本作‘资媙(搣)’,读作‘斋戒’也。‘资’与‘眦’通,马王堆帛书《阴阳十一脉灸经(乙本)》:‘触少腹,大资旁。’整理者读‘资’为‘眦’。《战国策·齐策》:“‘訾养千钟。’鲍注:‘“訾”“资”同。’并其证。‘资’读作‘斋’,《六韬·守国》:‘太公曰:“斋,将语君天地之经、四时所生、仁圣之道、民机之情。”’银雀山汉墓《六韬》‘斋’作‘资’。睡虎地秦简《为吏之道》:‘处如资。’‘资’亦读‘斋”,谓处如斋戒也。(就出土文献言之,从齐从次相通之字多见,从齐从此相通之例则寡见,颇疑‘眦’为‘资’之讹字,二字音形俱近。从齐从次相通之例,如容庚《金文编》:‘陈侯因資,《史记》作因齐,齐威王名。’上博简《诗论》:‘《墙有齐》。’即今《墉风·墙有茨》也。阜阳汉简书作‘秶’。清华简《系年》:‘欲其子奚資之为君也。’奚資即奚齐。马王堆汉墓帛书《老子》甲本:“‘善,人之赍也。’乙本‘赍’作‘资’。)敦煌本、《玉篇》作‘揃’者,二字形近,‘前’或书作‘苪’,(包山楚简作‘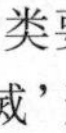’,睡虎地秦简作‘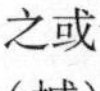’。)与‘眦’近。《仓颉篇》又有‘揃搣’字,因讹。《类要》作‘肖’,‘眦’之或音或形之讹也。‘媙(搣)’字读作‘戒’,‘戒’‘威’形近,因讹作‘媙(搣)’。《易·系辞上》:‘君子以此斋戒,以神明其德。’《吕氏春秋·五月纪》:‘君子斋戒,处必掩,身欲静无躁,止声色,无或进,薄滋味,无致和,退嗜欲,定心气。’即此‘斋戒’之义,谓摒弃杂念,心守静笃也。”

先生居山林,食芧栗,厌葱韭,以宾寡人,久矣夫!

此处的葱韭即属于自然之物,为当时方术者所食。葱、韭谓山葱、山韭,并属葱科葱属,“葱”音同“聪”,古人以为食之可以使耳聪;韭菜能长割而不绝,古人以为食之可以长生。马王堆帛书《十问·九》齐威王问文挚所植韭何如,文挚答曰:“后稷半耰,草千岁者唯韭,故因而命之。其受天气也早,其受地气也葆,故辟慑慹怯者,食之恒张;目不察者,食之恒明;耳不闻者,食之恒葱(聪)。春三月食之,疴疾不昌,筋骨益强,此谓百草之王。”①可证。另一类是人为之物,通过对自然之物的加工炼出新的药物,如“不死药”“金丹”等,《汉志》的《泰壹杂子黄冶》即属此类。《庄子》中没有此方面内容。与服食相关的资料,如《太平御览》卷二九引《庄子》:

乃有鸡子,五熏练形。(正旦皆当生吞鸡子一枚,谓之练形。)②

在正月初一这一天吃生鸡蛋一枚,对锻炼形体有帮助。此是可食者,又有不可食者,《御览》卷八四九引《庄子》:

秋禽之肥,易牙和之,非不美也,彭祖以为伤寿,故不食之。③

秋禽,即秋天的禽兽,此时肉最肥满。但彭祖认为此等之物食用

① 裘锡圭主编.长沙马王堆汉墓帛书集成(陆)[M].北京:中华书局,2014:149.
② (宋)李昉等.太平御览[M].北京:中华书局,1960:137.
③ (宋)李昉等.太平御览[M].北京:中华书局,1960:3794.

会伤寿,故不食。

3. 神道。

神道即成神成仙之道,这和方术是一致的。但与方术相比,《庄子》又有明显的不同。首先,追求目标的区别。方术的追求有两种,一种是长生不老,但还有一种退而求其次:单纯延长生命的长度。就《庄子》来看,第二种是不存在的,在《庄子》中只有得道与不得道,只有“天地与我并生,而万物与我为一”(《齐物论》)的终极结果,没有中间缓冲的余地,所以《庄子》一书是反对彭祖这类长寿之人的,前面提到的《刻意》篇:“吹呴呼吸,吐故纳新,熊经鸟申,为寿而已矣。此道引之士,养形之人,彭祖寿考者之所好也。”又有《逍遥游》:“楚之南有冥灵者,以五百岁为春,五百岁为秋;上古有大椿者,以八千岁为春,八千岁为秋。而彭祖乃今以久特闻,众人匹之,不亦悲乎。”《齐物论》:“天下莫大于秋毫之末,而大山为小;莫寿乎殇子,而彭祖为夭。”但是《大宗师》曰:“彭祖得之,上及有虞,下及五伯。”将彭祖与豨韦氏、伏戏、维斗、日月、堪坏、冯夷、肩吾、黄帝、颛顼、禺强、西王母、傅说并列,均视为得道者,持赞扬的态度,就很值得怀疑。又如《在宥》篇“黄帝立为天子十九年”章,黄帝问广成子“治身奈何而可以长久”,广成子提到:“故我修身千二百岁矣,吾形未常衰。”言“治身”“修身”“形未常衰”,重视形体,有浓厚的方士气,似也非庄子所能作。

其次,追求过程的不同。方术家更多的是追求导引和服食,是通过外在的努力;道家则追求内心的体悟。在道家看来,道是不可学的,所以没有具体的方法,只能自己去体悟道。《大宗师》有两处描写体悟的过程,“颜回曰回益”章:

> 颜回曰:“回益矣。”仲尼曰:“何谓也?”曰:“回忘仁义矣。”曰:“可矣,犹未也。”它日复见,曰:“回益矣。”曰:“何谓也?”曰:

“回忘礼乐矣。”曰:“可矣,犹未也。”它日复见,曰:“回益矣。”曰:“何谓也?”曰:“回坐忘矣。”仲尼蹴然曰:“何谓坐忘?”颜回曰:“堕枝体,黜聪明,离形去知,同于大通,此谓坐忘。”仲尼曰:“同则无好也,化则无常也,而果其贤乎!丘也请从而后也。”

颜回从“忘仁义”“忘礼乐”而最终达到“坐忘”的境界,孔子闻颜回之说对其大为称赞。但颜回究竟是如何达到的,文中却未有提及。根据其描述,就是一个逐渐遗忘的过程,最终忘其枝体(形)、聪明(智),达到“大通”于道。“南伯子葵问乎女偊”章:

南伯子葵问乎女偊曰:“子之年长矣,而色若孺子,何也?”曰:“吾闻道矣。”南伯子葵曰:“道可得学邪?”曰:“恶!恶可!子非其人也。夫卜梁倚有圣人之才而无圣人之道,我有圣人之道而无圣人之才,吾欲以教之,庶几其果为圣人乎。不然,以圣人之道告圣人之才,亦易矣。吾犹守而告之,参日而后能外天下;已外天下矣,吾又守之,七日而后能外物;已外物矣,吾又守之,九日而后能外生;已外生矣,而后能朝彻;朝彻,而后能见独;见独,而后有无古今;无古今,而后能入于不死不生。”

首先直接点明道不可学的问题,然后说明得道的顺序是外天下、外物、外生、朝彻、见独、无古今、不死不生。经历此七个步骤,才能达到无死生的境界。言参日、七日、九日,与上章的“它日”一样,均是说明得道要循序渐进,不可能一蹴而就。

《庄子》中的神人究竟是什么样子?书中对这方面的描述很多,如:

藐姑射之山,有神人居焉。肌肤若冰雪,淖约若处子,不食

五谷,吸风饮露,乘云气,御飞龙,而游乎四海之外。其神凝,使物不疵疠而年谷熟。(《逍遥游》)

至人神矣。大泽焚而不能热,河汉冱而不能寒,疾雷破山、风振海而不能惊。若然者,乘云气,骑日月,而游乎四海之外。死生无变于己,而况利害之端乎。(《齐物论》)

"愿闻神人。"曰:"上神乘光,与形灭亡,此谓照旷。致命尽情,天地乐而万事销亡,万物复情,此之谓混冥。"(《天地》)

概而言之,真正的神人形体不为外物所侵,精神能一念达八荒之表,和天地融为一体,最终至于不死不生的境界。

以上是对《庄子》中与方术有关内容的论述,涉及到很多篇章。无论是与方术思想相同还是相反,均表明了《庄子》一书与方术有密切的关系。因为即使相反,也能证明作者本身对方术很熟悉。任何反对都是建立在熟悉的基础上,"知己知彼,百战不殆"就是这个道理。笔者旧读《墨子》,即发现墨子所反对的东西他都很擅长,如墨子非乐,而《吕氏春秋·贵因》载:"墨子见荆王,锦衣吹笙,因也。"[①]《艺文类聚·乐部四》引《尸子》:"商容观舞,墨子吹笙。墨子非乐,而于乐有是也。"[②]是墨子擅长音乐。墨子反对战争,但《墨子》中《备城门》《备穴》《备蛾傅》《迎敌祠》《旗帜》等均是著名的军事著作,《公输》篇亦有"公输盘九设攻城之机变,子墨子九距之"[③]的记载。所以《庄子》中即使是反对方术的内容,也能够表明《庄子》一书和方

① 陈奇猷. 吕氏春秋新校释[M]. 上海:上海古籍出版社,1982:935.

② (唐)欧阳询. 艺文类聚[M]. 上海:上海古籍出版社,1985:792.

③ (清)孙诒让. 墨子间诂[M]. 北京:中华书局,2001:487.

术是密不可分的。

此外笔者还有一个怀疑，这些内容的早期文本形式是不是也是借此以阐理，后来阐理的部分亡佚，编纂《庄子》者只将此类内容保留下来。比如上变化条《御览》九五〇引《庄子》："童子埋蜻蛉头而化为珠。"①《广记》卷四七三引司马彪注："童子埋青蜓之头，不食而舞曰：'此将为珠。'人笑之。"②如果没有司马彪注，我们很容易就理解为有个童子埋了个蜻蜓的头，后来蜻蜓的头化成了珠子。但根据司马彪注，则是童子以蜻蜓首之两眼晶莹若珠，故埋之欲其化为珠。不见注则涉怪异，见注乃知为寓言。又如《至乐》篇"种有几"一段，如果无末尾"万物皆出于机，皆入于机"一句，则就和《御览》卷八八七所引一大段没有区别。上《达生》篇一段，若只存"沈有履"至"泽有委蛇"一段，则只是言鬼物，而纯为方术之说了。又如《玉烛宝典》卷一引《庄子》："斫鸡于户，悬韦炭于其上，插桃其旁，连灰其下，而鬼畏之。"③只看文字，则属于压胜之内容，而《艺文类聚·果部上》则引作："插桃枝于户，连灰其下，童子入不畏，而鬼畏之，是鬼智不如童子也。"④则是借此事来说明万物相生相克之道理。所以在读这些内容的时候，还需要谨慎下判断，不可根据仅存的文本即得出自己的结论。

---

① （宋）李昉等. 太平御览[M]. 北京：中华书局，1960：4216.
② （宋）李昉等. 太平广记[M]. 北京：中华书局，1961：3900.
③ （隋）杜台卿. 玉烛宝典[M].《古逸丛书》景日本钞卷子本：卷一.
④ （唐）欧阳询. 艺文类聚[M]. 上海：上海古籍出版社，1985：1468.

第八章　汉人注《庄子》研究

《世说新语·文学》篇曰:“初,注《庄子》者数十家,莫能究其旨要。向秀于旧注外为解义,妙析奇致,大畅玄风。”①据《晋书·向秀传》:“向秀……雅好老庄之学。庄周著内外数十篇,历世才士虽有观者,莫适论其旨统也。秀乃为之隐解,发明奇趣,振起玄风,读之者超然心悟,莫不自足一时也。……始,秀欲注,嵇康曰:‘此书讵复须注,正是妨人作乐耳。’及成,示康曰:‘殊复胜不?’”②向秀注《庄子》毕,曾给嵇康看,而嵇康死时西晋未立国,则向秀注《庄》当在曹魏末年。曹魏时天下未一统,战乱频仍,学术著作很少,而注书之事,前较两汉,后比两晋,更为式微。所以《世说》中的“数十家”,很有可能两汉的多一些。今就汉代几家注《庄》情况及其相关问题做一番探讨。

一、刘安。

刘安和《庄子》的关系,笔者在第五章提到《汉志》五十二篇中的三篇《解说》可能是刘安的《庄子略要》《庄子前解》《庄子后解》,此不再赘述。刘安注《庄子》的情况,《人间世》“支离疏者”章“肩高于顶”,《释文》:“淮南曰:‘脊管高于顶也。’”③见《淮南子·精神》篇。《在宥》篇“崔瞿问于老聃”章“吾未知圣知之不为桁杨椄槢也”,《释

---

① 余嘉锡.世说新语笺疏[M].北京:中华书局,1983:206.
② (唐)房玄龄等.晋书[M].北京:中华书局,1974:1374.
③ (唐)陆德明.经典释文[M].北京:中华书局,1983:367.

文》:"淮南曰:'大者为柱梁,小者为椄槢也。'"①见《淮南子·主术》篇。所以此两处的"淮南"是书名,不是人名。今实际见存的仅有一条,即《文选·张协〈七命〉》注引《庄子》佚文"庚市子肩之毁玉也"下,复引刘安《庄子后解》:

> 庚市子,圣人无欲者也。人有争财相斗者,庚市子毁玉于其间,而斗者止。②

笔者在前文即说过《庄子后解》的情况,如果是篇文章,则应该单独流传。但既然曰"解",从名字来说,是对《庄子》的注释。从《文选注》的征引来看,确实是注释之文。而既然是注释之文,则当散在诸篇之中,又不可能是一篇文章。笔者提出两种可能:第一,刘安采取的是篇解的形式,而非句下注。如《管子》,前有《牧民》《形势》《版法》等篇,后有《牧民解》《形势解》《版法解》等篇,其解释之文单独成篇。第二,刘安只注了一部分《庄子》,而非全文作注。《管子》诸《解》篇,采取的是一句一解的方式,所以与原文相比,内容增加了很多倍。而刘安的解说如果是一句一解,那么总量很大,《前解》《后解》不可能只有一篇。但两说也有个问题,刘安究竟会注《庄子》中的哪些内容?既然选择作注,显然是要注比较难以理解的地方。陆德明是见过五十二篇《庄子》的③,也就看过刘安的这三篇文章,既然注难以理解的,为什么陆氏《释文》竟无一处征引?总之来说,笔者目

① (唐)陆德明.经典释文[M].北京:中华书局,1983:376.

② (南朝梁)萧统编,(唐)李善注.文选[M].上海:上海古籍出版社,1986:1614.

③ 李善晚于陆德明,刘安的《庄子略要》《庄子后解》均见于《文选注》,加上《文选注》里引了大量的《庄子》佚文,李善应该也见过五十二篇的《庄子》,所以五十二篇《庄子》,李善时尚存。

前尚无合理的解释。

除了刘安注《庄子》的问题，还有一个与刘安有关的问题需要探讨一下。目前学术界很多人认为既然五十二篇《庄子》有刘安的文章，那么刘安可能第一次系统地整理了《庄子》，此后诸家的祖本即是刘安编订本。关于这个问题，笔者认为唯一的解决方式只能是通过校勘学的方法。

刘安的《淮南鸿烈》或直接或间接采用了大量《庄子》的文章，其手边必然有个《庄子》的版本，这个是无可置疑的。需要讨论的就是他手边的版本，与今本《庄子》有没有关系。对比《淮南子》和《庄子》，有许多不同，这些不同，有些地方可以加以解释。第一，刘安是间接引用，并没有照引原文。就像司马迁编《史记》，《五帝本纪》用了《尚书·尧典》《舜典》中的大量内容，但为了便于理解，把一些生僻而不易理解的字改成了汉代常用字。如《大宗师》"今一犯人之形"，《淮南》"犯"作"逢"；《天运》"虫，雄鸣于上风"，《淮南》"虫"作"腾蛇"。或许可以用这种情况解释。第二，《庄子》和《淮南子》原本是一样的，在后世流传中出现了变化，导致现在不一样了。如《庄子》的变化，《大宗师》"以游大川"，《淮南》"游"作"潜"，而《文选·张衡〈西京赋〉》薛综注引《庄子》仍作"潜"；《天道》"古人之糟魄已夫"，《淮南》"魄"作"粕"，而《北堂书钞》卷一〇〇、卷一四一、《妙法莲华经玄义释签》卷十七、元康《肇论疏》卷中等引《庄子》仍作"粕"；《天运》"则通昔不寐矣"，《淮南》"昔"作"夕"，而敦煌本《庄子》仍作"夕"；《秋水》"捕鼠不如狸狌"，《淮南》"捕"作"搏"，而《释文》云"捕"本又作"搏"。以上诸例可以用今本《庄子》经人篡改解释。同样，今本《淮南子》也已不是原貌，《大宗师》"堪坏得之"，《释文》曰："《淮南》作'钦负'。"①而今本《淮南》作"钳且"。总之，《庄子》不是

① （唐）陆德明. 经典释文［M］. 北京：中华书局，1983：370.

刘安时的《庄子》,《淮南》不是刘安时的《淮安》,后世讹变,可以理解。但两书中有些内容用这两种情况却都无法解释,且看下面诸例:

1.《逍遥游》:“朝菌不知晦朔。”

朝菌,《淮南子·道应》篇作“朝秀”。关于朝菌为何物,历来解释纷纭。《释文》曰:“司马云:‘大芝也。天阴生粪上,见日则死,一名“日及”,故不知月之终始也。’崔云:‘粪上芝朝生暮死,晦者不及朔,朔者不及晦。’支遁云:‘一名舜英,朝生暮落。’潘尼云:‘木槿也。’简文云:‘欻生之芝也。’”①司马、崔、简文均解释为芝类,支、潘解释为木槿。王引之首先注意到《淮南》与之不同的问题,他解释说:“高注曰:‘朝秀,朝生暮死之虫也。生水上,状似蚕蛾,一名孳母。’据此,则朝秀与蟪蛄皆虫名也。‘朝秀’‘朝菌’语之转耳,非谓芝菌,亦非谓木槿也。”②认为高诱的解释是对的,但说“秀”和“菌”是语转,却缺乏语音学上的证据。吴英华曰:“吾友裴学海以‘菌’为‘茵’之字讹,《尔雅·释草》:‘湞灌茵芝。’《艺文类聚》九十八引‘茵’作‘菌’,其讹与此正同。朝茵为朝生暮死之虫。……‘茵’‘秀’古同音,知‘菌’为‘茵’之讹。”③笔者从吴英华的说法得到启示,认为:

> 吴英华说良善,朝茵、朝秀、朝蛴并蜉蝣之音转也,……“蝣”“秀”“蛴”“茵”并幽部。《楚辞·山鬼》:“采三秀兮山间。”洪注曰:“《尔雅》‘茵芝’注云:‘一岁三华瑞草也。’”《通雅》卷四十一:“‘芝’曰‘茵’者,‘秀’之转也。”是为“茵”“秀”相假之证也。朝,宵部;蜉,幽部,古音亦相近。(今未见二字相假之例,然古从朝之字可与从周之字相通,《诗·汝坟》:“惄如调饥。”《说文》

① (唐)陆德明. 经典释文[M]. 北京:中华书局,1983:360.
② (清)王念孙. 读书杂志[M]. 南京:江苏古籍出版社,1985:1011.
③ 吴英华. 庄子释诂[J]. 工商学志,1935(2):162.

"惄"字注引"调"作"朝";从孚之字可与从票之字相通,《左传·襄公十四年》:"卫人立公孙剽。"公孙剽,马王堆汉墓帛书《春秋事语·卫献公出亡》作公子浮。)又按:《汉书·王褒传》:"蜉蝤出以阴。"蜉蝤即蜉蝣也。"酋""菌"形亦近,"菌"抑或"酋"之形讹欤?

"菌"或为"茵"之形讹,或为"酋"之形讹,朝茵(酋)即是蜉蝣。《艺文类聚·木部下》引刘安《成相篇》:"庄子贵支离,悲木槿。"①此皆用《庄子》文,"支离"即《人间世》支离疏;木槿即朝菌,与潘尼说同。刘安显然不知此二字有误,则就不可能作改字的事情。"菌(茵、酋)"和"秀"字形上不相近,后人也不可能以《淮南子》改《庄子》,那么就不可能出现第二种情况。所以,今本《庄子》和刘安所见版本《庄子》不可能是一本。

2.《德充符》:"命物之化,而守其宗也。"

"命物之化",《淮南子·精神》篇作"见事之乱"。"命"读作"明",和"见"义近,俱可通。但"事之乱"是有问题的,《庄子》一书中讲"物之化",不讲"事之乱",《至乐》:"万物皆化。"《知北游》:"与物化者,一不化者也。"此句言能明物之变化,守道而不移,"事之乱"显然是不对的。考楚简"乱"字多书作"𤔔",而左右的两口和"变(變)"字左右的"幺"篆文相近。依此推之,早期《庄子》版本当一本作"命物之化",一本作"命物之变","变"和"化"意思是相同的。因为"变(變)"和"乱(𤔔)"字形相近,汉代在隶定的时候,把"变"误定

① (唐)欧阳询.艺文类聚[M].上海:上海古籍出版社,1985:1544.按:《类聚》原只曰出《成相篇》,未言《成相篇》乃刘安所作,而《荀子》有《成相》篇。《类聚》引文无单引某书篇名者,《全芳备祖前集》卷二十、《事类备要别集》卷三三引此句,并云出《淮南子》,是知《成相篇》当为刘安作,而此三字恐有误也。

作“乱”,刘安见到的版本就是这个版本,和今传本《庄子》是不一样的。

3.《天地》:“金石有声,不考不鸣。”

“考”,《淮南子·诠言》篇作“叩”。此文又见上博简《性情论》,作:“金石之有声也,弗钩不鸣。”[①]“钩”“考”均借作“叩”。如果今本《庄子》乃刘安整理本,刘安既然整理作“叩”,那么在流传中,后人断无把“叩”改作“考”的可能。一者没有其他版本的依据,不能轻率地改字;二者即使有,也不会改本字为假字。[②]

4.《天地》:“其断在沟中。”

《淮南子·俶真》篇有此文,并作“断”,没有问题。但《释文》:“断,本或作‘故’。”[③]“断”和“故”音形俱不近,而且作“故”意思是不对的,马叙伦只说:“‘断’本或作‘故’者,异文。”[④]也没有给出合理的解释。考《逍遥游》:“越人断发文身。”《释文》:“断,司马本作‘敦’,云:‘敦,断也。’”[⑤]《说剑》:“今日试使士敦剑。”《释文》引司马彪注:“敦,断也。”[⑥]此处的“故”当为“敦”之形讹,“敦”左下“子”脱作“攵”,与“故”形极近。如果今本《庄子》是刘安整理的,刘安本作“断”,后世不可能改作“敦”。

---

① 马承源主编.上海博物馆藏战国楚竹书(一)[M].上海:上海古籍出版社,2001:224.

② 北齐《唐邕刻经记》:“从扣而鸣。”似即本《庄子》,字作“扣”,与《淮南》近。则《庄子》或有一版本即作“叩”者,但也只能证明与今本《庄子》不是一个系统,而与《淮南子》可能属于一个系统。

③ (唐)陆德明.经典释文[M].北京:中华书局,1983:379.

④ 马叙伦.庄子义证[M].上海:商务印书馆,1930:卷十二.

⑤ (唐)陆德明.经典释文[M].北京:中华书局,1983:361.

⑥ (唐)陆德明.经典释文[M].北京:中华书局,1983:401.

5.《达生》:“以钩注者惮。”

马叙伦曰:“惮,《吕氏春秋》作‘战’,《淮南》作‘以金鉒者跋’。”①《吕览》《淮南》并本《庄子》,作“惮”“战”并通,但作“跋”显然是错误的。之所以出现此问题,笔者在第二章分析《庚桑楚》“简发而扻”的时候提到,楚文字有省略偏旁、增加偏旁的现象。其中有一条就是亻旁的问题,举到《人间世》“求狙猴之杙者斩之。”《释文》:“杙,司马作‘朳’,崔本作‘梭’,云:‘枷也。’”②“杙”所以误作“朳”“梭”,是因为古本“杙”有书作“栰”的,以音讹作“朳”“梭”。此处道理相同,“战(戰)”字有书作“戰”的,以音讹作“跋”。也就是说,刘安所见本承袭自《吕览》编纂时所用本,而与今本《庄子》不是一个系统。

6.《山木》:“方舟而济于河,有虚船来触舟,虽有惼心之人不怒。”

王叔岷曰:“《淮南子》‘惼心’作‘忮心’,义亦相近。”③此文言有人行舟渡河④,突然有个其上无人的船碰触到他所乘之船,即使心胸

① 马叙伦. 庄子义证[M]. 上海:商务印书馆,1930:卷十九.

② (唐)陆德明. 经典释文[M]. 北京:中华书局,1983:367.

③ 王叔岷. 庄子校诠[M]. 台北:“中研院”历史语言研究所,1999:733.

④ “方舟”旧多解释为两舟相并的船,但缺少动词,笔者以为:“‘方’当作动词用,清华简《皇门》:‘譬女⿰舟亢舟,辅余于险,临余于济。’‘⿰舟亢’字,整理者隶定作‘舡’,曰:‘舡舟,掌船。“舡”字从舟,或专指掌船。’《鄂君启舟节》有‘⿰舟亢’字,董珊、裘锡圭、陈剑等并认为此字当读作‘航’。(陈剑《试说战国文字中写法特殊的“亢”和从“亢”诸字》,见《战国竹书论集》,上海古籍出版社 2013 年版,327—328。)单育辰进而指出,清华简‘⿰舟亢’即《鄂君启舟节》‘⿰舟亢’,‘释“航”不如直接读为同是阳部的“舫”。’(http://www.bsm.org.cn/show_article.php? id=1364。)并举《庄子》此文为例。‘⿰舟亢’释‘舫’‘航’并通,‘舫(航)舟’即‘方舟’,犹今言行舟,‘舫’‘航’‘行’并阳部字。又刘向《九叹》:‘横舟航而济湘兮。’‘横舟航’亦行舟之义,《方言》:‘方舟谓之濮。’郭注:‘扬州人呼渡津为杭,荆州人呼濮。’则‘方舟’‘舫(航)舟’‘横舟’又同。”

狭隘的人也不会生气,因为缺乏生气的对象。但如果作“忮”,就成了即使有害人之心者也不会生气,意思上是不通顺的,所以王叔岷曰“义亦相近”是不对的。那么“惼”和“忮”究竟什么关系?“忮”是个误字,《老子》三十一章:“偏将军居左。”①郭店本《老子》丙“偏”作“攴”②,古字无定体,刘安所见到的《庄子》“惼”字应该书作“忮”,后世复又误作“忮”。如果今本《庄子》是刘安整理的,肯定会根据文义整理作“惼”,那么作“忮(忮)”的《庄子》本又是从何而来?

7.《徐无鬼》:“王命相者趋射之,狙执死。”

这个问题出在“狙执死”句,《释文》引司马彪曰:“见执而死也。”③此处只是被箭射死,跟“见执”没关系。成玄英:“狙抱树而死。”释“执”为“抱”,也不符合语境,此应是狙跳来跳去,不是抱树不动。《淮南子·说山》作“而猿拥柱号矣”,根据文义,显然《淮南子》更准确些。“执”应该是“拥”之误,其本字当作“𩫖”,甲骨文“享”字作“亯”,“墉”字作“𩫖”。楚文字继承了此类特征,从亯之字转入觉部,假借为“孰”“笃”“毒”“祝”“筑”;从𩫖之字一者仍为东部,读作“镛”“慵”等;或转入文部,假借为“敦”“醇”“纯”等字。但两字字形相近,所以又可以互用。④ 此种现象在《庄子》中亦多见,比如《逍遥游》“断发文身”,司马本作“敦”,《战国策》《列子》均有“祝发”,则“敦”本应该作“孰”而读作“祝”。上第4条《天地》篇“其断在沟中”、《说剑》篇“敦剑”与此同例。又如《列御寇》:“伯昏瞀人北面而立,敦杖蹙之乎颐。”根据文义,应该是拄着拐杖,则“敦”本应该作“孰”而读作“拄”。与此处相近的例子是《知北游》篇:“神农拥

① 陈鼓应.老子注译及评介[M].北京:中华书局,1984:191.

② 陈伟.楚地出土战国简册(十四种)[M].北京:经济科学出版社,2009:156.

③ (唐)陆德明.经典释文[M].北京:中华书局,1983:393.

④ 关于形近互用,参第一章对《天地》篇“未始有恒”的讨论。

杖而起①,嚗然放杖而笑。”“拥杖”和“放杖”相对,应该是拄着拐杖而起,放下拐杖而笑,解释作“抱着拐杖而起”文义是不通顺的。“拥”字应该本作“庸”,二字同音假借。“庸”字则本应该作“孰”而读作“拄”,与《列御寇》“敦杖”读作“拄杖”同。依此而论,此文的“执(埶)”当为“孰”之形讹,“孰”本应作“庸”而读作“拥”。《淮南子》作“拥柱号”的“拥”字是对的,已经改从汉人读法。

8.《徐无鬼》:“圣人并包天地,泽及天下,而不知其谁氏。”

末句,《淮南子·本经》作“不知为之者谁何”。根据文义,是言圣人恩泽化万民,但万民却不知道圣人的存在,不知道谁作了这些事情。《淮南》“不知为之者谁何”没有问题,但《庄子》“谁氏”的说法却不通,古书也没有这么用的。笔者以为:

> 疑“氏”当作“焉”,“焉”与“何”同,句末疑问语辞。②楚简“焉”字多书作“㚣”,“女”下书一横。楚简“氏”“女”形近,如上博简《孔子诗论》“女”书作“”,“氏”书作“”,二字易讹。

读成“而不知其谁焉”,意思就通顺了。“焉”和“何”是义近而换用,而“焉”误作“氏”,只能是楚文字在转汉隶的情况下才能出现的问题。

以上列出了八处证据,通过分析可知,刘安所用版本和今本《庄子》不可能出于一个系统。即使刘安编订过庄子,通过笔者第九章对

---

① “拥”前原有“隐几”二字,俞樾曰:“既言‘拥杖而起’,不当言‘隐几’,疑‘隐几’字涉上文‘神农隐几阖户昼瞑’而衍。”张士保、王先谦、马其昶、武延绪、石永楙、王叔岷亦以“隐几”二字为衍文,今从之。

② 实际上《淮南》“谁何”的用法也很少见,根据汉代出土文献,“也”字多书作“奇”“倚”,笔者怀疑《淮南》的“何”可能是“倚”的脱误,“也”“焉”义同。

司马本的分析也可看出，司马本和所谓刘安编订本没有关系。实际上，比较司马、崔、向等诸本的不同即可知，诸版本有各自的传授系统，如果有一个祖本，那也只能是先秦时期第一次编辑时的祖本，不可能是汉代编辑时才出现的。

二、严君平。

笔者在第六章已经提及严君平，其人本叫庄君平，因为避汉明帝刘庄的讳，后世改称严君平。他姓庄，其在《道德指归》中亦称为庄子。《汉书·王贡两龚鲍传》："（严君平）依老子、严周之指著书十万余言。"①此处的"著书"，就是注解的意思。其注《老子》的《道德指归》现有残本传世，但注《庄子》的书已不见存。《释文》中也没有引严氏的注，故笔者只能从其他相关文献推测一下。

《汉书·司马迁传》"黜聪明"颜师古注引晋灼曰："严君平曰：'黜聪弃明，倚依太素，反本归真，则理得而海内钧也。'"②《李寻传》"师于天士"颜师古注引晋灼曰："严君平言：'师于天士。天士，应宿台鼎之臣也。'"③高似孙《颜师古汉书注例》曰："《汉书》旧无注解，唯服虔、应劭等各为音义，自别施行。至典午中朝，爰有晋灼，集为一部，凡十四卷，又颇以意增益，时辩前人当否，号曰《汉书集注》。"④认为晋灼是集合前代注《汉书》诸家，又加上自己的判断，著成《汉书集注》。但严君平早于班固，是不可能注《汉书》的。所以晋灼不止是集诸家注《汉书》的内容，还把其他人注他书而与《汉书》有关的内容也集录进来。其中引严君平的注，就可能是注《庄子》的。《司马迁传》的"黜聪明"，见于《大宗师》，当即注此处之文。《李寻传》的"师

① （汉）班固撰，（唐）颜师古注. 汉书[M]. 北京：中华书局，1962：3056.
② （汉）班固撰，（唐）颜师古注. 汉书[M]. 北京：中华书局，1962：3711.
③ （汉）班固撰，（唐）颜师古注. 汉书[M]. 北京：中华书局，1962：3183.
④ （宋）高似孙. 史略[M].《古逸丛书》景宋本：卷二.

于天士”,《秋水》有“师天而无地”,《则阳》有“师天而不得师天”,《秋水》篇的“师天”和“无地”相对,“天”是实存的天,则应该是注《则阳》“师天”的可能性要大一些。

三、班固。

班固和《庄子》的关系也很密切,表现在两个方面。第一,他对《庄子》很熟,在写文章的时候经常引用《庄子》。其《幽通赋》大量引用《庄子》,可参《文选》李善注,今不复论。《东都赋》:“捐金于山,沈珠于渊。”①即本《天地》篇之“藏金于山,藏珠于渊”。其《古今人表》,里面的王儿、被衣、轮边、南荣畴、周史大弢、柏常骞、捷子、子州支父、北人亡择等均采自《庄子》。第二,班固手边有一个《庄子》的本子(下简称“班固本”),而且和今本不同。上面提到的王儿(兒),《天地》篇作“王倪”;轮边,《天道》篇作“轮扁”;柏常骞、捷子,《则阳》篇作“伯常骞”“接子”;南荣畴,《庚桑楚》篇作“南荣趎”,等等,均可证明。除此之外,《释文》也多有校语,《齐物论》“大块(塊)”,《释文》:“众家或作‘大槐’,班固同。”②“木处则惴栗恂惧”,《释文》:“崔云:‘战也。班固作“眴”也。’”③“天倪”,《释文》:“崔云:‘或作“霓”,音同,际也。班固曰“天研”。’”④当然,陆氏应该没见过班固本,而是转引自崔譔说,一是《释文·庄子序》中没有说用班固本,二是很多班固本内容与今本不同,但《释文》没有出校,从前面《庄子》与《汉志》的比较即可以看出。又如《幽通赋》“恐魍魉之责景”⑤,即用《齐物论》罔两问景事,“罔两”作“魍魉”,则版本亦有别。

那么班固本是不是即《汉志》的五十二篇本?前文笔者在讨论五

① (南朝梁)萧统编,(唐)李善注. 文选[M]. 上海:上海古籍出版社,1986:37.
② (唐)陆德明. 经典释文[M]. 北京:中华书局,1983:362.
③ (唐)陆德明. 经典释文[M]. 北京:中华书局,1983:364.
④ (唐)陆德明. 经典释文[M]. 北京:中华书局,1983:364.
⑤ (南朝梁)萧统编,(唐)李善注. 文选[M]. 上海:上海古籍出版社,1986:640.

十二篇《庄子》的时候，是以司马本即五十二篇本作为基础的。要探讨此问题，仍当以前所假设是成立的为基础。从上文所举诸多班固本与今本不同，而《释文》引司马本皆无异文来看，班固本当非《汉志》本。关于此问题，大约有如下可能：第一，司马彪本非《汉志》本，只是篇目上恰好相同而已。第二，班固本非《汉志》本，《汉志》完全承袭《七略》，班固在编纂《汉志》之时，并没有按自己藏本进行改正。第三，司马彪本和班固本没有任何关联。至于究竟哪种猜想正确，目前无相关材料，只能付之阙如。

接着讨论的问题，就是班固有没有注《庄子》之问题。上《大宗师》“恂”字《释文》：“崔云：‘战也。班固作“眴”也。’”①如果以“班固作‘眴’也”句，则是班固本“恂”作“眴”；如果以“班固作‘眴也’”，则是承“崔云：‘战也’”而来，可看作班固注《庄子》。但此是解“恂”字，班固如果注作“眴也”，是与文义不合，故后说非。又“天倪”《释文》：“班固曰‘天研’。”②不说“班固作”而说“班固曰”，则是解释性文字。但以“天研”解“天倪”，就像没解释一样，这种注释是没意义的，所以“班固曰‘天研’”或句本有误，仍当以视作版本不同为善。实际上，班固注《庄子》的问题笔者在第三章已经论及，《齐物论》“夫道未始有封”下《释文》：“崔云：‘《齐物》七章，此连上章。而班固说在外篇。’”③“而班固说在外篇”是可以有三种解释的：第一，班固在分析了《齐物论》之后，认为“夫道未始有封”以下与前文义不相接，应该是外篇的文字羼入此章。第二，班固本“夫道未始有封”以下在外篇。第三，班固本与今本同，但班固看到其他的《庄子》版本有在外篇的，所以他说“夫道未始有封”以下有的版本在外篇。第一种、第三

① （唐）陆德明．经典释文［M］．北京：中华书局，1983：364.
② （唐）陆德明．经典释文［M］．北京：中华书局，1983：364.
③ （唐）陆德明．经典释文［M］．北京：中华书局，1983：363.

种说法无论哪种成立，均可以证明班固曾注过《庄子》，所以无须多说。至于第二种说法，我们可以发现《释文》所引班固本、班固说，均只在《齐物论》篇，其他篇章无一处引用。《释文》说本崔譔，则崔氏尝见班固本，依上面所说，班固本和今本有众多不同，若崔氏尝取班固本校《庄子》，则当散落诸篇之中，不可能仅《齐物论》有异文，故崔氏仅取班固本《齐物论》出校。《释文》引文，余三处“大块”在“夫道未始有封”句之上，“木处则惴栗恂惧”“天倪”在“夫道未始有封”句之下，则“夫道未始有封”以下，班固本固在《齐物论》也。所以说第二种说法是不成立的，故班固至少是注过《齐物论》的。

四、许慎。

《释文》尝引许慎说，可分两种情况：一种是言许慎注《淮南子》，《应帝王》“渊有九名”《释文》：“《淮南子》云：‘有九旋之渊。’许慎注云：‘至深也。’”①《胠箧》篇“鲁酒薄而邯郸围”《释文》：“许慎注《淮南》云：‘楚会诸侯，鲁、赵俱献酒于楚王，鲁酒薄而赵酒厚，楚之主酒吏求酒于赵，赵不与，吏怒，乃以赵厚酒易鲁薄酒，奏之楚王，以赵酒薄，故围邯郸也。’”②《秋水》篇“鸱鸺夜撮蚤”《释文》：“《淮南子》：‘鸱夜聚蚤，察分豪末。’许慎云：‘鸱夜聚食蚤虱，不失也。’”③《让王》“心居乎魏阙之下”《释文》：“魏，《淮南》作‘魏’，许慎云：‘天子两观也。’”④一种是只引许慎注，未言注《淮南》。《天道》篇“百舍重趼而不敢息”《释文》：“许慎云：‘足指约中断伤为趼。’”⑤同篇“古人之糟魄已夫”《释文》：“许慎云：‘粕也，漉粗糟也。’”⑥《庚桑楚》“不

① (唐)陆德明. 经典释文[M]. 北京:中华书局,1983:372.
② (唐)陆德明. 经典释文[M]. 北京:中华书局,1983:375.
③ (唐)陆德明. 经典释文[M]. 北京:中华书局,1983:382.
④ (唐)陆德明. 经典释文[M]. 北京:中华书局,1983:399.
⑤ (唐)陆德明. 经典释文[M]. 北京:中华书局,1983:379.
⑥ (唐)陆德明. 经典释文[M]. 北京:中华书局,1983:380.

可内于灵台”《释文》:“许慎云:‘人心以上气所往来也。’”①《徐无鬼》“则可不谓有大扬搉乎”《释文》:“许慎云:‘扬搉,粗略法度。’”②《渔父》“下以化于齐民”《释文》:“许慎云:‘齐等之民也。’”③

第一种乃注《淮南》,无须说解。主要是第二种情况是注《淮南》还是《庄子》,此可通过分析《淮南子》中是否有此字判断。《天道》篇“趼”字,郭庆藩曰:“《释文》引许说,本《淮南·修务》篇注。”④“古人之糟魄已夫”,《淮南子·道应》篇用此文。《庚桑楚》“不可内于灵台”,《淮南子·俶真》篇用此文,“灵台”作“灵府”。《徐无鬼》“则可不谓有大扬搉乎”,《淮南子·俶真》篇用此文。《渔父》“齐民”,《淮南子·原道》篇:“此齐民之所以淫泆流湎。”⑤《释文》引许慎的注,其所注字皆见于《淮南子》,故其所言“许慎云”,仍是许慎注《淮南》文,非注《庄子》也。

还有一处文献值得注意,慧琳《一切经音义》卷十四:“许叔重注《庄子》:‘圌,笆也。’”⑥明言许慎注《庄子》,但今本《庄子》无“圌”字。《淮南子·精神》篇:“有之不加饱,无之不为之饥,与守其篅笆,有其井,一实也。”高诱注:“篅笆,受谷器。……‘篅’读‘颛顼’之‘颛’也。”⑦玄应《一切经音义》卷十二:“篅,《仓颉篇》作‘圌’。”⑧则是此字见于《淮南》。之所以会出现此种情况,笔者认为有两种解释:

① (唐)陆德明.经典释文[M].北京:中华书局,1983:391.

② (唐)陆德明.经典释文[M].北京:中华书局,1983:394.

③ (唐)陆德明.经典释文[M].北京:中华书局,1983:401.

④ (清)郭庆藩.庄子集释[M].北京:中华书局,1961:481.

⑤ 何宁.淮南子集释[M].北京:中华书局,1998:75.

⑥ 徐时仪.一切经音义三种校本合刊[M].上海:上海古籍出版社,2008:738.

⑦ 何宁.淮南子集释[M].北京:中华书局,1998:544.根据《经音义》许慎注,《淮南》“笆”字当为衍文,“守其篅”与“有其井”为对文。高诱注则或当作“篅,笆也,受谷器”,或“笆”字亦为衍文。

⑧ 徐时仪.一切经音义三种校本合刊[M].上海:上海古籍出版社,2008:244.

第一种是慧琳误引。第二种则就像《释文》一样,慧琳见到的《庄子》注本,是有人将许慎注《淮南》的文字移入《庄子》,所以慧琳误认为是许慎注《庄子》。当然,这种解释有个前提,即《庄子》原文中必然有此字,且有此文,才能导致此现象。①

① 这种可能并不是没有,因为《淮南子·精神》篇大量袭用《庄子》之文。

第九章　晋代几个《庄子》注本的问题

晋代注《庄》者甚多,《释文序》提到崔譔、向秀、司马彪、郭象、李颐、李轨、徐邈等,《释文》还载有支遁《逍遥游》注,也属于晋人。总的来说,诸家版本不一样,其注亦各有所长。下面即就相关问题讨论一下。

一、崔譔注本。

《释文序》:"崔譔注十卷,二十七篇。(清河人,晋议郎。内篇七,外篇二十。)"①是没有杂篇的。第五章引马叙伦《庄子义证序》中已就崔本《庄子》和郭本《庄子》的问题作了分析。马氏统计了《释文》中杂篇引崔注的情况,发现只有《寓言》《让王》《说剑》《渔父》四篇没有崔注,所以崔本不是没有郭本的杂篇,只是郭本《庄子》的杂篇在崔本外篇之中而已。郭本外篇十五篇,崔本外篇多了五篇,但《庚桑楚》《徐无鬼》《则阳》《外物》《盗跖》《列御寇》《天下》七篇并有崔注,说明崔本和郭本即使篇目相同,具体内容也未必一样。

关于崔本的状况,王闿运在其《庄子王氏注叙》中提出"《释文》引文句,崔譔最善"②,但未说明原因。后来高亨作《庄子校笺》,在其校正过程中也屡次提出崔本最善的观点:

---

① (唐)陆德明. 经典释文[M]. 北京:中华书局,1983:17.

② (清)王闿运. 庄子王氏注[M]. 清同治八年长沙王氏刊本:叙. 按:王闿运《庄子王氏注》,多据崔本直接改补。

"垂天"疑原作"天垂",转写误倒。《说文》:"垂,远边也。"天垂之云,犹言天边之云也。《释文》:"崔云:'垂,犹边也,其大如天一面云也。'"此崔譔本原作"天垂"之证。尝依《释文》考较六朝诸家《庄子》,以崔本为最善,此一事也。[①]（按:此乃《逍遥游》"其翼若垂天之云"校语)

"水击"疑原作"击水",转写误倒。《释文》:"抟,一音博。"是"抟"一本作"搏"。章炳麟曰:"字当从'搏'。"是也。《广雅·释诂》:"搏,击也。"击水言鹏飞将起,以翼击水;搏扶摇言鹏飞既起,以翼击风。若作"水击",其义难通。《释文》:"水击,崔云:'将飞举翼,击水踉跄也。'"此崔譔本原作"击水"之证。六朝诸家《庄子》,以崔本为最善,此亦一事也。[②]（按:此乃《逍遥游》"水击三千里"校语)

"坳堂"疑原作"堂坳",转写误倒。坳,窊也,坎也,陷也。俗字作"凹"。堂坳谓堂之凹陷。若作"坳堂",其义难通。《释文》:"崔云:'堂道谓之坳。'"此崔譔本原作"堂坳"之证。六朝诸家《庄子》以崔本为最善,此又一事也。[③]（按:此乃《逍遥游》"覆杯水于坳堂之上"校语)

余疑崔本作"阎"者,字借为"焰"。"炎炎""焰焰"皆以火为譬。《说文》:"炎,火光上也。从重火。"《诗·云汉》:"赫赫炎炎。"《尔雅·释训》:"炎炎,熏也。"炎炎为火盛之貌,大言似之。

---

① 高亨.诸子今笺·庄子今笺[M].民国二十四年开封歧文斋刊本:1.
② 高亨.诸子今笺·庄子今笺[M].民国二十四年开封歧文斋刊本:1.
③ 高亨.诸子今笺·庄子今笺[M].民国二十四年开封歧文斋刊本:1—2.

> 《说文》:“焰,火行微焰焰也。从火,臽声。”《书·洛诰》:“无若火始焰焰。”焰焰为火微之貌,小言似之。“阎”“焰”并从臽声,古通用,故崔本作“阎”。六朝诸家《庄子》,以崔本为最善,此又一事也。①（按:此乃《齐物论》“小言詹詹”校语）

> 王念孙曰:“作‘波随’者是也。‘蛇’‘何’‘靡’‘随’为韵。”亨按:王说甚韪。六朝诸家《庄子》以崔本为最善,此又一事也。②（按:此乃《应帝王》“因以为波流”校语）

凡列五处证据。但笔者认为前四种说法并不能完全成立,“垂天”“水击”“坳堂”意思也通顺,只能说明崔本和今本不同而已。第五种从用韵角度来说,崔本较今本要好一些。但高亨只注意到崔本比今本好的地方,所以说“崔本为最善”,而崔本也有比今本差的地方,且不比高氏所举例少。今亦以内篇为例,列之如下:

1.《齐物论》:“道恶乎隐而有真伪? 言恶乎隐而有是非?”《释文》:“真伪,一本作‘真诡’,崔本作‘真然’。”③按:下“是非”相反,此“真伪”相反,作“伪”字要比崔本的“然”字好,即使“诡”也比“伪”要通顺④。崔本的“然”当是“为”之形讹,“为”字,居延旧简※480·3书作“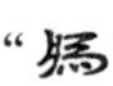”⑤,居延新简 E. P. T52:15 作“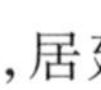”⑥,汉隶“为”字上部

---

① 高亨. 诸子今笺·庄子今笺[M]. 民国二十四年开封歧文斋刊本:4.

② 高亨. 诸子今笺·庄子今笺[M]. 民国二十四年开封歧文斋刊本:26.

③ (唐)陆德明. 经典释文[M]. 北京:中华书局,1983:363.

④ 按:此当作“伪”字是,“诡”乃“伪”之假字。《渔父》:“以危其真。”《释文》:“危,或作‘伪’。”可为二字相假之证。

⑤ 李瑶. 居延旧简文字编[D]. 吉林大学博士论文,2014:194. 按:原字漫漶,此笔者重新临摹。

⑥ 白海燕. “居延新简”文字编[D]. 吉林大学博士论文,2014:200.

“爫”多书为“夕”，其字形与“然”相近，因讹作“然”。

2.《齐物论》：“而游乎尘垢之外。”《释文》：“而游，向、崔本作‘而施’。”①按：《大宗师》“而游乎天地之一气”、《骈拇》“而游乎道德之间”、《达生》“游乎万物之所终始”等《庄子》屡见，则崔本作“施”是误字。

3.《人间世》：“仰而视其细枝。”《释文》：“仰而，向、崔本作‘从而’。”②按：此句与下“俯而视其大根”相对，作“仰”字是。③

4.《人间世》：“求狙猴之杙者斩之。”《释文》：“杙，崔本作‘柭’，音跋，云：‘枷也。’”④按：崔本乃误字，详第二章说。

5.《人间世》：“则支离攘臂于其间。”《释文》：“崔本作‘攘臂于其开’，云：‘开门中也。’”⑤按：“间”字是，“开（開）”乃“间（間）”之形讹，见下说。⑥

6.《德充符》：“独成其天。”《释文》：“崔本‘天’字作‘大’，云：‘类同于人，所以为小；情合于天，所以为大。’”⑦按：“天”字与上“人”“身”相韵，“大”乃“天”之形讹。

7.《大宗师》：“在太极之先而不为高。”《释文》：“之先，一本作‘之先未’，崔本同。”⑧按：此句与“在六极之下而不为深”对文，崔本

① （唐）陆德明. 经典释文[M]. 北京：中华书局，1983：364.

② （唐）陆德明. 经典释文[M]. 北京：中华书局，1983：367.

③ 向、崔本作“从”者，疑一本“仰”脱“卩”部，仅余“亻𠂎”，而“𠂎”为反“人”，故变为两人之“从”，后又改作“從”耳。

④ （唐）陆德明. 经典释文[M]. 北京：中华书局，1983：367.

⑤ （唐）陆德明. 经典释文[M]. 北京：中华书局，1983：367.

⑥《德充符》：“闷然而后应。”《释文》引崔云：“有顷之间也。”“闷”无此义，疑崔本“闷”即作“间”，《大宗师》：“莫然有间。”李云：“间，顷也。”与此处之误同理。“闷（悶）”“间（間）”“开（開）”形近。

⑦ （唐）陆德明. 经典释文[M]. 北京：中华书局，1983：369.

⑧ （唐）陆德明. 经典释文[M]. 北京：中华书局，1983：369.

“先”作“先末”不确。

此内篇即见七处,何况外篇、杂篇?且此数处错误明显,较之高亨所论,更能取信于人。那么我们是否可以得出“六朝诸家《庄子》以崔本为最差”的结论?显然是不可以的。笔者的观点是崔本最古,且崔氏不轻改字,保留了所见本的原貌。故崔本即使是错误的,也可以通过其错误推论古本《庄子》的情况。今举例论证如下:

1.《齐物论》有如下一段文字:

> 夫道未始有封,言未始有常,为是而有畛也。请言其畛:有左,有右,有伦,有义,有分,有辩,有竞,有争,此之谓八德。六合之外,圣人存而不论;六合之内,圣人论而不议;《春秋》经世先王之志,圣人议而不辩。故分也者,有不分也;辩也者,有不辩也。曰:何也?圣人怀之,众人辩之以相示也。故曰:辩也者,有不见也。

《释文》:“有左,有右,崔本作‘宥在,宥也’。有伦,有义,崔本作‘有论,有议’。”①有两处和今本不同。根据后文“有伦,有义,有分,有辩,有竞,有争”,显然“宥”应该读作“有”。“伦”和“论”、“义”和“议”是通假的关系。笔者从崔本“伦”“义”作“论”“议”得到启示,即“论”“议”义同,“分”“辩”义同,“竞”“争”义同,而“左”“右”义是相反的,所以“左”“右”二字存在问题。从“六合之外”以下,分别对这八点进行论述,“论”“议”“辩”“分”皆有承,但“存而不论”的“存”不在八德之内,而“竞”“争”在下文没有相应的论述。根据崔本有“在”、文中有“存”,笔者认为“有左,有右”应该作“有在,有存”。

① (唐)陆德明.经典释文[M].北京:中华书局,1983:363.

"左"和"在"形近而讹,清华简《皇门》:"公格在库门。"①今《逸周书·皇门解》"在"作"左"②,即二字相讹之证。"右""也"皆"存"之形讹,上面提到《齐物论》"而游",崔本作"而施","游"之右与"存"字形近,"施"之下即"也"字,两处误因相近。综上,八德应该作:"有在,有存,有论,有议,有分,有辩,有竞,有争。"但后面也有错误,从"存而不论""论而不议""议而不辩"来看,是递进的,则《庄子》原文当先论何为"圣人不存",接着分别论"圣人在而不存""圣人存而不论""圣人论而不议""圣人议而不分""圣人分而不辩""圣人辩而不竞""圣人竞而不争"。从"分也者,有不分也;辩也者,有不辩也"来看,原文当还有"在也者,有不在也""存也者,有不存也""论也者,有不论也""议也者,有不议也""竞也者,有不竞也""争也者,有不争也"六处文句。后面又接着对这八句进行分析,末句结以"故曰:在也者,有不在也""故曰:存也者,有不存也""故曰:论也者,有不论也""故曰:议也者,有不议也""故曰:分也者,有不分也""故曰:辩也者,有不辩也""故曰:竞也者,有不竞也""故曰:争也者,有不争也"。综合以上所论,此段原文大体当作:

> 夫道未始有封,言未始有常,为是而有畛也。请言其畛:有在,有存,有论,有议,有分,有辩,有竞,有争,此之谓八德。……,圣人不在;……,圣人在而不存;……,圣人存而不论;……,圣人论而不议;……,圣人议而不分;……,圣人分而不辩;……,圣人辩而不竞;……,圣人竞而不争。故在也者,有不在也;存也者,有不存也;论也者,有不论也;议也者,有不议也;分也者,有不分

① 李学勤主编. 清华大学藏战国竹简(壹)[M]. 上海:中西书局,2010:164.

② 黄怀信、张懋镕、田旭东. 逸周书汇校集注(修订本)[M]. 上海:上海古籍出版社,2007:543.

也;辩也者,有不辩也;竞也者,有不竞也;争也者,有不争也。曰:何也?……,故曰在也者,有不在也;……,故曰存也者,有不存也;……,故曰论也者,有不论也;……,故曰议也者,有不议也;……,故曰分也者,有不分也;……,故曰辩也者,有不辩也;……,故曰竞也者,有不竞也;……,故曰争也者,有不争也。

从所补来看,此文脱漏了大量的内容,今本改订太过,不能依今本作解释。今本有误,崔本也有误,但因为崔本不轻改文字,为我们推导《庄子》原文提供了帮助。

2.《人间世》:"挫针治繲。"《释文》:"繲,崔作'緥',音线。"①马叙伦曰:"繲,当依崔本作'緥',形近而讹。'緥'字《说文》不收,盖从系,鲜声,当为'线'之别体,音同心纽也。"②王叔岷曰:"繲,当从崔作'緥'音线为长。'挫针治緥'为一事,谓缝衣也;下文"鼓策播精"为一事,谓筛米也。解,俗书作'觧',与'鲜'形近,往往相乱,(《礼记·月令》:"季夏行春令,则谷食鲜落。"《吕氏春秋·季夏纪》"鲜"作"解"。《墨子·节葬》篇:"越之东有轸沭之国者,其长子生则解而食之。"《鲁问》篇"解"作"鲜"。并其比。)盖'緥'误为'繲',复易为'繲'耳。"③按:马、王说并是,银雀山竹简《守法守令·七》:"针緥之事。"④即书作"緥"。

3.《人间世》:"则支离攘臂于其間。"《释文》:"崔本作'攘臂于其開',云:'開门中也。'"⑤此处作"間"显然是对的,崔氏之解乃就

① (唐)陆德明.经典释文[M].北京:中华书局,1983:367.
② 马叙伦.庄子义证[M].上海:商务印书馆,1930:卷四.
③ 王叔岷.庄子校诠[M].台北:"中研院"历史语言研究所,1999:165.
④ 银雀山汉墓竹简整理小组.银雀山汉墓竹简(壹)[M].北京:文物出版社,1985:142.
⑤ (唐)陆德明.经典释文[M].北京:中华书局,1983:367.

字形强为之说耳。但作“開”并不是误字,而是古字。“開”下的“开”本字当是“幵”,见母元部,仍读作“間”。“幵”“开”后来书写混同,所以崔氏误以为“開门”的“開”。《尚书·禹贡》:“导岍及岐。”①“岍”音溪先反,亦从幵得声,《释文》:“马本作‘開’。”②马本“開”与此文崔本的“開”为一字。显然崔本的“開”是古字假字,而“間”为今字正字。

4.《大宗师》:“阴阳之气有沴。”《释文》:“沴,崔本作‘瀰’,云:‘满也。’”③《集韵·霁韵》:“《庄子》:‘阴阳之气有㶫。’崔譔说。”④即用《释文》,下从土,不从玉。考楚汉简帛从爾之字多书作“垩”,据《集韵》,则崔本本作“㶫”,乃古字也。⑤

5.《大宗师》:“以汝为鼠肝乎?以汝为虫臂乎?”《释文》:“虫臂,‘臂’亦作‘腸(肠)’,崔本同。”⑥闻一多曰:“‘臂’与‘䏶’通。《集韵》曰:‘䏶,脐也。’《释名·释形体》曰:‘脐,剂也,肠端之所限剂也。’疑古亦通称肠曰脐,一曰䏶。脐即肠,故崔本作‘肠’。此以肝与䏶对举,皆脏腑之属,故《五音集韵》又曰:‘䏶,腑也。’”⑦闻一多注意到了“鼠肝”为老鼠的内脏,而“虫臂”为虫子之肢体,与“鼠肝”不相对,故将“臂”读作“䏶”。但“䏶”是肚脐,和“肠”义有别,闻氏从“疑古”以下全是推论,是为了证明“䏶”就是“肠”而强说。今按:“臂”又作“肠”者,“臂”当是“脊”之形讹,《山海经·海外北经》:“无

---

① (清)阮元校刻.十三经注疏·尚书正义[M].北京:中华书局,1980:151.

② (唐)陆德明.经典释文[M].北京:中华书局,1983:40.

③ (唐)陆德明.经典释文[M].北京:中华书局,1983:370.

④ (宋)丁度等.宋刻集韵(第2版)[M].北京:中华书局,2005:144.

⑤ “沴”与“尒”同,“尒”又与“爾”同,楚简“爾”多书作“尒”。又包山楚简有“沴鉩”,“鉩”即“玺”字。

⑥ (唐)陆德明.经典释文[M].北京:中华书局,1983:370.

⑦ 闻一多.古典新义[M].北京:商务印书馆,2017:238—239.

胥之国,在长股东,为人无胥。”[①]郭璞注:“胥,肥肠也。”[②]《庄子》旧本一作“胥”,一作“肠”,义同;后世寡见“胥”字,因讹作“臂”。

6.《应帝王》:“确乎能其事者而已矣。”《释文》:“确乎,苦学反。李云:‘坚貌。’崔本作‘橐’,音托。”[③]马叙伦曰:“崔本作‘橐’者,鱼侯声近通借。”[④]马氏多以音转释诸本之不同,但缺乏直接证据。此处崔本“橐”字当为“槀”之形讹,《天下》篇:“禹亲自操橐耜而九杂天下之川。”《释文》:“槀,旧古考反,崔、郭音托,字则应作‘橐’。”[⑤]也是“槀”误作“橐”,可为二字互讹之证。古从高从确通,平入对转。《周易·家人》:“家人嗃嗃。”[⑥]《释文》:“嗃嗃,荀作‘确确’。”[⑦]《系辞下》:“夫乾确然,示人易矣。”[⑧]马王堆帛书本《周易》“确”作“蒿”[⑨]。并其证。则崔本作“槀”,当为古字;今本作“确”,乃后人易以本字也。

7.《应帝王》:“纷而封哉!”《释文》:“封哉,崔本作‘戎’,云:‘封戎,散乱也。’”[⑩]此文亦见《列子·黄帝》篇,亦作“戎”字,崔本是,前人论述甚多。如郭庆藩引李桢说:“‘封戎’是也。六句并韵语。‘食豕’二句,‘人’‘亲’为韵。‘雕琢’二句,‘朴’‘立’为韵。‘纷而’二句,‘戎’‘终’为韵。‘哉’字,传写之讹。下四亦韵语。惟崔本不误,

---

① 袁珂.山海经校注[M].上海:上海古籍出版社,1980:229.
② 袁珂.山海经校注[M].上海:上海古籍出版社,1980:230.
③ (唐)陆德明.经典释文[M].北京:中华书局,1983:372.
④ 马叙伦.庄子义证[M].上海:商务印书馆,1930:卷七.
⑤ (唐)陆德明.经典释文[M].北京:中华书局,1983:403.
⑥ (清)阮元校刻.十三经注疏·周易正义[M].北京:中华书局,1980:50.
⑦ (唐)陆德明.经典释文[M].北京:中华书局,1983:25.
⑧ (清)阮元校刻.十三经注疏·周易正义[M].北京:中华书局,1980:86.
⑨ 裘锡圭主编.长沙马王堆汉墓帛书集成(叁)[M].北京:中华书局,2014:74.
⑩ (唐)陆德明.经典释文[M].北京:中华书局,1983:372.

与《列子》同。”①宣颖、马其昶、朱桂曜、闻一多、武延绪、章炳麟、胡远浚、李哲明、王叔岷等皆以作“戎”是。

8.《在宥》:“岂直过也而去之邪,乃齐戒以言之,跪坐以进之,鼓歌以儛之。”《释文》:“之邪,崔本唯此一字作‘邪’,余皆作‘咫’。”②冈松辰曰:“王引之引其家说曰:‘旧本盖作“岂直过也而去之邪?乃齐戒以言之邪,跪坐以进之邪,鼓歌以儛之邪”,上一“邪”字与“乎”同义,下三“邪”字与“也”同义。今本无下三“邪”字者,后人妄删之也。《释文》出“而去之邪”四字,……是陆所见本“去之”“言之”“进之”“儛之”下皆有“邪”字,崔本则上一“邪”字作“邪”,而下三“邪”字皆作“咫”也。’”③其说是(引王说见《经传释词》卷四)。陆氏所见本尚未脱,未知何时脱去。

9.《在宥》:“地气郁结。”《释文》:“结,崔本作‘绾’,音结。”④此条第一章已分析,“绾”乃“䋮”之形讹,“䋮”即“结”。“䋮”字见《侯马盟书》。

10.《在宥》:“祸及止虫。”《释文》:“止虫,如字,本亦作‘昆虫’,崔本作‘正虫’。”⑤“止虫”“正虫”不见字书,所以后来赵谏议本、宋高宗间刻本、覆刻本等均作“昆虫”。后世也歧说纷出,如方以智、俞樾、王懋竑、洪颐煊、阮毓崧等认为“止虫”当作“豸虫”。孙诒让认为:“崔本是也。‘正’与‘贞’通。《墨子·明鬼》篇云:‘百兽贞虫。’又《非乐》篇云:‘蜚鸟贞虫。’《淮南子·原道训》云:‘蚑蛲贞虫。’(《地形训》《说山训》亦并有‘贞虫’之文。)字又作‘征’,《大戴礼

① (清)郭庆藩.庄子集释[M].北京:中华书局,1961:307.
② (唐)陆德明.经典释文[M].北京:中华书局,1983:376.
③ [日]冈松辰.庄子考[M].日本明治四十年中野镁太郎排印本:卷三.
④ (唐)陆德明.经典释文[M].北京:中华书局,1983:377.
⑤ (唐)陆德明.经典释文[M].北京:中华书局,1983:377.

记·四代》篇云:‘蜚征作。’犹《墨子》云‘蜚鸟贞虫’。征虫,即谓能行之虫也,《新语·道基》篇亦有‘行虫走兽’之文。‘正’‘贞’皆声近假借字。”①奚侗、刘文典说同。但是文献中没有“征虫”出现,后笔者读上博简,才找到了直接的证据。笔者论证说:

> 孙说“止”作“正”而假作“征”是也,上博简《用曰》:“征虫飞鸟,受物于天。”即其证。又清华简《成人》:“乃降庶稷、群兽、非正。”“非正”读作“飞征”,即“征虫”可作“正虫”之证。《成人》篇“飞征”与“群兽”对,“兽”指禽兽,“飞”指飞鸟,则“征”当指爬行之虫,《新语》作“行虫”,亦可证。《尔雅·释言》:“征,行也。”若《墨子》《淮南》之“贞虫”,“贞”亦读作“征”,《诗经·小雅·节南山》:“不自为政。”《礼记·缁衣》引“政”作“正”,郭店楚简《缁衣》作“贞”。《易·困》上六:“征吉。”马王堆帛书“征”作“贞”。即二字相假之证。

至此,笔者方觉该问题得到完美解决。说明崔本作“正”才是对的,“止”是“正”之形讹,“昆”字则是后人不明“止”乃误字而妄改。

11.《天地》:“沛乎其为万物逝也。”《释文》:“崔本‘逝’作‘启’,云:‘开也。’”②此条第二章已论,作“逝”是。但本字应该作“歒”,“歒”即楚文字“逝”字,崔本以形讹作“启(啟)”。

12.《天运》:“荡闻之。”《释文》:“一本‘荡’作‘盈’,崔本同。或云:‘盈,大宰字。’”③荡指太宰荡自己,杜多秀峰曰:“对人而言可称

① (清)孙诒让. 札迻[M]//《续修四库全书》第1164册,上海:上海古籍出版社,2002:58—59.

② (唐)陆德明. 经典释文[M]. 北京:中华书局,1983:377.

③ (唐)陆德明. 经典释文[M]. 北京:中华书局,1983:380.

其名,不可称字,旧疏可疑。"[①]古代跟人说话,只能称自己的名,不可以说自己的字,所以把"盈"解释为"太宰字"是不对的。"盈"和"荡"当有一误,"荡"或体作"盪","盈"或体作"盥"(见清华简《郑武夫人规孺子》《赵简子》等),两字字形是极为相近的。那么哪个字合理一些?笔者在校勘过程中,曾发现一个规律:当两字形近而讹,一为常见字,一为寡见字,则寡见字为本字之可能性最大。此处亦可用该规律解释,"盪"是常见字,"盥"是寡见字,后人可能会将"盥"误整理为"盪",但将"盪"整理成"盥"的概率极小,故崔本作"盈"可能为《庄子》原貌。此章前面的"荡"也应该是"盥"之误。

13.《秋水》:"今我睹子之难穷也。"《释文》:"'今我睹',崔本作'今睹我',云:'睹,示也。'"[②]"睹"古代无"示"的意思,崔本正当作"䁖",即是古"示"字。清华简《周公之琴舞》有"䁖告余显德之行"[③],"䁖"亦读作"示"。字又作"眡",《礼记·缁衣》引《诗·小雅·鹿鸣》"示我周行"[④],上博简《缁衣》引"示"作"眡"[⑤]。(郭店简《缁衣》"示"作"旨"。)"䁖"和"睹"形近,当有一误。根据上条对常见字、寡见字的论述,崔本很可能为《庄子》原貌。

崔本和今本的差距还有很多,以上十三条是笔者在作《汇考》之时,得出的观点比较确定的。从以上论述可知:第一,崔本不是最善的,但绝对是最古的。第二,崔氏在注《庄子》之时,不轻改原字,其对《庄子》原貌的保留,有利于我们推知《庄子》旧本情况。关于崔本最

---

① [日]杜多秀峰.郭注庄子覈玄[M].日本文化元年壬枝轩刊本:卷七.

② (唐)陆德明.经典释文[M].北京:中华书局,1983:382.

③ 李学勤主编.清华大学藏战国竹简(叁)[M].上海:中西书局,2012:164.

④ (清)阮元校刻.十三经注疏·礼记正义[M].北京:中华书局,1980:1650.

⑤ 马承源主编.上海博物馆藏战国楚竹书(一)[M].上海:上海古籍出版社,2001:196.

古，还有些证据，如《史记·庄子列传》：“畏累虚、亢桑子之属。”①今《庄子·庚桑楚》篇“累”作“垒”，《释文》：“垒，崔本作‘累’。”②只有崔本和《史记》相合。又据《释文》所引，崔本文字较今本为多，《齐物论》“无物不然，无物不可”《释文》：“崔本此下更有‘可于可，而不可于不可，不可于不可，而可于可’。”③《大宗师》“而比于列星”《释文》：“崔本此下更有‘其生无父母，死，登假三年而形遁。此言神之无能名者也’，凡二十二字。”④“蘧然觉”《释文》：“崔本此下更有‘发然汗出’一句。”⑤“乃入于寥天一”《释文》：“天一，崔本作‘眇不及雄漂潒，雄漂潒不及簟筮，簟筮乃入于漻天一’。”⑥《在宥》“焉知曾史之不为桀跖嚆矢也”《释文》：“崔本此下更有‘有无之相生也，则甚曾史与桀跖生有无也，又恶得无相毂也’，凡二十四字。”⑦这些有些可能是注文羼入，但像“蘧然觉”“乃入于寥天一”两处崔本异文绝对是正文。

崔譔和其他注家的不同，还在于崔氏在注《庄子》的时候，既搜罗了古人的注，也搜罗了其他版本。上章所论班固本以及班固注，皆出自崔氏转引。《人间世》“足以餬口”《释文》引崔云：“字或作‘互’，或作‘餂’。”⑧并其证。所以笔者怀疑崔氏有的注可能是用旧注，而非出于崔氏自注。如上文第13条《秋水》：“今我睹子之难穷也。”崔

---

① (汉)司马迁撰，(南朝宋)裴骃集解，(唐)司马贞索隐，(唐)张守节正义.史记[M].北京：中华书局，1959：2144.
② (唐)陆德明.经典释文[M].北京：中华书局，1983：390.
③ (唐)陆德明.经典释文[M].北京：中华书局，1983：363.
④ (唐)陆德明.经典释文[M].北京：中华书局，1983：370.
⑤ (唐)陆德明.经典释文[M].北京：中华书局，1983：371.
⑥ (唐)陆德明.经典释文[M].北京：中华书局，1983：371.
⑦ (唐)陆德明.经典释文[M].北京：中华书局，1983：377.
⑧ (唐)陆德明.经典释文[M].北京：中华书局，1983：367.

本释“睹”为“示”，但据笔者所论，“睹”当作“䝖”，即古“示”字，不可能以同字释本字，故笔者怀疑崔本所见仍作“睹”，但释作“示”却是古训。

当然，崔氏也有一个缺点，他过于相信原文，不去怀疑，强行解释，这就有点固执了。像上文提到《人间世》“则支离攘臂于其间”、《德充符》“独成其天”两则，错误很明显，稍微有点校勘常识、文献常识的人基本都能发现。而崔氏根据误字作解，其强说之弊亦皦然也。

二、向秀注与郭象注的关系。

该问题从古到今讨论的很多，在此笔者谈一下自己的一些想法。向本与崔本最为相近，故两者当有一定的关系。《释文》说崔本内篇七、外篇二十，凡二十七篇；向本有二十六、二十七、二十八篇之说，无杂篇，和崔本至多有一篇之差。又《释文》所引诸家版本，向本、崔本相同处最多，而郭本多不同。版本不一样，文字有差别，郭象如果全窃向注，是不可能的。先看一下《世说新语·文学》原文：

> 注《庄子》者数十家，莫能究其旨统。向秀于旧注外别为解义，妙析奇致，大畅玄风。唯《秋水》《至乐》二篇未竟而秀卒。秀子幼，义遂零落，然犹有别本。郭象者，为人薄行，有俊才。见秀义不传于世，遂窃以为己注，乃自注《秋水》《至乐》二篇，又易《马蹄》一篇，其余众篇，或定点文句而已。后秀义别本出，故今有向、郭二《庄》，其义一也。①

《晋书·郭象传》亦载录其事，说同。第一个问题，“唯《秋水》《至乐》二篇未竟而秀卒。秀子幼，义遂零落，然犹有别本”，根据这句话，一是《秋水》《至乐》二篇无向注，二是向秀未注完《庄子》即去

① 余嘉锡．世说新语笺疏［M］．北京：中华书局，1983：206.

世，三是郭象之前向秀注很少流传。考《秋水》篇“望洋向若而叹曰”《释文》：“向若，向、徐音向，许亮反。”①“不似礨空之在大泽乎”《释文》：“礨，力罪反，向同。”②“证向今故”《释文》：“向，向、郭云：‘明也。’”③“捕鼠不如狸狌”《释文》：“狌，音姓，向同。”④“昼出瞋目而不见丘山”《释文》：“瞋，尺夷反，向处辰反。”⑤“与道大蹇”《释文》：“蹇，向纪辇反。”⑥则《秋水》篇有向注无疑。⑦《至乐》篇则确无向注，⑧然足证《秋水》《至乐》无向注说非也。《晋书·向秀传》：“始，秀欲注，嵇康曰：‘此书讵复须注，正是妨人作乐耳。’及成，示康曰：‘殊复胜不？’”⑨是向秀注完《庄子》尚在世也。又曰：“秀乃为之隐解，发明奇趣，振起玄风，读之者超然心悟，莫不自足一时也。惠帝之世，郭象又述而广之。”⑩是郭象之前，向本已盛于世，非郭象书出方为人大知也。《世说》曰“又易《马蹄》一篇”者，言《马蹄》一篇郭象不用向注，自解其文，此无可对比之证据，故不论。曰“其余众篇，或点定文句而已”者，言《秋水》《至乐》《马蹄》三篇之外，余篇与向注全同。考《齐物论》“为其脗合”《释文》：“脗，郭音泯，无波际之貌。向音脣，云：‘若两脣之相合也。’”⑪《养生主》“官知止而神欲行”郭注：

① （唐）陆德明. 经典释文[M]. 北京：中华书局，1983：382.

② （唐）陆德明. 经典释文[M]. 北京：中华书局，1983：382.

③ （唐）陆德明. 经典释文[M]. 北京：中华书局，1983：382.

④ （唐）陆德明. 经典释文[M]. 北京：中华书局，1983：382.

⑤ （唐）陆德明. 经典释文[M]. 北京：中华书局，1983：382.

⑥ （唐）陆德明. 经典释文[M]. 北京：中华书局，1983：382.

⑦ 《秋水》篇向注仅见于秋水与河伯对话，“夔怜蚿”以下无向注，也无崔注，似既可作为“夔怜蚿”以下向、崔本皆无之证据，也可作为此下非一章之证据。

⑧ 《释文》引崔注亦仅两条，所以也有可能此文向注本来就少，故陆氏未引。

⑨ （唐）房玄龄等. 晋书[M]. 北京：中华书局，1974：1374.

⑩ （唐）房玄龄等. 晋书[M]. 北京：中华书局，1974：1374.

⑪ （唐）陆德明. 经典释文[M]. 北京：中华书局，1983：361.

"司察之官废，纵心而顺理。"《释文》："向云：'从手放意无心而得，谓之神欲。'"①《在宥》"乔诘卓鸷"《释文》："卓，郭丁角反，向音箪。"②《庚桑楚》"日中穴阫"郭注："无所复顾。"《释文》："穴阫，向音裴，云：'阫，墙也。言无所畏忌。'"③是向、郭注亦不全同也。故《世说》所言，几无一言可信。

今本向秀阐理之说，以《列子》保留最多，又杂见陶弘景《养性延命录》、李善《文选注》、张君房《云笈七签》等书，较其文字，有全不同者，有相近者，有几于一字无差者。以相同、相近之文例之，则郭象于向秀注必有因袭也。然郭象之注音、释字、阐理自有与向不同者，谓之"窃"则过矣。且《世说》叙事亦有一大纰漏，即所论之前提，乃向秀、郭象本相同也。向本、崔本为一系统，郭本为一系统，篇目有不同，章节有不同，文句有不同，若以窃他人注为事，又何必劳费心力编为三十三篇邪？古人著述，多相因袭，自然之理，《淮南》之袭《庄子》，即其例也。又郑樵之斥班固曰："班固者，浮华之士也，全无学术，专事剽窃。"④以班固著《汉书》多直接用《史记》也。而《史记》之成，亦集《尚书》《国语》《左传》《国策》之文，且有其父所著，何不谓太史公抄袭欤？盖古人为书，见有善者而择之，无所谓抄袭也。后世版权意识渐浓，视此为丑，故责于郭象。高诱注《淮南》，或袭许注，而不云出自许。即以《庄子》例之，成玄英疏阐理之外，其释词多袭《释文》；林疑独之注，又多袭成疏，岂可谓之抄袭乎？

然一说又必有所自，郭象注何以被后人视作剽窃向秀？2016年笔者曾写过一篇《"近乡情更怯，不敢问来人"是思乡吗》⑤，探讨宋之

---

① (唐)陆德明.经典释文[M].北京：中华书局，1983：365.

② (唐)陆德明.经典释文[M].北京：中华书局，1983：376.

③ (唐)陆德明.经典释文[M].北京：中华书局，1983：390.

④ (宋)郑樵.通志[M].北京：中华书局，1987：总序·志一.

⑤ http://pinglun.iqilu.com/weipinglun/baiwei/2016/0814/2966219.shtml.

问《渡汉江》的作者问题，因为此诗作者另有题作李频的。释皎然《诗式》曾引此诗，题作"宋之问《渡汉江》"①，释皎然早于李频，《诗式》亦单引前人而不引时人之作，可见作宋之问是无误的。笔者因据《全唐诗》调查了宋之问其它诗歌，发现其诗歌多别有作者，如《述怀》《暮秋言怀》，或题魏征作；《白帝怀古》，或题陈子昂作；《咏宝剑》，或题崔融作；《新年作》，或题刘长卿作；《咏月》，或题康庭芝、沈佺期作；《铜雀妓》，或题沈佺期作；《艳青代郭氏答卢照邻》，或题骆宾王作，等等。古代一首诗分署两个作者很常见，但像宋之问很多诗署有两个作者乃至三个作者则不多见。笔者认为这种现象可能跟宋之问的人品有关，宋之问依附张易之兄弟，告发帮助他的朋友张仲之，导致"深为义士所讥"（《旧唐书·文苑传》）②。子贡曰："纣之不善，不如是之甚也。是以君子恶居下流，天下之恶皆归焉。"（《论语·子张》）③一个人一旦被认作是坏人，那么很多不是他作的事情，可能别人也依附到他身上，所以世传宋之问害死了刘希夷；同样很多所谓的好的事情，也渐渐从他身上剥离，所以宋之问很多诗歌被加到其他人身上。笔者怀疑世传郭象剽窃之说也可能与此现象有关，《晋书·郭象传》言郭象："东海王越引为太傅主簿，甚见亲委，遂任职当权，熏灼内外，由是素论去之。"④"素论去之"和宋之问的"深为义士所讥"是相同的，皆说明在活着的时候郭象已经为天下正直之士所不耻。但郭象注《庄子》毕竟就玄理来说，是当时最好的注本；郭象整理本《庄子》，也是当时最好的版本。学术乃天下之公器，不能因为郭象的人品而否认其学术性。而郭象人品又不行，学者一边夸赞着郭象

① （唐）释皎然. 诗式［M］. 清光绪年间十万卷楼丛书本：卷四.

② （后晋）刘昫等. 旧唐书［M］. 北京：中华书局，1975：5025.

③ 杨伯峻. 论语译注［M］. 北京：中华书局，1980：203.

④ （唐）房玄龄等. 晋书［M］. 北京：中华书局，1974：1397.

的书，一边骂着郭象的人，内心总是觉得别扭。见其注多用向秀注，于是便构拟郭象剽窃向秀的说法。如此，一边夸赞着向秀的书，一边骂着郭象的人，心里便舒畅多了。

三、李颐注。

《释文》引《李颐集解》三十卷，一共三十篇，一作三十五篇，和今本卷数均不一样。考今三十三篇中皆有李注，则李本于今本但多不少。又李颐为音一卷，《释文》又有李轨音一卷，后世注家于《释文》中“李音”或云李颐音，或云李轨音。《释文》不云李轨有注，而其引“李云”则皆为李颐，则“李音”亦当指李颐，非言李轨。惟未审《释文》既言李轨有音一卷，是尝见之，何以书中未引。

李氏书曰《集解》，则当是合前代诸家注解而别为之说，其注音释词当有古训在内，惜乎不能别之。今就其似旧音者，择而论之：

1.《逍遥游》：“其名为鲲。”

鲲为何物，诸家注说纷纭，迄无定论。概而言之，有三种说法：其一，以“鲲”为“鲸”之误字。《释文》：“崔譔云：‘“鲲”当为“鲸”。’简文同。”①奚侗从之。② 其二，鲲即《尔雅·释鱼》之鱼子，《庄子》乃以小鱼喻大鱼，明齐物之旨。陈景元曰：“鲲，公浑切，《尔雅》：‘鱼子也。’名鲲者，谓鱼卵初化，未辩鲸鳅，取其混同之义，盖言鲲尔。”③罗勉道曰：“鲲，《尔雅》云：‘凡鱼之子总名鲲。’故《内则》‘卵酱’读作‘鲲’。《鲁语》亦曰：‘鱼禁鲲鲕。’皆以鲲为鱼子。庄子乃以至小为

---

① （唐）陆德明. 经典释文[M]. 北京：中华书局，1983：360.

② 王叔岷认为鲲即鲸，其曰：“鲲即鲸，《文选》宋玉《对楚王问》：‘鸟有凤而鱼有鲲。”’《新序·杂事》第一、《御览》九三八引晋孔衍《春秋后语》、唐赵蕤《长短经·论士》篇‘鲲’皆作‘鲸’，则崔譔、简文谓‘“鲲”当作“鲸”’，说自有据，不得以为失也。”

③ （宋）陈景元. 南华真经章句音义[M]//《正统道藏》第 15 册，上海：上海书店出版社，1988：895.

至大,此便是滑稽之开端。”①王闿运、郭庆藩从之。其三,鲲乃大鱼,非小鱼。武延绪不同意上面两种说法,他说:“《尔雅·释鱼》:‘鲲,鱼子。’《鲁语》:‘鱼禁鲲鲕。’《类篇》或作‘鳏’‘鱹’,《释名》:‘鳏,昆也。’《尔雅·释鱼》疏:‘鳏,鱼子。“鳏”“鲲”字异,盖古字通用也。’《集韵》:‘鱹,鱼子也。’……鲧亦训大鱼,《玉篇》:‘鲧,大鱼也。’鳏之训大鱼者,《诗》:‘其鱼鲂鳏。’传:‘大鱼也。’《孔丛子·抗志》篇:‘卫人钓于河,得鳏鱼焉,其大盈车。子思问曰:“如之何得之?”对曰:“吾垂一鲂之饵,鳏过而不视。更以豚之半,则吞矣。”’……宋玉《对楚王问》持论本此,宋文正作鲲鱼,若疑为后人所改,则何不改‘凤凰’为‘鹏’邪?若疑为误,恐庄、列、宋三本不应皆误也。”②

上面哪种说法合理?《释文》:“鲲,徐音昆;李侯温反,大鱼名也。”③我们现在一般从徐邈音,读作昆。《释文》不引向、崔、司马、郭、简文之音,则诸人之读法亦不出此两音,而崔譔、简文疑为误字,则不明其义而改之。郭注:“鹏鲲之实,吾所未详也。”是郭象亦不明其义;郭象曾参向秀本,是向秀亦不明其义。司马说虽未见,然恐与诸家同。惟李颐音侯温反,而云“大鱼名也”,与诸家不同。李说源自何处?笔者认为:

> 李音侯温反者,读同“混”,《说文》“混”字有二,《水部》:“混,丰流也。”乃水流混大之专用字;《欠部》:“歑,昆干,不可知也。”《玉篇》作“鱁”,云:“鱁,鱁于,不可知也。”吴颖芳云:

① (宋)罗勉道.南华真经循本[M]//《正统道藏》第16册,上海:上海书店出版社,1988:22.

② 武延绪.庄子札记[M].民国二十一年永年武氏所好斋《所好斋札记》本:卷一.

③ (唐)陆德明.经典释文[M].北京:中华书局,1983:360.

"'干'为'屯'之讹。"是"昆干""昆于"并当作"昆屯"，此即"混沌"之"混"用字，李读此字。"鱖"正字疑当为"⿰鱼⿰罤欠"，《说文》："罤，周人谓兄曰罤。""罤"即今"昆"字。(今或书作"⿱日弟"，乃"罤"之形讹。)《说文》："⿱艹罤，草也。"朱骏声云："⿱艹罤，字亦作'菎'。《广雅·释草》：'菎，蓸也。'""⿰鱼⿰罤欠"盖从"⿰鱼罤"得声，"⿰鱼罤"又从"罤"得声，《说文》《玉篇》并乃省字也。"⿰鱼罤"即"鲲"字，本篇"其名为鲲"、宋玉《对楚王问》"鸟有凤而鱼有鲲"是也，又或省作"鳏"，下武延绪云："《诗》：'其鱼鲂鳏。'传：'大鱼也。'《孔丛子·抗志》篇：'卫人钓于河，得鳏鱼焉，其大盈车。子思问曰："如之何得之?"对曰："吾垂一鲂之饵，鳏过而不视。更以豚之半，则吞矣。"'"是也。"鹏"即"凤"字，"凤"从凡声，《说文》："凡，最括也。"混者，混同一体也。"凡""混"二字义同，故拟凤(鹏)为至大之鸟，而拟鲲为至大之鱼也。("鲲"从昆[混]有大义，犹"鲸"从京而为大鱼也，《尔雅·释诂上》："京，大也。")吾颇疑周楚文化中，"凤"皆虚拟之名；而"鲲"则不同，于周文化中"鲲"为实物，于楚文化中"鲲"为拟名。汉既一统，汉帝为楚人，其制则承周制，周楚文化并行，故"鲲"兼大鱼小鱼之义，而大鱼乃拟名之说则不闻也。故凡以"鲲"为小鱼者，周文化之孑遗也；以"鲲"为大鱼者，楚文化之孑遗也。

"鲲"音侯温反，即"⿰罤欠(鱖)"，乃"混沌"之"混"的本字。李颐在诸家皆不明其义的情况下读为侯温反，恐非知"鲲""混"二字的关系，而是相承之旧训。

2.《大宗师》："狶韦氏得之。"

《释文》："狶，许岂反，郭褚伊反，李音豕。"①许岂反切"稀"，褚

① (唐)陆德明. 经典释文[M]. 北京：中华书局，1983：369.

伊反切"绨","豨""稀""绨"两晋并属脂部。惟李颐音豕,声归审纽,韵属支部。《释文》引司马彪曰:"豨韦氏,上古帝王名。"①无他说。成玄英曰:"豨韦氏,文字已前远古帝王号也。"也不知为谁。直到明代吴伯敬方说:"豨韦氏,在燧人氏先。或疑即商之豕韦。"②后世王闿运、朱桂耀从之。陆德明只引了司马彪的注,说明诸家并无异意,李颐也解释成上古帝王,则李颐亦未将其与商代豕韦联系在一起。如果李颐是自注音豕,则必然认识到豨韦即豕韦才会如此注音;而李颐并不认为其即商代豕韦,则此当是相承旧音,李氏但承之而已,亦未作深思。

3.《秋水》:"垺,大之殷也。"

《释文》:"垺,李普回反,徐音孚,谓:'盛也。'郭芳尤反,崔音裒。"③徐音孚、郭音芳尤反、崔音裒,音同,并读帮母幽部,与"垺"音同。惟李音普回反,读作帮母微部,字当为"阫""培"等字。《庚桑楚》:"日中穴阫。"郭庆藩曰:"'阫'与'培'同。《淮南子·齐俗》篇:'凿培而遁之。'高诱注曰:'培,屋后墙也。'"④"阫"是屋外之墙,"垺"是城外之墙,两者意别,但在此文中均通。《释文》没说李本有异文,但李读"郛"为"阫(培)",说明《庄子》旧本可能有作此字而注此音的,李氏但承旧音,而没有考虑两字本非一字之问题。

以上三处,基本可以证明李本注音有对旧注的承袭,对我们正确理解《庄子》、推测《庄子》旧本情况有很大帮助。

以上是对晋代注本中几个相关问题的分析,还有司马彪注、徐邈注,此二家无特别之处,故辍而不论。总的来说,诸家注文,崔本最

---

① (唐)陆德明.经典释文[M].北京:中华书局,1983:369.

② (明)吴伯敬.南华经台县[M].明万历三十八年吴士京刊本:卷一.

③ (唐)陆德明.经典释文[M].北京:中华书局,1983:382.

④ (清)郭庆藩.庄子集释[M].北京:中华书局,1961:776.

古，文字往往有异，惟多据本字释义，其注浅薄；司马彪守汉人解诂传统，逐字逐句释其音义，故《文选注》《一切经音义》等引司马彪注特多；李颐善以假字注音，以李注解《庄》，往往能得《庄子》真谛，疑从古读而来；郭象注阐理最佳，魏晋以后玄学昌盛，故流布最广；徐邈多以时音读之，别于古音，故陆氏引徐音特多。

第十章　杂论

此章所论内容较杂，是笔者在作《汇考》时一些杂乱的观点，今汇为一篇。

一、文字学与《庄子》校勘。

校勘古书，是必须要熟悉古文字的。中国典籍每经过一次流传，就会出现一些错误，时间越早，里面的错误也越多。先秦典籍，大体经历了三次大的变化，第一次是先秦到汉代，汉人整理先秦典籍，固然功劳甚大，但秦文字之外，其他国家的文字和秦文字有着较大的差距，汉人整理者不可能全都认识，很多字可能整理错误。第二次是汉代到晋代，从出土的汉代简帛来看，汉代文字中的通假字仍旧甚多，但晋以后文字开始逐渐统一，书体也由汉隶向楷书转化，通假字改正字、隶书转楷书导致第二次文本的大变化。第三次是唐代到宋代，唐代文献传布仍以手抄为主，里面有大量的俗字；宋代雕版印刷逐渐盛行，雕版用颜体、柳体等正体，俗体向正体的转变导致了第三次大变化。每一次变化都会出现一些错误。所以校勘先秦古书，必须明先秦文字、汉隶、唐俗；校勘汉代古书，必须明汉隶、唐俗；校勘晋魏古书，必须明唐俗。典籍越早，对文字学的要求就越高。清代朴学取得如此高的成就，跟他们在文字学上的造诣是密切相关的。近现代大量简帛的出土，对我们重新校勘先秦两汉典籍提供了很大的帮助。笔者认为应该依靠出土简帛，对先秦两汉典籍再次进行系统地整理，不仅有利于文本的复原，也有利于对文献的正确解读。

前数章内笔者已经用古文字解决了众多《庄子》中的问题，此处笔者再从合文角度谈一下合文对校勘《庄子》的作用。《田子方》"文王观于臧"章："于是旦而属之夫夫曰。"其中"夫夫"一词难明，敦煌本、南宋高宗本、覆刻本、林希逸本、道藏本均作"大夫"。《释文》："司马云：'夫夫，大夫也。'一云：'夫夫，古读为"大夫"。'"①但文献中没有"夫夫"读作"大夫"的例子，两种说法缺乏文献上的证据，故后世多有争论。林希逸曰："旦属之大夫，古本作'夫夫'，司马云上'夫'字作'大'字读。夫，一大也。太山石始皇文曰：'御史夫夫。'盖篆字'夫'与'大'同，见《文鉴》。"②认为古代"夫"和"大"书写同。朱得之曰："夫，'大'誤。"③认为首"夫"字乃"大"之形讹。中井积德曰："'大'与'夫'，篆文自异，本不当相通。本作'夫夫'者，是笔误耳，不必作之说也。若秦刻石墨本尚存，不是'夫夫'连用，乃作重字为'夫='，全为同字也。大夫岂有同字之理乎哉？是则自有谓也。夫刻石非始皇之刻，乃二世所追刻，如后世跋尾者。盖二世时讳'大'字，权作重字耳，元非通法，岂避毋讳者邪？据此言，'大'与'夫'篆同者谬，又以为始皇文者误。"④认为林希逸的说法不对，同时提出秦二世讳"大"字，所以写作"夫"，但秦讳"大"字，于古无征。武延绪曰："考秦《峄山刻石》：'御史夫=臣德。'《泰山刻石》：'御史夫=臣□。'《琅邪台刻石》：'五夫=□□五夫=杨樛。'皆为'夫夫'确证。……盖秦火以前，古书皆作'夫夫'，后人以为混目，遂皆改之耳。此作'夫夫'，古书中硕果之仅存者可宝也。下文诸'大夫曰'，'大'

① (唐)陆德明.经典释文[M].北京：中华书局，1983：388.
② (宋)林希逸.庄子鬳斋口义[M].南宋刻本：卷七.
③ (明)朱得之.庄子通义[M].明嘉靖三十九年朱氏浩然斋刊本：卷七.
④ [日]中井积德.庄子雕题[M].日本明治十一年寺町雅文手抄本：卷七.

字亦当为'夫',文乃一律。注中又未与前分训,益信其本作'夫夫'矣。"①认为秦以前"大夫"书作"夫夫"。

笔者为解决此问题,将出土简帛文献翻阅一遍,统计了古代合文的情况,概括为六种情况:

> 其一,两字相同,次字以重文符号代之。兹例甚多,今不赘述。
>
> 其二,两字不同,合为一字,而下加重文符号分读之。如"君子"书作"孚="(见上博简《季庚子问于孔子》《孔子见季趄子》、清华简《殷高宗问于三寿》,上博简《慎子》、九店楚简七省"君"之"口"字),"小人"书作"尖="(见清华简《殷高宗问于三寿》,又或作"尖=","少"通"小",见上博简《季庚子问于孔子》、清华简《越公其事》),"之所"书作"斎="(见上博简《季庚子问于孔子》《用曰》、清华简《郑武夫人规孺子》《子犯子余》、包山楚简、九店楚简六),"左右"书作"发="(见清华简《殷高宗问于三寿》),"二心"书作"忈="(见清华简《郑武夫人规孺子》),"小大"书作"尖="(见清华简《越公其事》),"之心"作"忞="(见清华简《天下之道》),"之日"书作"旾="(见九店楚简一〇)。
>
> 其三,两字不同,而一字包含于另一字之中,书字体较繁者,而下加重文符号分读之。如"孔子"书作"孔="(见上博简《孔子诗论》《季庚子问于孔子》《子羔》《鲁邦大旱》《中弓》、清华简《邦家之政》),"昊天"书作"昊="(见上博简《孔子诗论》),"疑矣"书作"㤅="("㤅"通"疑",见上博简《孔子诗论》),"不倍"书作"伓="("伓"通"倍",见上博简《缁衣》),"先之"书作"先

① 武延绪. 庄子札记[M]. 民国二十一年永年武氏所好斋《所好斋札记》本:卷二.

="（“先”上从之，见上博简《从政甲》；亦可读“之先”，见清华简《汤处于汤丘》），“合门”书作“閤=”（“閤”通“合”，见上博简《昔者君老》），“子孙”书作“孙=”（见上博简《柬大王泊旱》《卜书》、清华简《保训》《子仪》《治邦之道》《天下之道》），“饮酒”书作“酓=”（“酓”通“饮”，“酉”读“酒”，见上博简《曹沫之阵》《成王为城濮之行》；又或书作“㱃=”，见清华简《系年》），“萬人”书作“万=”（“萬”简作“”，下从人，见上博简《曹沫之阵》），“书者”书作“箸=”（“箸”通“书”，见上博简《季庚子问于孔子》），“之志”书作“⿱之心=”（“⿱之心”通“志”，见上博简《季庚子问于孔子》、清华简《郑武夫人规孺子》），“先人”书作“⿱止大=”（“⿱止大”通“先”，见上博简《季庚子问于孔子》《吴命》、清华简《汤处于汤丘》），“后（後）之”书作“逡=”（“逡”从辵，见上博简《季庚子问于孔子》、清华简《子仪》），“季子”书作“季=”（见上博简《弟子问》），“之时”书作“㫐=”（见上博简《三德》），“仁心”书作“𢖽=”（“𢖽”通“仁”，见上博简《孔子见季趄子》），“矣已”书作“矣=”（“矣”上“厶”即“已”字，见上博简《颜渊问于孔子》），“如女”书作“如=”（见上博简《有皇将起》），“待之”书作“峙=”（“峙”读“待”，“寺”上“士”楚简作“止”，“止”“之”同，见上博简《陈公治兵》；又作“寺=”，“寺”读作“待”，亦见《陈公治兵》），“金铎”书作“鋘=”（“鋘”通“铎”，见上博简《陈公治兵》），“顿首”书作“顿=”（“顿”之“页”即“首”字，见上博简《邦人不称》），“频首”书作“馗=”（“馗”读作“频”，见上博简《卜书》），“丈人”书作“伥=”（“伥”读作“丈”，见上博简《卜书》），“⿰酉贲水”书作“濆=”（“濆”通“⿰酉贲”，见清华简《保训》），“孺子”书作“乳=”（“乳”通“孺”，见清华简《系年》《郑武夫人规孺子》），“月夕”书作“月=”（见清华简《筮法》），“葬死”书作“⿰爿死=”（“⿰爿死”通“葬”，见清华简《筮法》），“稽首”书作“⿰旨页=”（“⿰旨页”通

“稽”，见清华简《厚父》），“酒醴”书作“醴＝”（见清华简《晋文公入于晋》），“树（樹）木”书作“榁＝”（“榁”通“树”，见九店楚简五），“牵牛”书作“牵＝”（见马王堆帛书《五星占》），“婺女”书作“婺＝”（见马王堆帛书《五星占》），“江水”书作“江＝”（见马王堆帛书《木人占》），“凤（鳳）鸟”书作“凤＝”（见马王堆帛书《五十二病方》），“雄隹”书作“雄＝”（见马王堆帛书《杂禁方》）。

其四，两字字形不同，而音相同且可相假，而下加重文符号分读之。如“呜呼”书作“虖＝”（“虖”即“呼”，而“虖”又通“呜”，见上博简《成王既邦》），“舍余”书作“舍＝”（“舍”“余”古通，见上博简《鹠鷅》），“吾无”书作“亡＝”（“吾”“无”并通“亡”，见上博简《竞公疟》），“母毋”书作“母＝”（“母”“毋”，此分属两句，见清华简《晋文公入于晋》），“与舆”书作“与＝”（见马王堆帛书《五星占》），“是谓”书作“是＝”（次“是”字读作“韪”，又假为“谓”，见马王堆帛书《天文气象杂占》），“晕军”书作“军＝”（此分属两句，“军”通作“晕”，见马王堆帛书《日月风雨云气占》），“又有”书作“有＝”（见马王堆帛书《天下至道谈》）。

其五，两字字形相同，而读不同，下加重文符号以分读之。如“止之”书作“止＝”（见上博简《昭王毁室》《陈公治兵》《邦人不称》，“止”“之”本非一字，但字形相近，音亦可假，楚简或书同），“待时”书作“寺＝”（见上博简《相邦之道》）。

其六，两字字形不同，各省偏旁以合之，如“营（營）室”书作“䇾＝”（见马王堆帛书《五星占》），“觜觿”书作“觽＝”（见马王堆帛书《日月风雨云气占》）。

一共分六种情况，“大夫”的情况属于第三种，“大”字包含在

“夫”字之内，所以古人书作“夫＝”。“大夫”书作“夫＝”的例子，见于上博简《缁衣》《民之父母》《君子为礼》《昭王毁室》《柬大王泊旱》《相邦之道》《竞建内之》《姑成家父》《竞公疟》《天子建州》《郑子家丧》《吴命》《颜渊问于孔子》《命》《王居》、清华简《金縢》《系年》《管仲》《晋文公入于晋》《越公其事》、包山楚简、马王堆帛书《阴阳五行甲·天一》《十问·七》。清华简《郑武夫人规孺子》：“詎（属）之夫＝。”①“詎（属）之夫＝及百执事。”②《越公其事》：“此乃詎（属）邦政于夫＝种。”③和此文的“属之夫＝”同例。所以此文书作“夫夫”是错误的，只能整理作“大夫”，但书作“夫夫”却是比较早的版本，书作“大夫”是后人改定的。

既明古代合文的情况，《庄子》中的一些其他与合文有关的问题也迎刃而解。《人间世》：“虚室生白，吉祥止止。”《淮南子·俶真》篇“止止”作“止也”。此即属合文第五种情况，“止之”书作“㞢＝”，后世整理者不知，乃隶定作“止止”。（此条亦可以作为今本《庄子》与刘安无关的一个证据，刘安《淮南》作“止也”，必是别一本。）《知北游》：“孙子非汝有。”陈景元《庄子音义》：“子孙，见张君房本，旧作‘孙子’。”④此文下曰“未有子孙而有子孙可乎”，亦作“子孙”；“子孙”又见《天运》《盗跖》，除此处外，无有作“孙子”者。此处当属第三种情况，即“子孙”书作“孙＝”，后世整理的时候有的整理成了“孙子”，有的整理成了“子孙”。此文作“孙子”，即误隶。⑤《天运》篇：

---

① 李学勤主编. 清华大学藏战国竹简（陆）[M]. 上海：中西书局，2016：104.

② 李学勤主编. 清华大学藏战国竹简（陆）[M]. 上海：中西书局，2016：104.

③ 李学勤主编. 清华大学藏战国竹简（柒）[M]. 上海：中西书局，2017：145.

④（宋）陈景元. 南华真经章句音义[M]//《正统道藏》第 15 册，上海：上海书店出版社，1988：933.

⑤ 张君房本作“子孙”并不能说明张本早，而有可能是发现作“孙子”不对，而校为“孙子”。

“以奸者七十二君。”七十二,《北堂书钞》卷九六、《太平御览》卷六〇八均作“七十”。《淮南子·泰族》篇:“孔子欲行王道,东西南北七十说而无所偶。”①盖本《庄子》,亦作“七十”。又《外物》篇:“七十二钻而无遗策。”七十二,敦煌卷子本、日本高山寺藏本、《艺文类聚·灵异部下》、《文选·郭璞〈江赋〉》注、《白氏六帖》卷二九、《太平御览》卷三九九、《事类赋》卷六均作“七十”。阜阳汉简有《外物》篇此条遗文,作“七十”,可见七十是对的。“七十”何以作“七十二”?此即属合文第二种情况,两字不同,放在一起合成一字,下加重文符号。“七十”书作“乇 =”(见清华简《算表》),后人误重文为“二”,遂定作今本。②

二、音韵学与《庄子》校勘。

一般的观点,通晓文字学的作用是对文本的复原,通晓音韵学的作用是对文本的理解。古人作文以记音为主,本字之外往往可以用数个假字替代,如欲正确理解某句话,必须先明通假之理。比如《天运》篇说音乐“在谷满谷,在阬满阬”,通常的理解就是音乐充满了山谷,又充满了小阬,大小之处无不充塞的意思。但如果了解通假,就明白了此处“阬”当读作“冈”,“谷”和“冈”为对文。③ 此非笔者论述

① 何宁.淮南子集释[M].北京:中华书局,1998:1409.

②《天运》篇一句,《说苑·贵德》:“孔子历七十二君。”亦作“七十二”。而扬雄《解嘲》:“夫上世之士,或七十说而不遇。”作“七十”。刘向与杨雄生活时代相近,而文不同,或可有两种解释:一者刘向、扬雄之前已有“七十”误作“七十二”者,故有歧说。一者《说苑》亦本作“七十”,后人误定,若如此说,则此等情况之合文,于刘向时尚存也。

③ 陈剑曰:“古书中有些‘阬’字就是‘山冈’之‘冈’的古字。‘亢’声与‘冈’声音近可通。《周礼·夏官·马质》:‘纲恶马。’郑玄注:‘郑司农云:“纲”读为“以亢其雠”之“亢”,书亦或为“亢”。’《管子·兵法》:‘进无所疑,退无所匿,敌乃为用。凌山阬,不待钩梯;历水谷,不待舟楫。’‘山阬’显然即‘山冈’。扬雄《甘泉赋》:‘陈众车于东阬兮,肆玉钛而下驰。’颜师古注:(转下页注)

之重点,因为这属于训诂,不属于校勘。笔者欲讨论的是音韵学和校勘的关系。

今本《庄子》在流传过程中必然会不断地出现错误,即使《释文》中所言向、崔、司马、李诸本,到了陆德明之时,也可能已经失去原貌。但幸运的是,文字和注音可以互补,我们可以通过《释文》中的音来推测诸本的情况。其实陆德明在《释文》中就已经使用以音求字的方法,《天下》篇:"禹亲自操橐耜而九杂天下之川。"《释文》:"橐,旧古考反,崔、郭音托,字则应作'橐'。"①后世用《释文》正文字者,比较早的有卢文弨,《逍遥游》:"窅然丧其天下焉。"《释文》:"窅,徐乌了反,郭武骈反。"②乌了反切"窅"字,但武骈反不得切"窅"。卢氏因曰:"郭必以为'賓'字,故如此音。"③但卢氏是偶一为之,后来吴承仕作《经籍旧音辨证》,才系统地对《庄子》中的注音进行论证。吴氏深谙古音,故考证多有精彩之处。如《人间世》之"杙"郭音且羊反则当作"爿"④,《大宗师》之"沴"郭音奴结反则当作"涂"⑤,《天地》篇之

(接上页注)'坑,大阜也,读与"冈"同。'《文选》卷八扬雄《羽猎赋》:'跐峦阬,超唐陂。'注:'如淳曰:"跐,超踰也。"《音义》曰:"峦,山小而锐。阬,大坂也。"刘良注:"阬,山也。"'《楚辞·大司命》:'吾与君兮斋速,导帝之兮九坑。'王逸注:'坑,一作"阬"。《文苑》作"冈"。'洪兴祖《补注》:'之,适也。坑,音冈,山脊也。'"参见陈剑《试说战国文字中写法特殊的"亢"和从"亢"诸字》,载《战国竹书论集》,上海古籍出版社,2013年。所论甚确,此文亦同例。

① (唐)陆德明. 经典释文[M]. 北京:中华书局,1983:403.

② (唐)陆德明. 经典释文[M]. 北京:中华书局,1983:361.

③ (清)卢文弨. 经典释文考证[M]//《续修四库全书》第180册,上海:上海古籍出版社,2002:266. 按:卢说不确,笔者论曰:"以音求之,郭盖以'冥'字读之,而读'冥'作'眠',(《则阳》释文:'冥,音眠。')明母元部。'冥'字碑刻多书作'寘',与'窅'字仅多下部耳。"

④ 吴承仕. 经籍旧音序录·经籍旧音辨证[M]. 北京:中华书局,1986:156.

⑤ 吴承仕. 经籍旧音序录·经籍旧音辨证[M]. 北京:中华书局,1986:156.

"揖"郭音思鱼反则右"咠"当作"胥"①,《天地》篇之"愋"郭音俊则当作"悛"②,《天道》篇"棅"李丑伦反则当作"檩"③,等等,其所论皆可信。④ 这些都是通过注音来推测诸本原貌者。

除了吴氏的推论,今以《释文》引郭音为例,推测下郭本的其他情况:

1.《齐物论》:"为其脗合。"

《释文》:"脗,本或作'㫳',郭音泯。"⑤《说文·口部》:"吻,口边也。㫳,'吻'或从肉从昏。"⑥郭本当即作"㫳",故音泯,"㫳""泯"并从民得声。《在宥》篇:"当我缗乎。"《释文》:"缗,武巾反,郭音泯。"⑦亦可证。

2.《大宗师》:"而奚来为轵。"

《释文》:"轵,之是反,郭之忍反。"⑧"轵"为句末语词,或书作"只",或书作"咫",《说文》作"㕧",并从只声,读作之是反是对的。郭音之忍反,属文部,非。笔者以为:

---

① 吴承仕.经籍旧音序录·经籍旧音辨证[M].北京:中华书局,1986:158.

② 吴承仕.经籍旧音序录·经籍旧音辨证[M].北京:中华书局,1986:159.

③ 吴承仕.经籍旧音序录·经籍旧音辨证[M].北京:中华书局,1986:159.

④ 但吴氏也有个缺点,就是过度相信音转,导致有些说法很不合理。如前面第一章、第九章提到《在宥》"地气郁结"的"结",崔本作"绾",音结,吴承仕说:"'郁''绾'双声,'绾''结'义同。"("绾"为"䋪"之形讹,如前说。)《马蹄》篇"䫉"字,《释文》引向曰:"马氏音竦。"吴氏曰:"䫉音竦者,侯对转东。"而"竦"其实是"疏"之形讹,"疏"或作"踈",与"竦"形近。依笔者之见,如果古代没有二字相假的直接证据,是不能单纯用声转这一套理论来解决问题的。吴氏受当时小学环境的影响,也没能跳出此桎梏。

⑤ (唐)陆德明.经典释文[M].北京:中华书局,1983:364.

⑥ (汉)许慎.说文解字[M].北京:中华书局,1963:30.

⑦ (唐)陆德明.经典释文[M].北京:中华书局,1983:377.

⑧ (唐)陆德明.经典释文[M].北京:中华书局,1983:371.

> 《说文》“甚”字古文作“[illegible]”，郭店楚简《唐虞之道》作“[illegible]”，隶定作“[illegible]”，与“只”形近。疑郭本本作“[illegible]”，而以之忍反读之也。（“[illegible]”从甚，属侵部，不见字书，且与郭音略远。郭音之忍反者，切“轸”字，“轸”或书作“軫”，与“轵”形亦略近。究之，以形求当为“[illegible]”，以音求当为“軫”，二说难定其实。）

无论哪种说法，郭本必不作“轵”字。

3.《天地》：“儻然不受。”

《释文》：“儻，本亦作‘黨’，司马本作‘倘’，同，敕荡反，郭吐更反。”①“儻”“黨”“倘”三字并从尚得声，属阳部，敕荡反是对的。郭音吐更反，属于耕部，虽然耕部字是从阳部字分化出来的，但此字《庄子》中凡七见，余六处《释文》引音并以阳部字读之，郭无异音，不应独此不同。郭本“儻”右边“黨”应该作“掌”，上古音属阳部，但魏晋以后转入耕部，故郭以吐更反注之。

4.《天地》：“秃而施髢。”

《释文》：“髢，大细反，又吐帝反，郭音毛。”②大细反、吐帝反均切“髢”字，只有郭音毛不同。郭本当本作“髦”，故音毛，“髦”即“髢”之形讹。

结合上文提到的吴氏校郭注，可知今所谓的郭本不是原郭本，而是重校本。《释文》许多地方有郭音而无校，说明陆氏看到的郭本，已经有人进行了校定，只是郭音未改动，才出现了正文与音矛盾的现象。

三、形近互用字与《庄子》校勘。

笔者在第一章中讨论过“恒”“极”两字在楚文字中的形近互用

① （唐）陆德明. 经典释文［M］. 北京：中华书局，1983：378.

② （唐）陆德明. 经典释文［M］. 北京：中华书局，1983：378.

问题,此两字的互用在汉代已经消失。但汉代却有其他字的形近互用问题,今就《庄子》中体现出此点的问题论述一下。

1.《骈拇》篇:"擢德塞性。""擢德"和"塞性"义当相近,但"擢"是拔去的意思,"塞"却完全相反,故王念孙曰:

> "塞"与"擢"义不相类,"塞"当为"搴","擢""搴"皆谓拔取之也。《广雅》曰:"搴,取也,(《楚辞·离骚》注及《史记·叔孙通传》索隐引许慎并与《广雅》同。《方言》作"攓",云:"取也。南楚曰攓。"《说文》作"摶",云:"拔取也。")拔也。"(樊光注《尔雅》及李奇注《汉书·季布栾布田叔传赞》并与《广雅》同。)此言世之人皆擢其德、搴其性,务为仁义以收名声,非谓塞其性也。《淮南·俶真》篇曰:"俗世之学,擢德攓性,内愁五藏,外劳耳目,乃始招蛲振缱物之豪芒,摇消掉捎仁义礼乐,暴行越智于天下,以招号名声于世。"又曰:"今万物之来,擢拔吾性,攓取吾情。"皆其证也。隶书"手"字或作"丰",(若"拳"字作"举","奉"字作"奉"之类。)故"搴"字或作"搴",形与"塞"相似,因讹而为"塞"矣。①

曾国藩、王先谦均赞同王念孙的说法。王氏论据充分,"塞"当作"搴"是没有问题的,只是认为形讹却未必是。笔者考察汉代出土简帛,认为"塞"和"搴"应当是形近互用。如马王堆帛书《十问·四》:"塞温安生。"②张家山汉简《引书》:"渍产(颜)以塞水如餐顷。"③

---

① (清)王念孙. 读书杂志[M]. 南京:江苏古籍出版社,1985:1013.

② 裘锡圭主编. 长沙马王堆汉墓帛书集成(陆)[M]. 北京:中华书局,2014:143.

③ 江陵张家山汉简整理小组. 江陵张家山汉简《引书》释文[J]. 文物,1990(10):83.

"两肵善塞。"①《脉书》:"身塞热。"②马王堆帛书《五行》:"乐也者,流体,机然忘塞。忘塞,德之至也。"③以上诸"寒"字并读作"塞"。张家山汉简《二年律令·贼律》:"搴门、城门之钥。"④此"搴"字则当读作"塞",塞门,谓可闭塞之小门。"塞""寒""搴"三字属于形近互用。所以此处作"塞"是故书,但应该读作"搴"。

2.《则阳》:"是稯稯何为者邪?"《释文》:"稯稯,音緫,字亦作'緫'。李云:'聚貌。'本又作'稷',一本作'稯',初力反。"⑤马叙伦曰:"'稷'为'稯'之讹,'緫'又因'稯'而改也。《诗·商颂》:'百禄是緫。'《释文》:'緫,本又作"鬷"。'是其例证。'稯'当为'畟',《说文》曰:'畟,治稼畟畟进也。'"⑥认为作"稯"是正确的,其他均为讹字。要解决此问题,首先要根据文义推测"稯稯"之义,此章前为:"孔子之楚,舍于蚁丘之浆。其邻有夫妻臣妾登极者,子路曰:'是稯稯何为者邪?'"言孔子去楚国,在蚁丘的卖浆之家居住。卖浆家的邻居跑到屋顶上去看孔子,子路问邻居是什么人。"稯稯"是形容邻居的,邻居的行为是"登极"以望孔子,"稯稯"之义应与"望"有关。与"稯"有关表"望"义的字是"䁓"字,《广雅·释诂一》:"䁓,视也。"⑦

---

① 江陵张家山汉简整理小组.江陵张家山汉简《引书》释文[J].文物,1990(10):83.

② 杨少锋编.秦汉简牍墨迹选(六)[M].长春:吉林文史出版社,2011:43.按:江陵张家山汉简整理小组将"塞"径直隶定作"寒",参《江陵张家山汉简〈脉书〉释文》,《文物》1989年第7期,第72页。

③ 裘锡圭主编.长沙马王堆汉墓帛书集成(肆)[M].北京:中华书局,2014:76.

④ 朱红林.张家山汉简《二年律令》集释[M].北京:社会科学文献出版社,2005:51—52.

⑤ (唐)陆德明.经典释文[M].北京:中华书局,1983:395.

⑥ 马叙伦.庄子义证[M].上海:商务印书馆,1930:卷二十五.

⑦ (清)王念孙.广雅疏证[M].北京:中华书局,1983:32.

《方言》卷十:“凡相窃视南楚谓之窥,或谓之䁯。”①“䁯”有偷看的意思,施之于此,义正洽。而且《庄子》中楚文化现象明显,“䁯”是南楚之语,亦可相为佐证。“稯”和“䁯”为通假字。

其次,《释文》中“本又作‘稯’,一本作‘稯’”是不通的,卢文弨以为当有一误,是。以字形审之,首字疑当为“稯”“稄”“稯”等和“稯”相近之字。又根据《释文》体例,此或当作“又音稯,本亦作‘稯’”。两说皆可。

再次,“稯”和“緫”的关系。《释文》云“音緫,字亦作‘緫’”,“緫”即“總”字,成疏即作“總”。“稯”作“總”有两种可能,一是形讹,“緵”字俗书作“緵”,与“總”形近。二是通假,“稯”字从凶得声,“總”从囪得声,从凶从囪通,《诗经·豳风·九罭》毛传:“九罭,緵罟,小鱼之网也。”《释文》:“緵,字又作‘緫’。”②《商颂·烈祖》“鬷假无言”毛传:“鬷,總。”孔疏:“‘鬷’‘總’,古今字之异也。”③《周礼·秋官·掌客》郑注:“十筥曰稯。”④《释文》“稯”作“緫”,云:“緫,本又作‘稯’。”⑤《广雅·释器》:“輚,轮也。”⑥《释名·释车》“輚”作“轗”⑦。楚文字中,郭店楚简《五行》、上博简《容成氏》“聰”字书作“聣”。清华简《程寤》:“俾灵名莵祓。”⑧孟蓬生读

① (清)钱绎撰集,李发舜、黄建中点校. 方言笺疏(第2版)[M]. 北京:中华书局,2013:360.

② (清)阮元校刻. 十三经注疏·毛诗正义[M]. 北京:中华书局,1980:399.

③ (清)阮元校刻. 十三经注疏·毛诗正义[M]. 北京:中华书局,1980:621—622.

④ (清)阮元校刻. 十三经注疏·周礼注疏[M]. 北京:中华书局,1980:900.

⑤ (唐)陆德明. 经典释文[M]. 北京:中华书局,1983:135.

⑥ (清)王念孙. 广雅疏证[M]. 北京:中华书局,1983:242.

⑦ (汉)刘熙. 释名[M].《四部丛刊初编》影江南图书馆藏明翻宋书棚本:卷七.

⑧ 李学勤主编. 清华大学藏战国竹简(壹)[M]. 上海:中西书局,2010:136.

“芃”为“總”①。均是证据。

最后,“稷”和“稷”的关系。笔者旧亦以为“稷”乃“稷”形讹,后考两汉简帛、碑刻等,始认为二字当为形近互用。马王堆帛书《五星占》:“黍稷之匿。”②“黍稷”即“黍稷”。北大简《赵正书》:“坏其社禝。”③“而社禝之神零福也。”④“禝”当作“禝”,《集韵·职韵》:“禝,通作‘稷’。”⑤“社禝”即“社稷”。汉《史晨碑》《营陵置社碑》《张迁碑》“稷”并书作“稷”。是汉人习惯将“稷”书作从㚇。《集韵》载“䐈”字有三音,一音祖丛切,切本字;另两音古拜切、居拜切,其本字当即切从畟之字。

3.《外物》:“揭竿累。”

此文重在“累”字,前言任公子垂钓,拿着大竿子、大钩子、大绳子跑到大海里钓鱼,后边说拿着小竿子和“累”到小沟里钓鱼。《释文》:“累,劣彼反,谓次足不得并足也,本亦作‘纍’。司马云:‘力追反。’云:‘纶也。’”⑥第一种解释“次足不得并足”义显然不通,那么“纶”是否正确?褚伯秀曰:“‘累’当作‘缧’,纶也。”⑦章炳麟曰:“‘累’本‘纍’之俗省,当从别本。《说文》:‘纍,一曰:大索也。’故司

① 孟氏之说见复旦大学出土文献与古文字研究中心网站《清华简〈尹至〉〈尹诰〉研读札记》之评论,载 http://www.gwz.fudan.edu.cn/srcshow.asp? src_id=1352,原网站链接已经失效。

② 裘锡圭主编. 长沙马王堆汉墓帛书集成(肆)[M]. 北京:中华书局,2014:224.

③ 北京大学出土文献研究所. 北京大学藏西汉竹简(叁)[M]. 上海:上海古籍出版社,2015:190.

④ 北京大学出土文献研究所. 北京大学藏西汉竹简(叁)[M]. 上海:上海古籍出版社,2015:191.

⑤ (宋)丁度等. 宋刻集韵(第2版)[M]. 北京:中华书局,2005:217.

⑥ (唐)陆德明. 经典释文[M]. 北京:中华书局,1983:396.

⑦ (宋)褚伯秀. 南华真经义海纂微[M]//《景印文渊阁四库全书》第1057册,台北:商务印书馆,1986:666.

马训纶。”①《广韵·脂韵》:“纍,索也。亦作‘缧’。”②无论“纍”还是“缧”均只有大绳子之义,故其义亦不通。此文之“累”据文义当为小细绳之义,但“累”无此义。“累”当作“丝”,钓鱼用细丝,典籍习见。《诗经·召南·何彼襛矣》:“其钓维何?维丝伊缗。”③《列子·汤问》:“詹何以独茧丝为纶,芒针为钩,荆筱为竿,剖粒为饵。”④并其证。“累”和“丝”是什么关系?楚简“丝”字书作“㒸”,或作“𢆶”(字形见信阳、望山、郭店楚简),即“纝”字(《荀子·礼论》篇有“蛟韅,丝末”,于鬯以为“丝”即“韅”之误衍者⑤),而汉代“纝”与“累”是一个字,《荀子·不苟》篇“穷则弃而儑”杨倞注:“《韩诗外传》作‘弃而累也’。”刘师培曰:“《韩诗外传》作‘累’,是犹《禹贡》‘漯水’,《班志》《说文》均作‘濕水’耳。故‘累’字亦当作‘濕’。”⑥方以智《通雅》曰:“‘濕’‘溼’‘漯’‘顯’‘纇’,以形相借。《说文》:‘濕,水名。音他合切。’即《禹贡》之‘漯’。……丁度《集韵》‘漯’‘灅’‘濕’三字同。……《鄘阁碑》‘嶋漯’即‘潮溼’,《熊君碑》‘顯’作‘纇’。”⑦其说甚确(“累”又或書作“㬎”,北魏《公孫猗墓志》:“㬎搆成王。”)此文之“累”本当作“㬎”,即“丝”字俗书。

以上一共三则,加上“恒”“极”之例四则。旧笔者校《庄子》,此类形近之字皆以形讹视之,其后读裘锡圭论“恒”“极”一字乃形近互

---

① 章太炎. 章太炎谈诸子[M]. 武汉:华中师范大学出版社,2010:104.

② (宋)陈彭年等. 宋本广韵[M]. 北京:中国书店,1982:36.

③ (清)阮元校刻. 十三经注疏·毛诗正义[M]. 北京:中华书局,1980:293.

④ 杨伯峻. 列子集释[M]. 北京:中华书局,1979:172.

⑤ 参见董治安、郑杰文、魏代富整理《荀子汇校汇注附考说》,南京:凤凰出版社,2018年,第958页。

⑥ 杨、刘二说并见董治安、郑杰文、魏代富整理《荀子汇校汇注附考说》,南京:凤凰出版社,2018年,第140页。

⑦ (明)方以智. 通雅[M]//《景印文渊阁四库全书》第857册,台北:商务印书馆,1986:100—101.

用之说，于是重新考证，将另外三处也定为形近互用。近研究文字学者，其研究楚文字者，现在经常用形近互用现象来分析；研究汉文字者，则相对较少；而将此现象专门运用到校勘学上，笔者目前尚未见。校勘学是一个不断发展的过程，而自清代大兴之后，却慢慢陷入停滞的阶段，这种现象与简帛大盛是相悖的，不能不引人深思。

四、从《庄子》论校勘的持续性。

作好校勘学，有两个基本条件，一是广泛的知识，二是活跃的思维，两点缺一不可。广泛的知识是活跃的思维的前提，而有活跃的思维又能正确运用广泛的知识来发现问题、解决问题。笔者比较钦佩的两个校勘家王念孙和俞樾即是这方面的代表，王念孙是广泛的知识的代表，俞樾是活跃的思维的代表，但两人又同时兼俱此两方面的特点。还需要注意的是，校勘不是一步完成的，是一个持续积累的过程。首先，校勘能力要在不断实践中得到提升。笔者在本书《自序》中提及，笔者第一次所校之书为《晏子春秋》①，今重读此文，觉得观点浅薄，校勘质量低劣，其价值可以忽略之。此后笔者甫整理完一本书，即沾沾自喜，以为多发前人之未发。但复整理他书，又觉着前书水平低劣，常怀蒙羞之感。然细审思之，此非正可证个人之水平有所提升乎？故复释然。其次，校勘结果要在读书中持续改进。一本书的整理是永无止境的，在后面整理其他书籍之时还要对前书不断进行改进。仍以《汇考》为例，笔者自去年四月初步整理完，即开始谶纬的整理工作，坐在办公室的时候专心整理谶纬，坐车或路上等闲暇时间则阅读一些古文字方面的书籍、论文，以继续对《庄子》进行校勘。如《天地》篇“未始有恒”之“恒”当作“极”，笔者初认为是形讹，后来读裘锡圭的文章，才采用形近互用的说法。《天运》篇“在阬满阬”之“阬”读作“冈”，笔者初未发现此处有问题，及读陈剑之文方觉旧解

① 魏代富．读《晏子春秋》札记[J]．管子学刊，2011(2)．

皆误。安大简第一辑公布之后,笔者又解决了《大宗师》"其寝不寐"之"寐"当作"寝"、《山木》篇"庄周游于雕陵之樊"之"樊"当作"苑"等问题。

即使笔者在写作该书的过程中,也一直保持着对古文字的关注。比如读到程浩《清华简〈祷辞〉与战国祷祀制度》一文,其在文中说:"《礼记·檀弓下》云:'涂车刍灵,自古有之,明器之道也。'郑玄注:'刍灵,束茅为人马,谓之灵者,神之类。'里耶秦简的祷辞中祭品有'刍狗二'。"①接着又引《庄子·天运》中"夫刍狗之未陈也"一段作解,则可以直接用以补说"刍狗"二字。又如《渔父》篇"非其事而事之,谓之总",笔者原来的观点是:

> "总(總)"字可疑,李云:"监也。""监"当作"滥"。《诗经·商颂·殷武》:"不僭不滥。""僭""滥"义近,疑"总"即"僭"之形讹。"僭"字或作"僁"(见《敦煌俗字谱》),与"总"形略近。

所以对"总"字表示怀疑,是因为下文的"谄""谀""谗""贼""慝""险"之义典籍习见,而"总"字此义却不经见,故笔者据李颐之说推测字当作"僭"。然意思虽于文为顺,但"总"和"僭"字形实相去甚远,形讹之说恐未必是。后来笔者读到黄德宽《清华简新见"湛(沈)"字说》一文,黄先生曰:

> 清华简《迺命二》新见从林悤声之字,应为楚文字"湛(沈)"的异体,其声符"悤"替代了所"湛(沈)"之物。"悤"古音属清纽东部字,"湛(沈)"属定纽侵部字,"悤"乃"湛(沈)"加注的声符。"侵""东""冬"古音关系密切,侵部"湛(沈)"常与东、冬二

① 程浩.清华简《祷辞》与战国祷祀制度[J].文物,2019(9):58.

> 部字合韵或通假，如《楚辞·九辩》："愿赐不肖之躯而别离兮，放游志乎云中。乘精气之抟抟兮，骛诸神之湛湛。骖白霓之习习兮，历群灵之丰丰。""湛"与"中""丰"合韵。《天问》："比干何逆，而抑沈之？雷开阿顺，而赐封之。""沈"与"封"相押。《书》类文献中的"冲人"，清华简《金滕》《周公之琴舞》《芮良夫毖》等篇作"沈人"；"冲子"，清华简《摄命》篇作"沈子"。"悤"声字与侵部字相通的例子，如《尧典》"钦明文思"，或作"聪明文思"。①

受此启发，笔者始认为"总"读作"僭"当用通假来解释，要比用形讹解释可靠度高。

总之，校勘典籍决不能校完一本书即置而不论，需要不断根据新材料增加或改变自己的判断，不断为更好地解读文本提供校勘学的依据。

以上论述完成于2月26日，27日读复旦大学出土文献与古文字研究中心研究生读书会《〈上博七·武王践阼〉校读》一文，复得一说，愈可证此观点，因补缀之。

《武王践阼》甲本载《枳铭》有"忿连（連）"一词，《校读》一文曰：

> 《大戴礼记》作"忿疐"，郭店简《尊德义》简1有"忿轡"，陈剑《尊德义释文注释》（未刊稿）云："忿轡，……读为'忿戾'……之说似可从。《楚辞·九章·怀沙》：'惩连改忿兮，抑心而自强。'以'连'与'忿'对举，轡、连读音相近，表示的应是同一个词。……古'连'声字可与'列'声字、'厉'声字相通，'厉'又可与'戾'相通，'列'声字也可与'戾'声字相通，故《怀沙》'连'字

① 黄德宽.清华简新见"湛（沈）"字说[J].清华大学学报，2020(1)：36.

与简文‘轡’字可读为‘戾’。”据此，简文“忿连”当读为“忿戾”。①

笔者因联想到《达生》篇“桓公田于泽”章“忿滀”两字，不见典籍。而《胠箧》篇有“骊畜氏”，《御览》卷七六引作“连”，陈景元曰：“江南古藏本作‘骊连氏’。”②王叔岷曰：“《古今人表》、《礼记》孔疏卷第一及《初学记》引《帝王世纪》、《金楼子》、司马贞补《史记·三皇本纪》亦皆作‘连’。”③“畜”和“连”音、形皆不近，似无由致误。④ 笔者因此怀疑“畜”是一个从田玄声的字，并分析说：

《说文》有“兹”，“黑也。从二玄。”旧或以为“兹”之初文。段玉裁曰：“《左传》：‘何故使吾水兹。’《释文》曰：‘兹音玄。’此相传古音，在十二部也。兹、滋字只当音悬，不当音孜。”段说是。战国印有“𢆶”字，裘锡圭释作“联（聯）”，望山简亦有此字，整理者亦读作“联”。盖“𢆶”象丝相连之形，故读为“联”。“联”之本字当作“”（《甲骨文合集·粹816》），即“玄”字，两丝连缀之形。“玄”作幽深解，盖乃假借字。后世孳乳为“𢆶”，亦象两丝相连之形，实一字之分化也。“玄”之书作“兹”，亦犹“玄”之书

① 复旦大学出土文献与古文字研究中心研究生读书会.《上博七·武王践阼》校读[J].复旦大学出土文献与古文字研究中心网站 www.gwz.fudan.edu.cn/Web/Show/576.

② （宋）陈景元.南华真经章句音义[M]//《正统道藏》第15册，上海：上海书店出版社，1988：913—914.

③ 王叔岷.庄子校诠[M].台北：“中研院”历史语言研究所，1999：360.

④ 马叙伦曰：“‘畜’为‘留’讹，‘骊’‘留’双声。”王叔岷曰：“‘畜’与‘蓄’通，‘蓄’‘连’同义，《广雅·释诂三》：‘蓄，聚也。’《礼记·王制》：‘十国以为连。’郑注：‘连，犹聚也。’”皆为强说，不可从。

作"𤣥",“玆""𤣥"则皆"玄"之分化。故此文之"畜",当从田玄声。"畜"读作"联",而"联"又与"连"通也。

结合此说,《达生》篇的"滀"应当是个从水从田玄声的字,也当读作"连"。郭店简《尊德义》的"忿䜌"之"䜌",乃是个从车𤣥声的字。《达生》篇之"忿滀",和《武王践阼》的"忿连"、《尊德义》的"忿䜌"是同一词。①

五、《庄子》两则孔子事迹的解说。

《盗跖》篇"子张问于满苟得"章提到两则孔子的事迹,一个是"田成子常杀君窃国,而孔子受币",一个是"孔子不见母",此两事一直没有解决,后世学者多认为是污蔑孔子之言,原不足辩。然古人著文的目的,乃传播自己的思想,欲思想得到传播,其所举例必然为大众所熟知,单纯地虚构以诋毁他人,其说法很难使人相信。所以一定在当时社会有此传说,才能被拿来诋毁孔子,污蔑之说不可信。下面笔者即就两事分别说明之。

《盗跖》篇曰:"昔者桓公小白杀兄入嫂,而管仲为臣;田成子常杀君窃国,而孔子受币。"桓公杀兄事,典籍多见;入嫂事,则多未闻,但桓公淫乱的故事却杂见典籍记载。② 至于孔子之事,典籍记载却完全相反。《论语·宪问》篇:"陈成子杀简公。孔子沐浴而朝,告于哀公曰:'陈恒弑其君,请讨之。'"③《左传·哀公十四年》:"甲午,齐

① 从文义上看,应是胸中之气郁积之义,《校读》读为"忿戾",其义恐非。

②《荀子·仲尼》:"内行则姑姊妹不嫁者七人。"(事又见《新语·无为》《论衡·书虚》)《韩非子·二柄》:"齐桓公妒外而好内。"《刘子·妄瑕》:"齐侯有贪淫之目。"《左传·僖公二年》注:"齐桓多嬖宠,内则如夫人者六人,外则幸竖貂、易牙之等,终以此乱国。"《说苑·尊贤》篇云:"将谓桓公仁义乎?杀兄而立,非仁义也。将谓桓公恭俭乎?与妇人同舆驰于邑中,非恭俭也。"

③ 杨伯峻.论语译注[M].北京:中华书局,1980:153.

陈恒弑其君壬于舒州。孔丘三日齐,而请伐齐三。”①记载一致,均是说田恒杀简公,孔子去告诉鲁哀公,让鲁国兴兵讨伐田恒。成玄英疏:“田成子尝杀齐简公,孔子沐浴而朝,受其币帛。”即根据《论语》为说,但改变了故事结局。王叔岷引《论语》文后说:“孔子请讨陈恒,何致受其币邪?真诬妄也!”②认为古无其事,《庄子》此文,是纯粹为污蔑孔子而作。我们来看《墨子·非儒下》的记载:

> 孔某之齐,见景公,景公说,欲封之以尼溪,以告晏子。晏子曰:“不可。夫儒,浩居而自顺者也,不可以教下;好乐而淫人,不可使亲治;立命而怠事,不可使守职;宗丧循哀,不可使慈民;机服勉容,不可使导众。孔某盛容修饰以蛊世,弦歌鼓舞以聚徒,繁登降之礼以示仪,务趋翔之节以观众,博学不可使议世,劳思不可以补民,累寿不能尽其学,当年不能行其礼,积财不能赡其乐,繁饰邪术以营世君,盛为声乐以淫遇民,其道不可以期世,其学不可以导众。今君封之,以利齐俗,非所以导国先众。”公曰:“善。”于是厚其礼,留其封,敬见而不问其道。孔某乃恚,怒于景公与晏子,乃树鸱夷子皮于田常之门,告南郭惠子以所欲为。归于鲁。有顷,间齐将伐鲁,告子贡曰:“赐乎!举大事于今之时矣!”乃遣子贡之齐,因南郭惠子以见田常,劝之伐吴,以教高、国、鲍、晏,使毋得害田常之乱。劝越伐吴,三年之内,齐、吴破国之难,伏尸以言术数,孔某之诛也。③

① (清)阮元校刻. 十三经注疏·春秋左传正义[M]. 北京:中华书局,1980:2174.

② 王叔岷. 庄子校诠[M]. 台北:“中研院”历史语言研究所,1999:1198.

③ (清)孙诒让. 墨子间诂[M]. 北京:中华书局,2001:298—302.

文章大意言齐景公欲封孔子于尼溪，晏子言孔子之道不足以利齐国，景公因止封。孔子闻此十分生气，于是就派鸱夷子皮到田恒门下（怂恿田恒叛乱），然后告诉南郭惠子（派鸱夷子皮到田恒门下的目的）。其后回到鲁国，有一次齐国将讨伐鲁国，孔子告诉子贡颠覆齐国之时机已到。于是派子贡到齐国，凭借南郭惠子见到田恒，告诉田恒要派高、国、鲍、晏四大家族去讨伐吴国，这样四大家族就没法阻止田恒叛乱了。子贡又去劝越国伐吴，结果导致齐国、吴国都大乱。就此事来说，孔子确实参与了田恒叛乱；田恒叛乱后感激孔子，赠之币帛，也就不足为奇。《史记·仲尼弟子列传》也有相关记载：

> 田常欲作乱于齐，惮高、国、鲍、晏，故移其兵欲以伐鲁。孔子闻之，谓门弟子曰："夫鲁，坟墓所处，父母之国，国危如此，二三子何为莫出？"子路请出，孔子止之。子张、子石请行，孔子弗许。子贡请行，孔子许之。
>
> 遂行，至齐，说田常曰："君之伐鲁过矣。夫鲁，难伐之国，其城薄以卑，其地狭以泄，其君愚而不仁，大臣伪而无用，其士民又恶甲兵之事，此不可与战。君不如伐吴。夫吴，城高以厚，地广以深，甲坚以新，士选以饱，重器精兵尽在其中，又使明大夫守之，此易伐也。"田常忿然作色曰："子之所难，人之所易；子之所易，人之所难：而以教常，何也？"子贡曰："臣闻之，忧在内者攻强，忧在外者攻弱。今君忧在内。吾闻君三封而三不成者，大臣有不听者也。今君破鲁以广齐，战胜以骄主，破国以尊臣，而君之功不与焉，则交日疏于主。是君上骄主心，下恣群臣，求以成大事，难矣。夫上骄则恣，臣骄则争，是君上与主有郤，下与大臣交争也。如此，则君之立于齐危矣。故曰不如伐吴。伐吴不胜，民人外死，大臣内空，是君上无强臣之敌，下无民人之过，孤主制齐者唯君也。"田常曰："善。虽然，吾兵业已加鲁矣，去而之吴，

大臣疑我,奈何?"子贡曰:"君按兵无伐,臣请往使吴王,令之救鲁而伐齐,君因以兵迎之。"田常许之,使子贡南见吴王。

说曰:"臣闻之,王者不绝世,霸者无强敌,千钧之重加铢两而移。今以万乘之齐而私千乘之鲁,与吴争强,窃为王危之。且夫救鲁,显名也;伐齐,大利也。以抚泗上诸侯,诛暴齐以服强晋,利莫大焉。名存亡鲁,实困强齐。智者不疑也。"吴王曰:"善。虽然,吾尝与越战,栖之会稽。越王苦身养士,有报我心。子待我伐越而听子。"子贡曰:"越之劲不过鲁,吴之强不过齐,王置齐而伐越,则齐已平鲁矣。且王方以存亡继绝为名,夫伐小越而畏强齐,非勇也。夫勇者不避难,仁者不穷约,智者不失时,王者不绝世,以立其义。今存越示诸侯以仁,救鲁伐齐,威加晋国,诸侯必相率而朝吴,霸业成矣。且王必恶越,臣请东见越王,令出兵以从,此实空越,名从诸侯以伐也。"吴王大说,乃使子贡之越。

越王除道郊迎,身御至舍而问曰:"此蛮夷之国,大夫何以俨然辱而临之?"子贡曰:"今者吾说吴王以救鲁伐齐,其志欲之而畏越,曰'待我伐越乃可'。如此,破越必矣。且夫无报人之志而令人疑之,拙也;有报人之志,使人知之,殆也;事未发而先闻,危也。三者举事之大患。"句践顿首再拜曰:"孤尝不料力,乃与吴战,困于会稽,痛入于骨髓,日夜焦唇干舌,徒欲与吴王接踵而死,孤之愿也。"遂问子贡。子贡曰:"吴王为人猛暴,群臣不堪;国家敝以数战,士卒弗忍;百姓怨上,大臣内变;子胥以谏死,太宰嚭用事,顺君之过以安其私:是残国之治也。今王诚发士卒佐之以徼其志,重宝以说其心,卑辞以尊其礼,其伐齐必也。彼战不胜,王之福矣。战胜,必以兵临晋,臣请北见晋君,令共攻之,弱吴必矣。其锐兵尽于齐,重甲困于晋,而王制其敝,此灭吴必矣。"越王大说,许诺。送子贡金百镒,剑一,良矛二。子贡不受,遂行。

报吴王曰："臣敬以大王之言告越王，越王大恐，曰：'孤不幸，少失先人，内不自量，抵罪于吴，军败身辱，栖于会稽，国为虚莽，赖大王之赐，使得奉俎豆而修祭祀，死不敢忘，何谋之敢虑！'"后五日，越使大夫种顿首言于吴王曰："东海役臣孤句践使者臣种，敢修下吏问于左右。今窃闻大王将兴大义，诛强救弱，困暴齐而抚周室，请悉起境内士卒三千人，孤请自被坚执锐，以先受矢石。因越贱臣种奉先人藏器，甲二十领，鈇屈卢之矛，步光之剑，以贺军吏。"吴王大说，以告子贡曰："越王欲身从寡人伐齐，可乎？"子贡曰："不可。夫空人之国，悉人之众，又从其君，不义。君受其币，许其师，而辞其君。"吴王许诺，乃谢越王。于是吴王乃遂发九郡兵伐齐。

子贡因去之晋，谓晋君曰："臣闻之，虑不先定不可以应卒，兵不先辨不可以胜敌。今夫齐与吴将战，彼战而不胜，越乱之必矣；与齐战而胜，必以其兵临晋。"晋君大恐，曰："为之奈何？"子贡曰："修兵休卒以待之。"晋君许诺。

子贡去而之鲁。吴王果与齐人战于艾陵，大破齐师，获七将军之兵而不归，果以兵临晋，与晋人相遇黄池之上。吴晋争强。晋人击之，大败吴师。越王闻之，涉江袭吴，去城七里而军。吴王闻之，去晋而归，与越战于五湖。三战不胜，城门不守，越遂围王宫，杀夫差而戮其相。破吴三年，东向而霸。

故子贡一出，存鲁，乱齐，破吴，强晋而霸越。①

通过对比可以看出，故事的过程、结果相同，但产生的原因不同。

① (汉)司马迁撰，(南朝宋)裴骃集解，(唐)司马贞索隐，(唐)张守节正义. 史记[M]. 北京：中华书局，1959：2197—2201.

一个是孔子内心不满齐景公而欲害齐国,一个是孔子不忍心齐国侵犯自己的祖国。儒墨两家对立,一个要诋毁孔子,一个要维护孔子,站在不同的叙事角度论述同一事情,这是无可厚非的。但此故事即使站在孔子的立场,仍然不能掩盖子贡唆使田恒作乱的真相,也不能掩盖孔子派子贡唆使田恒作乱的真相,哪怕孔子是站在保护鲁国的立场上。历史的真相无论如何掩盖,总会露出些蛛丝马迹。典籍中还有一些与此事件相关的资料,我们也可以抽丝剥茧,一一给剥离出来。《荀子·法行》载:

> 南郭惠子问于子贡曰:"夫子之门,何其杂也?"子贡曰:"君子正身以俟,欲来者不距,欲去者不止。且夫良医之门多病人,檃栝之侧多枉木,是以杂也。"①

此南郭惠子即《墨子·非儒下》之南郭惠子,曾参与田恒作乱,子贡是如何与南郭惠子产生交集的?此实即《墨子》中"乃遣子贡之齐,因南郭惠子以见田常"之事。子贡凭南郭惠子见田恒,所以两人才有了对话的机会。而在《荀子》中,故事的大背景略而不书,使后世只知道子贡对南郭惠子赞扬孔子之伟大。那么"孔子受币"发生在何时?《孔丛子·嘉言》:

> 齐东郭亥欲攻田氏,执贽见夫子而访焉。夫子曰:"子为义也,丘不足与计事。"揖子贡使答之。子贡谓之曰:"今子,士也,位卑而图大。位卑则人不附也,图大则人惮之,殆非子之任也,盍姑已乎?夫以一缕之任系千钧之重,上悬之于无极之高,下垂

① 董治安、郑杰文、魏代富整理.荀子汇校汇注附考说[M].南京:凤凰出版社,2018:1468.

之于不测之深，旁人皆哀其绝，而造之者不知其危，子之谓乎！马方骇，鼓而惊之；系方绝，重而填之。马奔车覆，六辔不禁；系绝于高，坠入于深，其危必矣。"东郭亥色战而跪曰："吾已矣！愿子无言。"既而夫子告子贡曰："东郭亥，欲为义者也，子亦告之以难易则可矣，奚至惧之哉！"①

笔者怀疑这则故事就是"孔子受币"事的另一个版本，东郭亥就是南郭惠子。南郭惠子误作东郭亥有两个阶段，先是被改作东郭牙，东郭牙是齐桓公时著名大臣。笔者在拙作《先秦两汉历史传说研究》中提到，历史传说的人物转移，有一种是非著名人物向著名人物转移，地方名人向全国名人转移，此乃传说扩大流布的方式。传说人物如果影响太小，在流传过程中就会被大众熟知的人物所替代。南郭惠子大家是比较陌生的，故流传到后来被比他著名的东郭牙代替。当然这种替代不是无序替代，而是有规律可寻的。一种是同属性的替代，即此故事主题表现为智慧、善良、勇敢、狡黠等，被替代人物和替代人物的特征表现为同一属性。比如一个故事表现为勇敢，那么在替代中，子路作为替代人物出现的概率就比孔子大。一种是同符号的替代，即被替代人物和替代人物的名字具有一定的关联，拙著《先秦两汉历史传说研究》也有论述。② 此即属于第二种情况，南郭、东郭在符号上有关联，故此故事在流传中不著名的南郭惠子被著名的东郭牙替代。第二个阶段是东郭牙误作东郭亥，"牙""亥"二字最初是形近而讹，但后世却默默接受了这种讹变，因为东郭牙生活时代和田恒不同，所以将错就错。该篇中提到"执贽见夫子而访焉"，"执

---

① 傅亚庶. 孔丛子校释[M]. 北京：中华书局，2011：3.

② 参见魏代富《先秦两汉历史传说研究》，北京：人民出版社，2019年，第57—76页。

贽”就是“受币”。此故事应该发生在田恒窃国之后,南郭惠子因不满于田恒做法,欲攻打田恒,故拿着币帛去向孔子问是否可行。此当是儒家为维护孔子形象改造后的说法,而《盗跖》篇的说法亦可逆推而得,当是田恒窃国之后,感子贡谋划之恩,遣南郭惠子给孔子送礼。

我们现在看到的很多文献都是后人加工过的结果,尽信书不如无书,在文献利用上,必须保持谨慎的态度。自从汉代罢黜百家、独尊儒术之后,孔子圣人的形象被树立起来,对他不利的材料或者被遗弃,或者被改造,导致对其不利的材料慢慢消失。《墨子·非儒下》记载的孔子故事,也见于《晏子春秋外篇·仲尼见景公景公欲封之晏子以为不可》章,“孔某乃恚怒于景公与晏子”以下一段文字,《晏子春秋》只作“孔子乃行”,孙诒让说:“《墨子·非儒》……疑本《晏子春秋》,后人以其诋讥孔子,乃删去其文,改为‘仲尼乃行’四字。”①其说近是。

关于此点,笔者还认为在研究古代文学时必须破除一种现象:将研究的对象推崇得太高。现在的研究存在一个趋势,过度推崇所研究的对象,不但将名人推崇甚高,其于非名人也普遍采取推崇的态度。推崇名人是受主流学术圈的影响,若人人皆夸赞某名人及其作品,独有一人鄙之,则此人惮受众人之讥讽。然读者对作品之感受,其首要的因素是读者与作者心灵的契合,而每个读者的价值观是不同的,每个作者的价值观也是不同的,作者与读者不可能达到完美契合。如笔者幼喜老庄,对于诗歌则喜欢浪漫洒脱者,故喜李白甚于杜甫;至于杜甫之诗歌,则偏爱于写景一类,其忧国忧民的三吏、三别等作,笔者则无法达到情感的共鸣。又比如陶渊明,世人皆赞其安贫乐道,然《晋书》言“以亲老家贫,起为州祭酒”②,既然“安贫”,复何以

① 吴则虞.晏子春秋集释[M].北京:中华书局,1982:496.
② (唐)房玄龄等.晋书[M].北京:中华书局,1974:2461.

因贫而出仕？笔者亦自谓安贫乐道，然固无因贫而出仕之志也。故笔者觉陶氏之人，颇为虚伪；观陶氏之诗，亦为平常。至于将非名人推崇甚高，盖因当今学术昌盛，百家争鸣，研究名人者甚多，出新太难，故有研究者将目光集中于非名人身上，转而去找文学史上二流、三流乃至于乡邦等不入流之人进行研究，对其作品大加赞赏，深叹其人才高名低。然时间之作用乃淘沙见金，沧海遗珠，或偶有出现，而绝不可能出现大量遗漏的现象。此等诸人之所以没能站上文学的巅峰，其主要原因即是作品不能经时间之检验。故古代文学的研究，必须将一切研究对象回归到人的角度，才能尽可能公平公正地去评价一个人。笔者从不相信历史上是有圣人存在的，所有的圣人都是后世塑造的，孔子也是，《论语》中的孔子首先是个有血有肉的人，他不会掩饰自己的缺点，喜欢开玩笑，愿意作"匏瓜"，原意"待沽者"，为了实现自己的政治理想丝毫不掩饰迫切为官的愿望。晏子诋毁孔子，齐景公因而不封，从"人性"的角度来看，孔子心生怨恨，不正符合孔子"以怨报怨"的性格？且当时齐强鲁弱，站在国家的角度，通过田恒叛乱削弱齐国的势力，对鲁国是大有帮助的。

回到第二个问题，《盗跖》篇说："孔子不见母，匡子不见父，义之失也。"匡子不见父见于《孟子》，孔子不见母文献上也没有记载。《释文》："孔子不见母，李云：'未闻。'"①直接说没听说过。成玄英疏："孔子滞耽圣迹，历国应聘，其母临终，孔子不见。"说孔子因为一直在外游历，其母亲去世的时候，孔子来不及见到。但此说法亦不见文献记载，盖成氏凿说。阮毓崧曰："《家语·本始解》：'叔梁纥娶于鲁之施氏，生女九人，无男。纥曰："是无子也。"乃求婚颜氏征在，生孔子。'又《家语·本命》篇：'妇有七出，无子第二。'然则此云'不见

① (唐)陆德明. 经典释文[M]. 北京：中华书局，1983：400.

母'者,其果施氏被出,而孔子不之见耶?"①认为叔梁纥第一个妻子因没有生儿子而被休,故孔子出生后未见过叔梁纥的第一个妻子。施氏非孔子之生母,此文之目的乃诋毁孔子,假若施氏被休,与孔子又有何干?此故事与田恒受币事一样,以其不利于孔子形象,故后期渐渐隐没不闻,所以也只能通过相关文献来推测。《礼记·檀弓上》记载了这样一个故事:

> 孔子少孤,不知其墓,殡于五父之衢。人之见之者,皆以为葬也。其慎也,盖殡也。问于郰曼父之母,然后得合葬于防。②

言孔子小时候,他的父亲叔梁纥即去世,孔子不知道他的父亲埋葬在何处。其后孔子之母去世,因为孔子不知道父亲的墓在哪,所以将其母亲埋葬在五父之衢。战国之时尚合葬③,孔子之母去世后应该与其父亲埋葬于一处。因其不知父墓,故埋葬在四通八达的道路中间,这样其母亲的灵魂可以沿着道路与其父亲的灵魂汇合。后来孔子问了郰曼父之母方才得知父亲的墓地,因又将其母合葬于父之墓。

接下来的问题是,孔子之母为什么不告诉孔子他父亲的墓在哪?郑玄注《檀弓》曰:"孔子之父郰叔梁纥与颜氏之女征在野合而生孔子,征在耻焉不告。"④因为孔子是叔梁纥与颜征在野合而生,颜征在觉着很羞耻,所以不跟孔子说。何为"野合"?《史记·孔子世家》索

---

① 阮毓崧. 庄子集注[M]. 台北:广文书局,1972:481.

② (清)阮元校刻. 十三经注疏·礼记正义[M]. 北京:中华书局,1980:1275.

③《礼记·檀弓》:"周公盖祔。"祔即合葬,认为周公始创合葬。但据出土墓葬,新石器晚期墓中已经有合葬出现,春秋战国时期则大为盛行。

④ (清)阮元校刻. 十三经注疏·礼记正义[M]. 北京:中华书局,1980:1275.

隐云:“《家语》云:‘梁纥娶鲁之施氏,生九女,其妾生孟皮,孟皮病足,乃求婚于颜氏征在,从父命为婚。’其文甚明。今此云‘野合’者,盖谓梁纥老而征在少,非当壮室初笄之礼,故云‘野合’,谓不合礼仪。”①认为男女结合应该男当壮室、女当初笄,叔梁纥年纪大,已过壮室之年,其娶颜征在为妻,是有违于礼仪的,故曰“野合”。但依这种解释,叔梁纥、颜征在总是两情相悦的,颜氏又何耻焉?司马贞注《史记》曰:“谓孔子少孤,不的知父坟处,非谓不知其茔地。征在笄年适于梁纥,无几而老死,是少寡,盖以为嫌,不从送葬,故不知坟处,遂不告耳,非讳之也。”②以为孔子很小叔梁纥即去世,颜征在送葬之时未领孔子前去,故孔子不知父墓所在。然即使未从送葬,其母死时孔子得主丧事,则孔子已长,既长则每年必祭祀其父,何以颜征在仍不告之?

欲解决此问题,首先要解决颜征在为何不告诉孔子叔梁纥之墓所在的问题。战国之时既尚合葬,颜征在不告知孔子,必然是因为不想跟叔梁纥葬在一起。不想跟叔梁纥葬在一起,则表明颜征在内心痛恨叔梁纥。颜征在内心痛恨叔梁纥,又表明颜征在并不想嫁给叔梁纥,是不得已而嫁给他。为什么不得已而嫁给他?此即跟“野合”有关,《家语》“不合礼仪”之说,盖后世为维护孔子之名声而妄说也。“野合”之义,当是叔梁纥强奸了颜征在之后,颜征在怀孕,只能被迫嫁给叔梁纥。但即使嫁给叔梁纥,颜征在内心仍是极为痛恨他的,故死后也不愿意和叔梁纥埋葬在一起,因此不告知孔子叔梁纥墓地所在。颜征在是何时去世的?依《孔子世家》,其事发生于孔子年十七

① (汉)司马迁撰,(南朝宋)裴骃集解,(唐)司马贞索隐,(唐)张守节正义.史记[M].北京:中华书局,1959:1906.

② (汉)司马迁撰,(南朝宋)裴骃集解,(唐)司马贞索隐,(唐)张守节正义.史记[M].北京:中华书局,1959:1907.

之前，而孔子既能掌母亲之葬事，则年龄当不低于十岁。十余年的时间未告知孔子，可见颜征在对叔梁纥的恨意经历十余年的消磨，并没有减少。从心理学上来说，女性被强奸后，会患上创伤后应激障碍的精神疾病："创伤后应激障碍（post-traumatic stress disorder，PTSD）是一类在接触极为严重的创伤事件后，出现反复重新体验创伤事件，并伴有觉醒增高与创伤相关刺激为特征的心理障碍。会引起 PTSD 的创伤事件包括：严重的自然灾害，比如地震、洪水、龙卷风；人为灾难，比如战争、杀戮、强暴、交通事故。"①创伤后应激障碍的一种表现即为情感麻痹，将自己的情感埋藏心底，慢慢地将自己和外界隔绝，排斥一切外部事物。颜征在又与单纯的被强奸不同，她被强奸之后还要嫁给强奸她的人，则其内心的痛苦又更甚一筹。颜征在的遭遇，使她不止痛恨叔梁纥，也会对叔梁纥的孩子持一种厌恶的态度。孔子在一种被母亲厌恶的环境之下，恐怕很难对其母保持亲爱的态度。《史记·孔子世家》载颜征在去世之后："孔子要绖，季孙飨士，孔子与往。"②孔子在为母守丧期间欲去季孙家大吃大喝，这是完全违背丧制的。由此可推知孔子对颜征在并没有多少感情。③ 我们看孔子的心理，似乎对女子甚为讨厌，《论语》中论及女子，只有"唯女子与小人难养也"④一句话，这恐怕是因他的生活环境，不止对其母亲，甚至对其他女子也排斥起来。而厌恶一切女性的人的心理形成，多与

① 王建平主编. 变态心理学［M］. 北京：开明出版社，2012：42.

② （汉）司马迁撰，（南朝宋）裴骃集解，（唐）司马贞索隐，（唐）张守节正义. 史记［M］. 北京：中华书局，1959：1907.

③ 古人实际上已经注意到这段记载与孔子形象不符，司马贞《索隐》："一作'要经'。要经犹带经也，故刘氏云嗜学之意是也。"将"绖"改为"经"，解释为孔子热爱学习，以此维护孔子形象，正可窥见对孔子不利之材料进行修改的痕迹。

④ 杨伯峻. 论语译注［M］. 北京：中华书局，1980：191.

小时候受母亲虐待有关,那么孔子“不见母”也就可以理解了。而且孔家的家风一直不甚正,《事文类聚后集》卷十五引《孔子家语后序》:“自叔梁纥始出妻,及伯鱼亦出妻,子思又出妻,故称孔氏三世出妻。”①孔子之父亲叔梁纥、儿子伯鱼、孙子子思皆有休妻之行为,如此家风,必然是不尊重女性的。

对“孔子不见母”,笔者纯粹是从心理学上推测的。笔者研究古代文学,一向支持从两个方面进行考证,一个是文献学上的,一个是心理学上的。之所以引入心理学,是因为典籍可能千载之内有无数次变化,以后出之资料论证前出之事情,需要谨慎对待。但人们的基本心理却是千载不变的,站在“人”的角度去推导古人的心理,而不是从“圣”的角度去赞扬研究对象,也可视作客观的证据。

六、《庄子》与务成子——兼论《庄子》中的房中术问题。

《汉书·艺文志》有小说家《务成子》十一篇,五行家有《务成子灾异应》十四卷,房中家有《务成子阴道》三十六卷,这三书,现在均已不传。小说家的《务成子》十一篇,班固注:“称‘尧问’,非古语。”②“称‘尧问’”的意思是:这十一篇的内容,是记载尧问务成子的事情。“非古语”意思是:语言上和汉代语言较为接近,和上古语言则相差悬远。班固虽未作定论,但从此六字的评价,可以推测班固基本否定小说家《务成子》是先秦典籍。

目前先秦两汉存世典籍中与务成子有关的资料有《荀子·大略》载:“尧学乎君畴,舜学于务成昭,禹学于西王国。”③杨倞注引《尸子》:“务成昭之教舜曰:避天下之逆,从天下之顺,天下不足收也。避

① (宋)祝穆.古今事文类聚[M]//《景印文渊阁四库全书》第926册,台北:商务印书馆,1986:228.

② (汉)班固撰,(唐)颜师古注.汉书[M].北京:中华书局,1962:1744.

③ 董治安、郑杰文、魏代富整理.荀子汇校汇注附考说[M].南京:凤凰出版社,2018:1352.

天下之顺,从天下之逆,天下不足失也。”①沈钦韩《汉书疏证》于《务成子》十一篇下引此注之,盖认为此即《务成子》遗文。王齐洲据此认为:“钱穆《先秦诸子系年》拟订尸佼卒年为公元前330年,则距秦统一尚有百余年。《尸子》著引《务成子》,则《务成子》为先秦典籍无疑。”②但在笔者看来,《汉志》中的《务成子》和《尸子》中引的务成子当不是一书。《汉志》明言称“尧问”,记载的应该是尧问务成子之事,而《荀子》《尸子》中的务成子和舜是同一时代的。根据传说人物越往后生活年代越靠前的原则,舜时期的务成子出现要早于尧时期的务成子,《汉志》的务成子可能是汉时期的。《韩诗外传》卷五载:“黄帝学乎大坟,颛顼学乎禄图,帝喾学乎赤松子,尧学乎务成子附,舜学乎尹寿,禹学乎西王国,汤学乎贷子相,文王学乎锡畴子斯,武王学乎太公,周公学乎虢叔,仲尼学乎老聃。”③从其内容来看,可能本于《荀子》而有所增饰,其中即将务成子前移于尧时期。

出土文献中与务成子有关的资料,马王堆帛书《十问》第六问王子乔父与彭祖的对话中说到:

> □□□□□□□巫成柖□□不死。巫成柖以四时为辅,天地为经,巫成柖与阴阳皆生。阴阳不死,巫成柖兴(与)相视,有道之士亦如此。④

---

① 董治安、郑杰文、魏代富整理.荀子汇校汇注附考说[M].南京:凤凰出版社,2018:1360.

② 王齐洲.《汉书·艺文志》著录之小说家《务成子》等四家考辨[J].南京师范大学文学院学报,2008(1):2.

③ 屈守元.韩诗外传笺疏[M].成都:巴蜀书社,1996:499—500.按:这段记载又见于《新序·杂事》《白虎通·辟雍》《潜夫论·赞学》。《新序》作“务成跗”,《白虎通》作“务成子”,《潜夫论》作“务成”。“昭”“跗”“附”相假。

④ 魏启鹏、胡翔骅.马王堆汉墓医书校释(贰)[M].成都:成都出版社,1992:113.

“巫”和“务”通，“昭”与“柖”通。前有阙文，需要根据整章来推测其大体意思。此章论房中之术，主要讨论如何才能保持男性精气不泄。而保持精气不泄的人，能够“上察于天，下播于地，能者必神，故能形解”①，上天入地，精神超越形体。“明大道者，其行陵云，上自麋榣，水能流远，龙登能高，疾力不倦”②，能够乘云气，如水流远，随顺变化，不知疲倦。然后下面即是此段，举务成子的例子来作证明。故此段大义是务成子通过修炼房中术达到了与四时、天地合德，与阴阳同生的境界。阴阳是不死的，务成子也是不死的。《汉志》中《务成子阴道》三十六卷，即使是伪托，也是在务成子擅长房中术这一前提下伪造的。

另一处文献，银雀山汉墓竹简《论政论兵之类·舜与牟成》：

> ……者。”牟成犳曰：“实居是去非。”舜曰：“请问实居是去[非]……
>
> ……所以退之”牟成犳曰：“进能是退是……
>
> ……舜曰：“请问其说？”牟成[犳曰]……
>
> ……者养也。”舜曰：“请问……
>
> ……[正(政)]坏、寒扁、□失者。”牟成犳……
>
> ……[牟]成犳曰……
>
> ……牟成犳曰……
>
> ……牟成犳曰……
>
> ……[牟]成犳……

① 魏启鹏、胡翔骅. 马王堆汉墓医书校释(贰)[M]. 成都：成都出版社，1992：113.

② 魏启鹏、胡翔骅. 马王堆汉墓医书校释(贰)[M]. 成都：成都出版社，1992：113.

……牟成犳曰:“有唐……

……舜曰:“曹人不能守其国……

……而为失。”舜曰……①

整理者说:“‘犳’字不见于字书,字当从牛勺声。牟成犳,即见于古书的务成昭。”②其说是。“务(務)”从矛声,“矛”“牟”并明母幽部字,所以从矛从牟的字古代可通假。《荀子·成相》:“身让卞随与牟光。”牟光,即务光。《礼记·内则》郑笺:“牟,读曰鍪。”《礼记·曲礼》释文:“矛,本又作‘鉾’。”并其证。③ “犳”从勺得声,“昭”从召得声,从勺从召也通假。《尉缭子·将理》:“灼人之胁。”银雀山本“灼”作“照”。《淮南子·道应》:“孔子劲杓国门之关。”《主术》篇“杓”作“招”。并其证。④ 此文的对话者为舜和务成子,与《尸子》所载相同。银雀山汉墓乃西汉早期墓(一般认定为文帝、景帝至武帝时期,不晚于武帝),其内容应该是战国以前流传下来的。上文提到《韩诗外传》中务成子和尧生活时代相近,《韩诗外传》是韩婴所作,韩婴为文帝时人,可以证明至少在文帝时,务成子生活时代已经有尧时代和舜时代两种说法。又此文残缺严重,但据“实居是去非”中“是”“非”相反,“进能是退是”中“进”“退”相反,《尸子》中“避天下之逆,从天下之顺”“避天下之顺,从天下之逆”中“顺”“逆”相反,两处似有一定关

① 银雀山汉墓竹简整理小组.银雀山汉墓竹简(贰)[M].北京:文物出版社,2010:171.

② 银雀山汉墓竹简整理小组.银雀山汉墓竹简(贰)[M].北京:文物出版社,2010:171.

③ 以上从矛从牟通假之证据,均转引自张儒、刘毓庆《汉字通用声素研究》,太原:山西古籍出版社,2001年,第106页。

④ 以上从勺从召通假之证据,均转引自张儒、刘毓庆《汉字通用声素研究》,太原:山西古籍出版社,2001年,第254页。

联，或许务成子的思想是用辩证的理论来讨论治国的方法。

以上为早期典籍中务成子的资料，由于比较少，很难系统地对其思想展开探讨。笔者在校《庄子》时，发现了两条新的资料，对于进一步理解务成子有很大帮助。《天运》篇开篇即曰：

> “天其运乎？地其处乎？日月其争于所乎？孰主张是？孰维纲是？孰居无事推而行是？意者其有机缄而不得已乎？意者其运转而不能自止邪？云者为雨乎？雨者为云乎？孰隆施是？孰居无事淫乐而劝是？风起北方，一西一东，有上仿偟。孰嘘吸是？孰居无事而披拂是？敢问何故？”巫咸袑曰：“来，吾语女。天有六极五常，帝王顺之则治，逆之则凶。九洛之事，治成德备，临照下土，天下戴之，此谓上皇。”

此段文字历来被评《庄》者称扬，如明陆西星曰：

> 此篇所论天地帝王之道，贵无为而贱有为，重道德而轻仁义，篇篇一旨，但阖辟变化如风云之卷舒，千态万状，令人应接不暇。故予谓读《庄子》者，如观幻人幻物，知其为幻，则千法万法皆从一法而生，不复受其簸弄矣。①

还有的人认为该文无问者有答者，与屈原的《天问》有异曲同工之妙，如范耕研曰：

> 此章前以天象发问，明袭屈原《天问》，而无其恢皇。答者亦应就天象解释，如柳子厚《天对》之比。而巫咸所答但言“治成

① （明）陆西星. 南华真经副墨［M］. 明万历六年刻本：卷四.

> 德备”，舍天而言人，盖当时人类知识尚不足以解释此类问题，只应存而不论，不为强说，所谓“知止于其所不知”也。①

这类文学赏析，掺杂了过多的主观性，一向是靠不住的。根据马王堆帛书中务成子写作巫成柖，很容易推断出此文的“咸”即是“成”的形讹，巫成柖就是务成子。而且此段话不是无问者，而是问者脱漏，据《荀子》《尸子》《论政论兵之类》，此文的问者很大可能即是舜。该文和《尸子》所引务成子之语表达的思想有一定的关系，《天运》中说“顺之则治，逆之则凶”，《尸子》中务成子说“避天下之逆，从天下之顺，天下不足取也”与“帝王顺之则治”义近，而《尸子》中“避天下之顺，从天下之逆，天下不足失也”又与此文“帝王逆之则凶”义近，当即一语之变，为同一思想的不同表述。那么前面数则问语和答语有何关联？在笔者看来，务成子在先秦时期大概有两种形象，一种是政治家，一种是房中家，两种形象的核心都是法天象。先说政治家，其政治思想的核心是法天而治人，所以《天运》中舜问天象，而务成子却回答说：“天有六极五常，帝王顺之则治，逆之则凶。九洛之事，治成德备，临照下土，天下戴之，此谓上皇。”六极五常，成玄英说：“六极，谓六合，四方上下也。五常，谓五行，金、木、水、火、土，人伦之常性也。言自然之理，有此六极五常，至于日月风云，例皆如此，但当任之，自然具足，何为措意于其间哉？”陈景元说：“寒、暑、燥、湿、风、火六气，气极则变，故曰‘六极’。金、木、水、火、土五运，运常则化，故曰‘五常’。”②陈景元的说法更确切一些。帝王应当顺法六气五行而为政。九洛之事，成玄英说：“九洛之事者，九州聚落之事也。言王者应

① 范耕研. 庄子诂义[M]. 民国三十七年济东印书社本：卷五.

② 转引自褚伯秀《南华真经义海纂微》，《景印文渊阁四库全书》第1057册，台北：商务印书馆，1986年，第408页。

天顺物,驭用无心,故致天下太平,人歌击壤。九州聚落之地,治定功成;八荒夷狄之邦,道圆德备。既合二仪,覆载万物;又齐三景,照临下土。"吕吉甫说:"九洛之事,则洛之九畴也,九畴之用至于福极,则治成德备,监照下土,而天下载之矣。"①陈景元说:"九洛,谓《洛书》、九畴,《洪范》所陈者是也。王者得《洪范》九畴,则彝伦攸叙,五福被,民顺也;失《洪范》九畴,则彝伦攸斁,六极伤,民逆也。"②按:吕吉甫、陈景元之说较为可信,《洪范》是法五行来治理国家,和上面的"六极五常"意思相承接。

接着再看房中家,务成子的房中术大概是通过法天而行事,使房事合于天象,生命得到延续,所以《十问》中说"以四时为辅,天地为经"。关于此语,文中没有明确记录。但通过其他记载或许可窥一斑。如《十问》第一问中黄帝和天师的对话中,提到"翕毋过五,致之口,枚之心,四辅所贵,玄尊乃至"③,此处的"四辅"或即"四时为辅"的简称。"翕"是指吸吮女子之口液,在古人看来是吸取女性的阴精以补充男性的阳精。"致之口"是说吸进口中。"枚之心"是说藏进心里。"玄尊"本指玄酒,这里比喻吸食女性的口液。故"四时为辅"应该是说接吻时吸吮女性口液的方法,应该与四时的运行相结合。《十问》第四问中记载黄帝和容成的对话,提到"食气有禁,春避浊阳,夏避汤风,秋避霜雾,冬避凌阴,必去四咎,乃深息以为寿"④,是说食气之时,在四时中要回避不同的天气,此盖与"四时为辅"亦有一定关系。关于"天地为经",《十问》第四问黄帝和容成的对话中,提

① (宋)吕惠卿. 壬辰重改证吕太尉经进庄子全解[M]. 金大定十二年本:卷五.

② 转引自褚伯秀《南华真经义海纂微》,《景印文渊阁四库全书》第1057册,台北:商务印书馆,1986年,第408页。

③ 魏启鹏、胡翔骅. 马王堆汉墓医书校释(贰)[M]. 成都:成都出版社,1992:93.

④ 魏启鹏、胡翔骅. 马王堆汉墓医书校释(贰)[M]. 成都:成都出版社,1992:104—105.

到“天气月尽月盈，故能长生。地气岁有寒暑，险易相取，故地久而不腐。君必察天地之情，而行之以身”①，是说天之气在一月之中有盈虚之变，所以能长存。地之气在一年之中有寒暑之变，就像崎岖和平坦相互依存一样，所以大地悠久而不会腐烂。君主应该观察天地能通过变化相辅的特点，从而在处理朝政之时也要遵循变化的原则。“以天地为经”的意思大概是指性交时有浅有深、有出有入等动作，通过变化来得到长生。务成子的房中之道大概也和这些记载相类。

《天运》之外，《知北游》还有一段记载：

> 舜问乎丞曰：“道可得而有乎？”曰：“汝身非汝有也，汝何得有夫道！”舜曰：“吾身非吾有也，孰有之哉？”曰：“是天地之委形也；生非汝有，是天地之委和也；性命非汝有，是天地之委顺也；孙子非汝有，是天地之委蜕也。故行不知所往，处不知所持，食不知所味。天地之强阳气也，又胡可得而有邪！”

关于丞，《释文》：“如字。李云：‘舜师也。’一云：‘古有四辅，前疑后丞，盖官名。’”②一说人名，一说官名。先说官名，古人问起宰辅，无以官名为问者，此观点固不确也。而古籍中舜之师又未有名丞者，所以笔者怀疑“丞”就是“巫”的形讹③，而“巫”即是“巫成褶”的省脱。就思想上来说，此章强调的是人之一切，皆天地之所委弃。其以天地为核心论点，又和《十问》中以“天地为经”是相关的。故此章为务成子遗说的可能性也比较大。

---

① 魏启鹏、胡翔骅．马王堆汉墓医书校释（贰）［M］．成都：成都出版社，1992：104.

② （唐）陆德明．经典释文［M］．北京：中华书局，1983：389.

③《列子·天瑞》作“烝”，“烝”乃“丞”之变。

以上是对务成子相关资料的分析。笔者在第七章中论《庄子》和方术的关系，其实就想写房中术一段，将《天运》篇务成子一段资料放进去，但鉴于无明确之证据，只能将其视作政治家的务成子，而非房中家的务成子。然而此怀疑在笔者的脑中始终不能祛除，因为《十问》中的诸人之问答基本用韵文的形式写成，而《天运》篇也采取这种形式。而且《十问》也并非单纯的问男女合和之事，而是借天地之道以论之，如第一问：

> 黄帝问于天师曰："万物何得而行？草木何得而长？日月何得而明？"天师曰："尔察天之情，阴阳为正，万物失之而不继，得之而赢。食阴模阳，稽于神明。"①

"稽于神明"以下才是具体论房中之法，但如果忽之而不论，则和论道之言无甚差别。且《庄子》中许多语句和《十问》有关联，笔者初步统计如下：

《十问》	《庄子》
第一问：黄帝问于天师曰。	《徐无鬼》：黄帝再拜稽首，称天师而退。
第一问：万物何得而行？草木何得而长？日月何得而明？	《在宥》：云气不待族而雨，草木不待黄而落，日月之光益以荒矣。
第一问：尔察天之情，阴阳为正，万物失之而不继，得之而赢。	《渔父》：且道者，万物之所由也。庶物失之者死，得之者生。
第一问：食阴模阳，稽于神明。	《天运》：世疑之，稽于圣人。
第二问：黄帝问于大成曰。	《山木》：昔吾闻之大成之人曰。

① 魏启鹏、胡翔骅．马王堆汉墓医书校释（贰）［M］．成都：成都出版社，1992：93.

续表

《十问》	《庄子》
第二问:兴彼鸣虫,鸣雄有精。	《天运》:虫,雄鸣于上风,雌应于下风而化。
第三问:民何失而死?何得而生? 第四问:民始蒲淳溜刑,何得而生?溜刑成体,何失而死?	《田子方》:万物亦然,有待也而死,有待也而生。 《知北游》:已化而生,又化而死。
第三问:……取其精,待彼合气,而微动其形。	《在宥》:吾欲取天地之精。
第三问:长生之稽,侦用玉闭。……故能长生。 第六问:慎守勿失,长生累世。	《在宥》:必静必清,无劳女形,无摇女精,乃可以长生。……慎女内,闭女外,多知为败。……慎守女身,物将自壮。
第三问:接阴之道,必心塞葆,形气相保。	《在宥》:目无所见,耳无所闻,心无所知,女神将守形,形乃长生。
第四问:溜刑成体。	《达生》:天地者,万物之父母也。合则成体,散则成始。
第四问:天地之至精,生于无征,长于无形,成于无体。	《至乐》:然察其始而本无生;非徒无生也,而本无形;非徒无形也,而本无气。
第四问:息必深而久。 又:深息长徐。	《大宗师》:其息深深。
第四问:朝息之治,其出也务合于天,其入也揆彼润满,如藏于渊。	《在宥》:其居也渊而静,其动也县而天。
第五问:尧问于舜曰:"天下孰最贵?"舜曰:"生最贵。"尧曰:"治生奈何?"舜曰:"审夫阴阳。"	《在宥》:黄帝退,捐天下,筑特室,席白茅,间居三月,复往邀之。广成子南首而卧,黄帝顺下风,膝行而进,再拜稽首而问曰:"闻吾子达于至道,敢问治身奈何而可以长久?"广成子蹶然而起,曰:"……我为女遂于大明之上矣,至彼至阳之原也。为女入于窈冥之门矣,至彼至阴之原也。天地有官,阴阳有藏;慎守女身,物将自壮。" 《让王》:中山公子牟谓瞻子曰:"身在

续表

《十问》	《庄子》
	江海之上,心居乎魏阙之下,奈何?"瞻子曰:"重生。重生则利轻。"
第六问:彼生之多,上察于天,下播于地,能者必神,故能形解。	《刻意》:精神四达并流,无所不极,上际于天,下蟠于地,化育万物,不可为象,其名为同帝。
第八问:六极之宗也。 第九问:致之六极,六极坚精。	《天运》:天有六极五常。
第十问:接阴之道,以静为强,平心如水。	《德充符》:平者,水停之盛也。其可以为法也,内保之而外不荡也。 《刻意》:水之性,不杂则清,莫动则平;郁闭而不流,亦不能清;天德之象也。故曰:纯粹而不杂,静一而不变,淡而无为,动而以天行,此养神之道也。
第十问:五音进答,孰短孰长。	《天运》:其声能短能长,能柔能刚,变化齐一,不主故常。

以上部分内容或许有一定的巧合性,但大量内容相近恐不能全以巧合说之。《在宥》篇"黄帝立为天子十九年"章,笔者在第七章就已经指出,其文不似庄子作。而此文多有与《十问》重合的地方,似也可以佐证此观点。

七、从《庄子》中的"文人观于臧"论关于姜子牙的一些问题。

《田子方》篇记载了这样一个故事:

> 文王观于臧,见一丈夫钓,而其钓莫钓。非持其钓有钓者也,常钓也。文王欲举而授之政,而恐大臣父兄之弗安也;欲终而释之,而不忍百姓之无天也。于是旦而属之大夫①曰:"昔者

① "大夫"原作"夫夫",见本章论重文部分。

寡人梦见良人,黑色而頾,乘驳马而偏朱蹄,号曰:‘寓而政于臧丈人,庶几乎民有瘳乎!’”诸大夫蹴然曰:“先君王也。”文王曰:“然则卜之?”诸大夫曰:“先君之命,王其无它,又何卜焉。”遂迎臧丈人而授之政。……

成玄英疏:“臧者,近渭水地名也。丈夫者,寓言于太公也。吕望未遭文王之前,纶钓于臧地,无心施饵,聊自寄此逍遥。”指出此故事本于文王遇姜子牙之事,这是正确的。但说“臧,近渭水地名也”却无证据,盖只是据姜子牙钓于渭水之事附会作解。

先来探讨“臧”的意思。我们说物质决定意识,传说也是,任何一则传说不可能脱离现实而完全虚构,必然有一定的痕迹可寻。郭店楚简《穷达以时》:“郘望为牂垄澽,战监门垄地,行年七十而屠牛于朝歌,举而为天子师,遇周文也。”①牂,裘锡圭读为“臧”,“垄澽”即“棘津”,②《方言》以臧为“奴婢贱称”③。《史记·游侠列传》正义引《尉缭子》言“太公望行年七十,卖食棘津”④,《说苑·尊贤》载其为“棘津迎客之舍人”⑤。此处言“观于臧”,或者即是后世因“为臧”而衍为新说。

接着探讨姜子牙的身份。此文显然是将臧丈人当作一个平民,历史上关于姜子牙也均当作平民看待,但笔者一直持怀疑态度。因

---

① 陈伟.楚地出土战国简册(十四种)[M].北京:经济科学出版社,2009:177.

② 裘锡圭说转引自张红《郭店简〈穷达以时〉集释》,吉林大学硕士论文,2006年,第19页。

③ (清)钱绎撰集,李发舜、黄建中点校.方言笺疏(第2版)[M].北京:中华书局,2013:98.

④ (汉)司马迁撰,(南朝宋)裴骃集解,(唐)司马贞索隐,(唐)张守节正义.史记[M].北京:中华书局,1959:3182.

⑤ 向宗鲁.说苑校证[M].北京:中华书局,1987:178.

为在奴隶社会，平民上位的机会很小，上至如此高的地位的机会则几乎没有。屈原早在《天问》中就提出了质疑，其文曰："师望在肆，昌何识？鼓刀扬声，后何喜？"①其对文王遇姜子牙的传说持不信任态度，正是对圣主求贤臣的一种否定，表明即使在屈原生活的战国时代，这种平民上位的现象也不多见。笔者的观点，姬姓和姜姓属于部落联盟的性质，且看如下资料：

厥初生民，时维姜嫄。②（《诗经·大雅·生民》。姜嫄，姜姓，炎帝后有邰氏的女子。）

实颖实栗，即有邰家室。③（《诗经·大雅·生民》。即有邰家室者，娶有邰氏女子为妻，即娶母族女子，则亦姜姓。）

古公亶父，来朝走马。率西水浒，至于岐下。爰及姜女，聿来胥宇。④（《诗经·大雅·绵》。姜女即《史记》之大姜，《列女传·周室三母》："大姜者，王季之母，有台氏之女。"）

当武王邑姜，方震大叔。⑤（《左传·昭公元年》。杜预注曰："邑姜，武王后，齐大公之女。"）

---

① （宋）洪兴祖.楚辞补注[M].北京：中华书局，1983：114.
② （清）阮元校刻.十三经注疏·毛诗正义[M].北京：中华书局，1980：528.
③ （清）阮元校刻.十三经注疏·毛诗正义[M].北京：中华书局，1980：530.
④ （清）阮元校刻.十三经注疏·毛诗正义[M].北京：中华书局，1980：510.
⑤ （清）阮元校刻.十三经注疏·春秋左传正义[M].北京：中华书局，1980：2023.

周穆王姜后昼寝而孕。①（《文选·张衡〈思玄赋〉》李善注引《古文周书》。）

周宣姜后者，齐侯之女也。②（《列女传·周宣姜后》。）

周朝始祖为姜嫄，则后稷之父娶姜姓女子为妻。后稷、古公亶父、周武王、周穆王、周宣王又皆娶姜姓女子为妻。《左传·成公九年》引逸诗："虽有姬姜，无弃蕉萃。"杜预注："姬姜，大国之女。蕉萃，陋贱之人。"③大国即指周朝。周朝，姬姓，曰"姬姜"者，盖亦因为周朝皇帝多娶姜姓女子，故连称之。这种现象，笔者觉着应该用部落联姻制度来解释。部落联姻有两个目的，第一是属于遗传学的优生，现在遗传学已经证明，近亲结婚对于后代有不良的影响；而族外通婚，能够引进外族的优良基因，促进族群的健康发展。英国学者甄克思说："图腾不婚，此人类最古之禁令也，凡蛮夷亦然。……彼亲亲之合，久乃灭亡，见其如此，乃立制防，且以为是神之所讳者，则凛然莫敢犯之矣。"④在原始社会时期，就已经确立同部落不婚的制度。第二是增强部落实力，泰勒以为："外婚制凭借氏族间不断的结合，促使一个成长扩展的部落保持自身的巩固，使它能够胜过任何孤立无援的小型内婚群体。"⑤部落与部落之间进行联姻，用以提高部落实力，

① （南朝梁）萧统编，（唐）李善注. 文选[M]. 上海：上海古籍出版社，1986：657.

② （汉）刘向. 列女传[M].《四部丛刊》景上海涵芬楼借长沙叶氏观古堂藏明刊本：卷二.

③ （清）阮元校刻. 十三经注疏·春秋左传正义[M]. 北京：中华书局，1980：1906.

④ [英]爱德华·甄克思著，严复译. 社会通诠[M]. 北京：北京时代华文书局，2013：14.

⑤ 转引自张岩《外婚制与人类社会起源》，《社会学研究》2006年第6期，第177页。

防止外族的侵扰。例如满蒙联姻,努尔哈赤为了对抗明朝,迎娶蒙古族科尔沁明安之女,推行满蒙通婚政策,即属于此类。姬姜联姻应该兼有两种性质,早期联姻以维持血缘关系为主,从公刘迁豳、古公亶父迁岐来看,两大部落实力并不强,面对戎狄的侵伐只能逃避,这时的联姻属于前者,只是进行通婚,不同部落首领之间互不干涉。部落内的人才也只限于在部落内活动,不能干涉另一个联姻部落的内务。随着周民族的进一步发展,为了对抗来自东方的商民族的压迫,姬姓部落吸取姜姓部落的优秀人才,为最终推翻商民族作准备。姜子牙被周文王纳入麾下,当是开创了姜姓人才进入姬姓部落的先风。作为第一个进入姬姓部落之人,周文王必须考虑部落内部的反对者。一般对此事的记载,只是说文王进行占卜,占卜的结果是将得到姜子牙。《庄子》此文说"而恐大臣父兄之弗安也",应该更为接近真实历史。

姬姓部落既和姜姓部落世代联姻,那么两部落所在位置当相去不远,周文王发现姜子牙之地也当在部落附近。但关于姜子牙故里以及周文王遇见姜子牙之地,历史上却没有明确的记载。先说姜子牙故里,早期文献有州人①、东海上人②、冀州③、河南汲县④等说,后

① 《荀子·君道》篇言文王:"倜然乃举太公州人而用之。""州"字,《韩诗外传》作"舟",郝懿行《荀子补注》、俞樾《诸子平议·荀子》以为"舟"字是,舟人者,即钓于渭滨之谓。但俞樾《曲园杂纂》卷十七《读韩诗外传》则以为地名,其文曰:"州者,国名也。《水经·〈阴沟水〉注》引《世本》:'许、州、向、申,姜也,炎帝后。'太公姜姓,疑本州国之人,故曰'州人'。举太公于州人而用之,正见文王舍便辟亲比而用他国之人也。'"关于州地所在,《左传·桓公五年》:"冬,州公如曹。"《左传》作"淳于公如曹",杜预注云:"淳于,州国所都。"淳于国在今山东安丘市东北。

② 《史记·齐太公世家》云:"太公望吕尚者,东海上人。其先祖尝为四岳,佐禹平水土甚有功。虞夏之际封于吕,或封于申,姓姜氏。夏商之时,申、吕或封枝庶子孙,或为庶人,尚其后苗裔也。本姓姜氏,从其封姓,故曰(转下页注)

来又扩展为甘肃羌州[①]、山西霍县[②]、河南许州[③]、河南新蔡[④]等说，都

（接上页注）吕尚。”这是目前关于姜子牙身世最早且最为详细的记载。关于东海的具体位置，目前有安丘、莒县、连云港等说，没有定论。《汉书·地理志》东海郡注：“高帝置。”其地大概在今山东东南、江苏东北一带。从其他文献推测，大体可认定为齐国东部人。《列女传》云：“齐女徐吾者，东海上贫妇人。”《吴越春秋·阖闾内传》云：“椒丘訢者，东海上人也，为齐王使于吴。”云“齐女”“为齐王”，则属于齐人无疑。此外，《战国策·秦策五》云：“太公望，齐之逐夫。”亦云齐人。《吕氏春秋·首时》篇云：“太公望，东夷之士也。”东夷乃周人对东方之人的统称，其范围亦略同于齐国东部。现在学者或以为姜子牙又名吕尚，“吕”“莒”音近，故将其地定在山东日照莒县。

③ 今本《列仙传》卷上载：“吕尚者，冀州人也，生而内智，预见存亡，避纣之乱，隐于辽东四十年。西适周，匿于南山，钓于磻溪，三年不获鱼。”《列仙传》有古本、续本、今本，今本《列仙传》产生略晚，然亦唐前成书。西汉冀州下辖河东、河内、魏、巨鹿等二十八郡国，大体在今河北、北京、天津、辽宁、山西、陕西、内蒙古七个省区市全部及部分地区，包含范围甚广。然此说流传不广，后世未见增衍者。

④ 太康十年《吕望表》：“齐太公吕望者，此县人。……太康二年，县之西偏有盗发冢，而得竹策之书，书藏之年，当秦坑儒之前八十六岁。其《周志》曰：‘文王梦天帝服玄禳，以立于令狐之津。帝曰：“昌，赐汝望。”文王再拜稽首。太公于后亦再拜稽首。文王梦之之夜，太公梦之亦然。其后文王见太公而剖之曰：“名为望乎？”答曰：“唯，为望。”’”（见毛远明《汉魏六朝碑刻校注》第8册，北京：线装书局，2008年）这是最早关于姜子牙在河南汲县的记载。需要注意的是，此处并非言姜太公生于汲县，而是言太康二年汲县出土一批竹简，其中出土的《周书》中有关于周文王和姜子牙故事的内容。但到了太康十年，汲县县令卢无忌立此碑时，直接将姜子牙认定为汲县人。又《水经注·清水》载：“汲县，晋太康中立。城西北有石夹水，飞湍浚急，人亦谓之磻溪，言太公尝钓于此也。城东门北侧有太公庙，庙前有碑。碑云：‘太公望者，河内汲人也。’……城北三十里有太公泉，泉上又有太公庙。”磻溪、太公庙、太公泉者，盖既定为汲县人，其后好事者乃据此而附会众多古迹。

① 参孙作云《〈诗经〉与周代社会研究》，北京：中华书局，1980年。

② 参王玉哲《先周族最早来源于山西》，《中华文史论丛》1982年第3期。

③ 参袁守泰《游姜太公钓鱼台》，《北京晚报》1981年1月2日。

④ 参马家敏《姜尚故里考》，《学术界》2001年第6期。

无确定的证据，甚至仅仅是因后世生成的传说而附会。再说周文王遇见姜子牙之地，《吕氏春秋·首时》篇云："钓于渭以观之。"①高诱注云："渭，水名，近丰、镐，文王所邑也。"②言其于丰、镐之地以得之。《谨听》篇又云："太公钓于滋泉。"③《水经注·渭水》："渭水之右，磻溪水注之，水出南山兹谷，乘高激流，注于溪中。溪中有泉，谓之兹泉。泉水潭积，自成渊渚，即《吕氏春秋》所谓'太公钓兹泉'也。"④又曰："霸者，水上地名也，古曰滋水矣。"⑤滋泉疑即因滋水而得名，滋水即霸水，滋泉当即在附近。又《竹书纪年》："(商纣)三十一年，西伯治兵于毕，得吕尚以为师。"⑥梁玉绳《史记志疑》云："毕有二，在渭南者名毕郢，文、武、周公之墓在焉。……在渭北者名毕陌，秦惠文、悼武两陵及汉诸陵在焉。"⑦《汉书·刘向传》"文、武、周公葬于毕"颜师古注："毕陌在长安西北四十里也。"⑧此言治兵于毕，当即指文、武、周公墓所在之毕，地在今西安西北。滋泉、毕名虽异，然皆在西安附近，盖亦一事歧传也，惜乎终无定说。

依照笔者之见，《竹书纪年》言周文王得姜子牙于毕，《汉书·刘向传》言文、武、周公葬于毕，《礼记·檀弓上》言"太公封于营丘，比

① 陈奇猷. 吕氏春秋新校释[M]. 上海:上海古籍出版社,1982:772.
② 陈奇猷. 吕氏春秋新校释[M]. 上海:上海古籍出版社,1982:778.
③ 陈奇猷. 吕氏春秋新校释[M]. 上海:上海古籍出版社,1982:710.
④ (北魏)郦道元著,陈桥驿校证. 水经注校证[M]. 北京:中华书局,2007:433.
⑤ (北魏)郦道元著,陈桥驿校证. 水经注校证[M]. 北京:中华书局,2007:456.
⑥ (南朝梁)沈约注,(明)范钦订. 竹书纪年[M]. 明范氏天一阁刊本:卷上. 按:笔者颇疑"臧丈人"之"臧"似即"毕"之形讹。清华简《祭公之顾命》有"用臧成大商",整理者读"臧"为"毕","臧"或即"臧"之形讹。
⑦ (清)梁玉绳. 史记志疑[M]. 北京:中华书局,1981:118.
⑧ (汉)班固撰,(唐)颜师古注. 汉书[M]. 北京:中华书局,1962:1953.

及五世,皆反葬于周"①,说明姜子牙也葬在毕,故只需考证出毕在何地,则许多问题即可迎刃而解。文王墓、武王墓究竟在何地历史上一直是个疑案,今传文王墓、武王墓在咸阳周陵,但当地考古发掘并未见大型墓葬,故后人附会的可能性很大。宋吕大临《考古图》卷五有《齐豆》,云:"熙宁中得于扶风,高五寸八分,深一寸,半径四寸八分,容六合半,铭三十字,有盖。"②其文字为:

> 姬寏母作大公、庸公、□公、鲁仲臤伯、省伯、孝公、静公豆,用祈眉寿,永命多福,永宝用。③

"庸"字,或释为"郭""虢""墉"等,三字古同。1992 年,陕西扶风巨良海家村出土了《师㝨钟》,其中有相近铭文:

> 师㝨自作朕皇祖太公、亯公、𨱔公、鲁中宪伯、孝公、朕烈考

① (清)阮元校刻. 十三经注疏 · 礼记正义[M]. 北京:中华书局,1980:1281. 按:孔颖达疏:"此一节论忠臣不欲离王室之事,太公封于营丘者,周之大师大公封于营丘。及其死也,反葬于镐京,陪文武之墓。"历来注家,皆承孔说,认为姜子牙功勋卓著,因此死后和文王、武王葬在一起。但《礼记》下引君子曰"不忘其本",引古之人说"狐死正丘首",说明的是姜子牙后人所以埋葬于毕,是因为姜子牙葬于毕。以此推论,姜子牙葬于毕,也是因为姜子牙祖墓在毕的可能性较大。《管子 · 小问》管子对桓公云有三本,其一曰:"故国,父母坟墓之所在,固也。"表明在管子之时,人死后,有葬于父母墓地的传统。这一传统,或是姜子牙葬于毕的延续。

② (宋)吕大临. 考古图[M]//《景印文渊阁四库全书》第 1058 册,台北:商务印书馆,2001:200.

③ 中国社会科学院考古研究所编. 殷周金文集成释文(第三卷)[M]. 香港:香港中文大学中国文化研究所,2001:603. 按:吕大临《考古图》释文多误,故不用。

⧄□和钟用喜侃前⧄绰,永命义孙子⧄。①

两处的大(太)公即姜子牙,姜子牙之后五世为庸公、䢵公、鲁仲(中)㝅(宪)伯、孝公、静公②,《史记·齐太公世家》姜子牙之后五世为丁公吕伋、乙公得、癸公慈母、哀公不辰、胡公静③,《礼记·檀弓》正义引《世本》五世为丁公伋、乙公得、痼公慈母、哀公不臣、胡公静④。比较两个系统,《世本》与《史记》为一个系统,《齐豆》与《师宝钟》为一个系统。之所以出现不同,应该是不同世系之间的差别。周代封建制度,某人受封,长子代父就封国,世代承袭封号;次子继父爵位留守故邑。《世本》《史记》所载应为嫡长子系统,《齐豆》与《师宝钟》所载当为丁公伋之弟系统。姜子牙当不止一个孩子,1974 年扶风强家村出土西周晚期《师臾钟》,其上有文字:

> 师丞肇作朕烈祖虢季、究公、幽叔、朕皇考德叔,大林钟,用喜侃前文人,用祈纯鲁永命,用介眉寿无疆。师臾其万年永宝享用。⑤

李学勤认为:"《师宝钟》等世系的第二代是郭公,系太公之子,《师臾钟》等世系第二代郭季应为郭公之弟,太公最小的儿子。"⑥根

① 高西省.扶风巨良海家出土大型爬龙等青铜器[J].文物,1994(2):92.
② 《齐豆》有省伯,较《师宝钟》多一世,未审何以如此,今不计入内。
③ (汉)司马迁撰,(南朝宋)裴骃集解,(唐)司马贞索隐,(唐)张守节正义.史记[M].北京:中华书局,1959:1481.
④ (清)阮元校刻.十三经注疏·礼记正义[M].北京:中华书局,1980:1281.
⑤ 中国社会科学院考古研究所编.殷周金文集成释文(第一卷)[M].香港:香港中文大学中国文化研究所,2001:107.
⑥ 李学勤.论西周王朝中的齐太公后裔[J].烟台大学学报,2010(4):100.

据伯仲叔季的兄弟排行，虢季应为姜子牙第四子。《师宝钟》的出土地海家村与《师臾钟》的出土地张家村相距不足十公里，盖姜子牙后裔之分化。海家村、张家村附近有姜家窑、郭家村（两处），与姜氏家族关系密切；又有召公镇、游风镇，名字与周文化关系密切，这些盖非巧合。姜子牙故里，当在此处，惟具体位置尚有待考古的进一步发掘。姜子牙故里在毕，周文王、武王、周公葬于同处，恐周朝先祖亦葬在此。则姬姓、姜姓不仅部落相近，其两部落的墓地也相近。

以上是笔者在论证“臧”时顺为考证的相关问题，因为与《庄子》原文关系不大，故未置于《汇考》之中。

八、《庄子》中服饰蕴含的意蕴。

《庄子》中有多处关于服饰的记载，如《山木》篇言庄子“衣大布”“正緳系履”，《让王》篇言原宪“华冠縰履”、颜回“正冠而缨绝，捉襟而肘见，纳屦而踵决”，其服饰是由经济状况决定的，并没有特殊的含义。但服饰的样式并不仅仅和经济状况有关，还“可以反映一个人的性别、民族、年龄、社会经济地位、职业、个性、爱好和价值观等。衣着打扮可以起到美化自己、表现内心世界和达到某种特定的交际目的的作用，可以体现人们对自己的社会角色和周围世界的不同态度。”①衣服产生的原生因素是出于保护、御寒、遮羞等基本需求，随着生产力的发展，物质盈余的增多，人们对服饰的认识也逐渐加强，开始赋予其特殊的性质。《说苑・修文》：“知天道者冠鉥，知地道者履跻，能治烦决乱者佩觿，能射御者佩韘，能正三军者搢笏。衣必荷规而承矩，负绳而准下。故君子衣服中而容貌得，接其服而象其德。故望五貌而行能有所定矣。”②其“冠鉥”“履跻”“佩觿”“佩韘”“搢

① ［美］朱利安・鲁滨逊著，胡月译. 人体包装艺术［M］. 北京：中国纺织出版社，2001：98.

② 向宗鲁. 说苑校证［M］. 北京：中华书局，1987：482.

笏”皆与个人的知识能力相结合在一起。《说苑》之外,《战国策·宋策》载宋康王“为无颜之冠以示勇”①,《韩非子·观行》言“西门豹之性急,故佩韦以自缓;董安于之心缓,故佩弦以自急”②,其所服所佩之物皆有特殊的意蕴在内。

《说剑》篇提到剑士的服饰为:“垂冠,曼胡之缨,短后之衣。”该服饰的具体样式如何,诸家解说不同。古代服饰是不断变化的,解决此问题之最好方法,是寻找与庄子生活时代最近的材料。在汉代画像石、画像砖中有很多武士的图像,和此书对剑士的描述非常相近。如河南许昌画像砖上有两个拿着盾牌和钺的武士,其冠皆向后倾,或即“垂冠”;冠缨勒着胡须,使胡须上翘,或即“曼胡之缨”;其所穿衣服,前长及膝,后短至臀,或即“短后之衣”。这样穿戴的目的大约有两种,一是方便,《释文》:“短后之衣,为便于事也。”③两个人在比武之时,前面衣(古称“芾”)长方便保护自己,后边衣短方便行动(如后边与前面一样长,快速奔跑时不方便)。二是为了突出勇武的形象。画像石、画像砖中的武士皆双目圆睁,鬓须开张,形象粗犷,和戏剧中的张飞形象相似。“曼胡之缨”就是让两鬓、胡须外张,不贴在脸上,其目的应该是衬托武士的勇猛。

《说剑》中还提到庄子穿儒服,但没有说具体式样。《田子方》“庄子见鲁哀公章”说:“儒者冠圆冠者知天时,履句屦者知地形,缓佩玦者事至而断。”不仅描写了儒者的穿戴,还说明了如此穿戴所蕴含的意义。

圆冠,《说苑·修文》:“知天道者冠鉥。”④《说文·鸟部》:“鹬,

① 诸祖耿.战国策集注汇考(增补本)[M].南京:凤凰出版社,2008:1689.

② (清)王先慎.韩非子集解[M].北京:中华书局,1998:197.

③ (唐)陆德明.经典释文[M].北京:中华书局,1983:401.

④ 向宗鲁.说苑校证[M].北京:中华书局,1987:482.

河南许昌执盾、执钺武士画像砖①

知天将雨鸟也。从鸟矞声。《礼记》曰：'知天文者冠鹬。'"②"钵""鹬"同。《后汉书·舆服志》："建华冠，以铁为柱卷，贯大铜珠九枚，制似缕鹿。记曰：'知天者冠述，知地者履絇。'《春秋左传》曰：'郑子臧好鹬冠。'前圆，以为此则是也。"③又云："术氏冠，前圆，吴制，差池逦迤四重。赵武灵王好服之，今不施用。"（"术"同"钵"。）注云："《淮南子》曰：'楚庄王所服觟冠者是。'蔡邕曰：'其说未闻。'"④则蔡邕时已不知其制。惟皆云"前圆"，盖仅帽檐为圆，非形质为圆形。其名鹬冠者，因其上面插着鹬的羽毛，而鹬是一种能预知天将要下雨的鸟，故代表着"知天时"。

① 杨絮飞. 中国汉画像经典赏析[M]. 郑州：河南大学出版社，2013：47.
② （汉）许慎. 说文解字[M]. 北京：中华书局，1963：81.
③ （南朝宋）范晔撰，（唐）李贤等注. 后汉书[M]. 北京：中华书局，1965：3668.
④ （南朝宋）范晔撰，（唐）李贤等注. 后汉书[M]. 北京：中华书局，1965：3669.

句履，马其昶曰："'句'同'絇'，《礼》疏云：'絇为拘著屦头，其屈之形似刀衣鼻。'知地形，谓知地形之圆屈也。"①其说是。郑注《仪礼·士冠礼》注云："絇之言拘也，以为行戒，状如刀衣鼻，在屦头。"②刀衣鼻象钩子的形状。王肃《孔子家语·五仪》注亦云："絇履，履头有钩饰也。"③所谓句履者，在履首著钩形器，其形状则是圆形。《释文》："句，李云：'方也。'"④则是受传统的天圆地方说的影响。既然句履不是方的，则儒家此种穿戴恐和传统意义上的天圆地方说没有多大联系。《大戴礼记·曾子天圆篇》："单居离问于曾子曰：'天圆而地方者，诚有之乎？'曾子曰：'离！而闻之云乎？'单居离曰：'弟子不察，此以敢问也。'曾子曰：'天之所生上首，地之所生下首，上首谓之圆，下首谓之方。如诚天圆而地方，则是四角之不揜也。'"⑤首先否定了传统意义上的天圆地方说，接着又说："参尝闻之夫子曰：'天道曰圆，地道曰方，方曰幽而圆曰明。明者，吐气者也，是故外景；幽者，含气者也，是故内景。故火日外景，而金水内景。吐气者施，而含气者化，是以阳施而阴化也。'"⑥认为天道曰圆，代表着阳，昭明于天上；地道曰方，代表着阴，幽静于地下。"圆"和"方"只是一种符号，而非一种形态。依照此种解释，"句"读"钩深致远"的"钩"，地道深远，钩而明之，故如此。

"缓佩玦者事至而断"，此语或有问题，"冠圆冠""履句履"均是动宾结构，而"缓佩玦"三字却不是。《汉书·隽不疑传》："不疑冠进

① （清）马其昶. 庄子故[M]. 清光绪三十一年《集虚草堂丛书》本：卷五.
② （清）阮元校刻. 十三经注疏·仪礼注疏[M]. 北京：中华书局，1980：958.
③ 杨朝明、宋立林. 孔子家语通解[M]. 济南：齐鲁书社，2009：60.
④ （唐）陆德明. 经典释文[M]. 北京：中华书局，1983：388.
⑤ （清）王聘珍撰，王文锦点校. 大戴礼记解诂[M]. 北京：中华书局，1983：98.
⑥ （清）王聘珍撰，王文锦点校. 大戴礼记解诂[M]. 北京：中华书局，1983：98—99.

贤冠，带櫑具剑，佩环玦，褒衣博带，盛服至门上谒。”①隽不疑是儒者，穿的也是儒者之服，根据“佩环玦”，笔者怀疑“缓佩玦”当作“佩瑗玦”，“瑗”读作“环”。《荀子·大略》：“绝人以玦，反绝以环。”②《白虎通·谏诤》：“赐之环则反，赐之玦则去，明君子重耻也。”③盖儒者常佩环玦，以明世之可用则用，不可用则去之也，故曰“事至而断”。

剑服、儒服之外，《盗跖》篇载盗跖骂孔子：“子以甘辞说子路，而使从之。使子路去其危冠，解其长剑，而受教于子。”“危”是高的意思。高冠长剑这种穿戴古文献中很常见，如屈原《离骚》中说：“高余冠之岌岌兮，长余佩之陆离。”④《九章·涉江》亦云：“带长铗之陆离兮，冠切云之崔嵬。”⑤《战国策·齐策六》载齐婴儿谣曰：“大冠若箕，修剑拄颐；攻狄不下，累于梧丘。”⑥此种穿戴有何象征意义呢？《盗跖》篇此文之前为：“今子修文武之道，掌天下之辩，以教后世。缝衣浅带，矫言伪行，以迷惑天下之主，而欲求富贵焉。”然后举子路的例子为证。“缝衣浅带”是儒者的服饰⑦，“矫言伪行”是盗跖对穿儒服之人的评价，相对应的，“高冠长剑”是子路的服饰，“正言直行”则应该是此服饰所表达的深层含义。但此观点，用来解释屈原如此穿戴是说得过去的，而在《战国策》中，“大冠”“修剑”是善于带兵打仗之人的特征⑧。善于打仗则人较勇武，此又和子路性格相符，二者当有一定的关联。

---

① （汉）班固撰，（唐）颜师古注. 汉书[M]. 北京：中华书局，1962：3035.

② 董治安、郑杰文、魏代富整理. 荀子汇校汇注附考说[M]. 南京：凤凰出版社，2018：1352.

③ （清）陈立. 白虎通疏证[M]. 北京：中华书局，1994：231.

④ （宋）洪兴祖. 楚辞补注[M]. 北京：中华书局，1983：17.

⑤ （宋）洪兴祖. 楚辞补注[M]. 北京：中华书局，1983：128.

⑥ 诸祖耿. 战国策集注汇考（增补本）[M]. 南京：凤凰出版社，2008：690.

⑦ 上引《汉书·隽不疑传》言不疑“褒衣博带”，《荀子·儒效篇》亦曰：“缝衣浅带，解果其冠……是俗儒者也。”

⑧《战国策》原文是讽刺，当反向理解，言穿此服饰的人反而打了败仗。

主要参考文献

（周）慎到《慎子》，《景印文渊阁四库全书》第 848 册，商务印书馆 1986 年版。

（周）尉缭《尉缭子》，《景印文渊阁四库全书》第 726 册，商务印书馆 1986 年版。

（汉）班固撰，（唐）颜师古注《汉书》，中华书局 1962 年版。

（汉）刘向《列女传》，《四部丛刊》景上海涵芬楼借长沙叶氏观古堂藏明刊本。

（汉）司马迁撰，（南朝宋）裴骃集解，（唐）司马贞索隐，（唐）张守节正义《史记》，中华书局 1959 年版。

（汉）司马迁撰，（南朝宋）裴骃集解，（唐）司马贞索隐，（唐）张守节正义《史记》，光绪五洲同文局刊武英殿本。

（汉）许慎《说文解字》，中华书局 1963 年版。

（晋）郭璞撰，（清）茆泮林辑《玄中记》，《续修四库全书》第 1264 册，上海古籍出版社 2002 年版。

（晋）郭象注，（唐）成玄英《庄子》，《续古逸丛书》影北宋南宋合璧本。

（晋）张华撰，范宁校证《博物志校证》，中华书局 1980 年版。

（晋）张湛注《列子》，上海书店 1985 年版。

（南朝梁）顾野王《玉篇零卷》，《续修四库全书》第 228 册，上海古籍出版社 2002 年版。

（南朝宋）范晔撰，（唐）李贤等注《后汉书》，中华书局 1965 年版。

（南朝梁）沈约注，（明）范钦订《竹书纪年》，明范氏天一阁刊本。

（南朝梁）萧统编，（唐）李善注《文选》，上海古籍出版社 1986 年版。

（北魏）郦道元著，陈桥驿校证《水经注校证》，中华书局 2007 年版。

（隋）杜台卿《玉烛宝典》，《古逸丛书》景日本钞卷子本。

（隋）虞世南《北堂书钞》，中国书店 1989 年版。

（隋）虞世南《北堂书钞》，清光绪十四年万卷堂刻本。

（唐）房玄龄等《晋书》，中华书局 1974 年版。

（唐）李延寿《南史》，中华书局 1975 年版。

（唐）林宝撰，岑仲勉校记，郁贤皓、陶敏整理《元和姓纂》，中华书局 1994 年版。

（唐）陆德明《经典释文》，中华书局 1983 年版。

（唐）欧阳询《艺文类聚》，上海古籍出版社 1985 年版。

（唐）徐坚《初学记》，中华书局 1962 年版。

（唐）释澄观《大方广佛华严经随疏演义钞》，大正新修大藏经本。

（唐）释道世《法苑珠林》，《景印文渊阁四库全书》第 1049 册，商务印书馆 1986 年版。

（唐）释皎然《诗式》，清光绪年间十万卷楼丛书本。

（唐）孙思邈著，余瀛鳌、林菁、田思胜等编选《千金要方集要》，辽宁科学技术出版社 2009 年版。

（后晋）刘昫等《旧唐书》，中华书局 1975 年版。

（宋）陈彭年等《宋本广韵》，中国书店 1982 年版。

（宋）陈景元《南华真经章句音义》，《正统道藏》第 15 册，上海书店出版社 1988 年版。

（宋）褚伯秀《南华真经义海纂微》，《景印文渊阁四库全书》第1057册，商务印书馆1986年版。

（宋）丁度等《宋刻集韵》（第2版），中华书局2005年版。

（宋）高似孙《史略》，《古逸丛书》景宋本。

（宋）洪兴祖《楚辞补注》，中华书局1983年版。

（宋）李昉等《太平广记》，中华书局1961年版。

（宋）李昉等《太平御览》，中华书局1960年版。

（宋）林希逸《庄子鬳斋口义》，南宋刻本。

（宋）吕大临《考古图》，《景印文渊阁四库全书》第1058册，商务印书馆1986年版。

（宋）吕惠卿《壬辰重改证吕太尉经进庄子全解》，金大定十二年本。

（宋）罗勉道《南华真经循本》，《正统道藏》第16册，上海书店出版社1988年版。

（宋）苏轼撰，邓立勋编校《苏东坡全集》，黄山书社1997年版。

（宋）吴淑《事类赋》，《景印文渊阁四库全书》第892册，商务印书馆1986年版。

（宋）郑樵《通志》，中华书局1987年版。

（宋）祝穆《古今事文类聚》，《景印文渊阁四库全书》第926册，商务印书馆1986年版。

（明）陈深《诸子品节》，明万历十九年刻本。

（明）方以智《通雅》，《景印文渊阁四库全书》第857册，商务印书馆1986年版。

（明）方以智《药地炮庄》，清康熙浮山此藏轩刻本。

（明）焦竑《庄子翼》，《景印文渊阁四库全书》第1058册，商务印书馆1986年版。

（明）陆西星《南华真经副墨》，明万历六年刻本。

（明）魏光绪《南华诂》，明崇祯十年刻本。

（明）吴伯敬《南华经台县》，明万历三十八年吴士京刊本。

（明）徐长吉《刻宋须溪点校庄子口义》，明万历十年刻本。

（明）臧晋叔《元曲选》，世界书局 1936 年版。

（明）朱得之《庄子通义》，明嘉靖三十九年朱氏浩然斋刊本。

（清）郭庆藩《庄子集释》，中华书局 1961 年版。

（清）郭嵩焘《庄子札记》，清光绪元年湖北崇文书局刊《百家子书》本。

（清）洪颐煊《读书丛录》，光绪十三年醉六堂刊《传经堂丛书》本。

（清）焦循撰，沈文倬点校《孟子正义》，中华书局 1987 年版。

（清）梁玉绳《史记志疑》，中华书局 1981 年版。

（清）刘凤苞《南华赘解》，清刘起庚手抄本。

（清）卢文弨《经典释文考证》，《续修四库全书》第 180 册，上海古籍出版社 2002 年版。

（清）马其昶《庄子故》，清光绪三十一年《集虚草堂丛书》本。

（清）钱绎撰集，李发舜、黄建中点校《方言笺疏》（第 2 版），中华书局 2013 年版。

（清）阮元校刻《十三经注疏》，中华书局 1980 年版。

（清）孙诒让《墨子间诂》，中华书局 2001 年版。

（清）王闿运《庄子王氏注》，清同治八年长沙王氏刊本。

（清）王懋竑《庄子存校》，清同治十一年福建抚署刊《读书论疑》本。

（清）王念孙《读书杂志》，江苏古籍出版社 1985 年版。

（清）王念孙《广雅疏证》，中华书局 1983 年版。

（清）王聘珍《大戴礼记解诂》，中华书局 1983 年版。

（清）王树楠《庄子大同说》，陶庐精抄本。

（清）王先谦《庄子集解》，中华书局 1987 年版。

（清）王先慎《韩非子集解》，中华书局 1998 年版。

（清）严可均《全上古三代秦汉三国六朝文》，河北教育出版社 1997 年版。

（清）姚鼐《庄子章义》，清光绪五年《惜抱轩遗书三种》本。

（清）宣颖《南华经解》，清同治五年皖城藩署刊本。

（清）俞樾《庄子人名考》，清光绪十一年春在堂刊本。

（清）朱亦栋《群书札记》，《续修四库全书》第 1155 册，上海古籍出版社 2002 年版。

北京大学出土文献研究所编《北京大学藏西汉竹简（叁）》，上海古籍出版社 2015 年版。

陈鼓应《老子注译及评介》，中华书局 1984 年版。

陈鼓应《庄子今注今译》（修订本），商务印书馆 2007 年版。

陈鼓应主编《道家文化研究》第 18 辑，生活・读书・新知三联书店 2000 年版。

陈剑《战国竹书论集》，上海古籍出版社 2013 年版

陈奇猷《吕氏春秋新校释》，上海古籍出版社 1982 年版。

陈伟《楚地出土战国简册（十四种）》，经济科学出版社 2009 年版。

陈伟主编，彭浩、刘乐贤等撰《秦简牍合集：释文注释修订本（贰）》，武汉大学出版社，2016 年版。

董治安、郑杰文、魏代富整理《荀子汇校汇注附考说》，凤凰出版社 2018 年版。

范耕研《庄子诂义》，民国三十七年济东印书社本。

傅亚庶《孔丛子校释》，中华书局 2011 年版。

高亨《诸子今笺》，民国二十年开封歧文斋刊本。

何宁《淮南子集释》，中华书局 1998 年版。

胡厚宣主编《甲骨文合集释文》，中国社会科学出版社 2010 年版。

黄德宽、徐在国主编《安徽大学藏战国竹简（一）》，中西书局 2019 年版。

黄怀信、张懋镕、田旭东《逸周书汇校集注》（修订本），上海古籍出版社 2007 年版。

黄永武主编《敦煌宝藏》，新文丰出版公司 1982 年版。

蒋锡昌《庄子哲学》，商务印书馆 1937 年版。

李大防《庄子王本集注》，民国二十二年石印本。

李零《中国方术考》（修订本），东方出版社 2001 年版。

李学勤主编《清华大学藏战国竹简（壹）》，中西书局 2010 年版。

李学勤主编《清华大学藏战国竹简（叁）》，中西书局 2012 年版。

李学勤主编《清华大学藏战国竹简（陆）》，中西书局 2016 年版。

李学勤主编《清华大学藏战国竹简（柒）》，中西书局 2017 年版。

廖明春《出土简帛丛考》，湖北教育出版社 2004 年版。

马承源主编《上海博物馆藏战国楚竹书（一）》，上海古籍出版社 2001 年版。

马叙伦《庄子义证》，商务印书馆 1930 年版。

毛远明《汉魏六朝碑刻校注》，线装书局 2008 年版。

南京中医学院编《黄帝内经素问译释》，上海科学技术出版社 1991 年版。

钱穆《庄子纂笺》，东大图书公司 1993 年版。

裘锡圭主编《长沙马王堆汉墓帛书集成》，中华书局 2014 年版。

屈守元《韩诗外传笺疏》，巴蜀书社 1996 年版。

孙作云《〈诗经〉与周代社会研究》，中华书局 1980 年版。

谭戒甫《庄子天下篇校释》，华中日报社 1935 年版。

魏代富《先秦两汉历史传说研究》，人民出版社 2019 年版。

魏启鹏、胡翔骅《马王堆汉墓医书校释(贰)》,成都出版社 1992 年版。

魏燕利《道教导引术研究(东晋南北朝隋唐卷)》,生活·读书·新知三联书店 2018 年版。

闻一多《古典新义》,商务印书馆 2017 年版。

闻一多《闻一多全集》,湖北人民出版社 2004 年版。

王建平主编《变态心理学》,开明出版社 2012 年版。

王利器《颜氏家训集解》(增补本),中华书局 2002 年版。

王明《抱朴子内篇校释》,中华书局 1986 年版。

王叔岷《庄子校诠》,“中研院”历史语言研究所 1999 年版。

吴承仕《经籍旧音序录·经籍旧音辨证》,中华书局 1986 年版。

武延绪《庄子札记》,民国二十一年永年武氏所好斋《所好斋札记》本。

吴则虞《晏子春秋集释》,中华书局 1982 年版。

奚侗《庄子补注》,民国六年江苏省立官纸印刷厂排印本。

向宗鲁《说苑校证》,中华书局 1987 年版。

谢祥皓、李思乐辑校《庄子序跋论评辑要》,湖北教育出版社 2001 年版。

徐仁甫《诸子辨正》,中华书局 2014 年版。

徐时仪《一切经音义三种校本合刊》,上海古籍出版社 2008 年版。

杨伯峻《列子集释》,中华书局 1979 年版。

杨伯峻《论语译注》,中华书局 1980 年版。

杨朝明、宋立林《孔子家语通解》,齐鲁书社 2009 年版。

杨少锋编《秦汉简牍墨迹选》,吉林文史出版社 2011 年版。

银雀山汉墓竹简整理小组《银雀山汉墓竹简(壹)》,文物出版社 1985 年版。

银雀山汉墓竹简整理小组《银雀山汉墓竹简(贰)》,文物出版社2010年版。

余嘉锡《世说新语笺疏》,中华书局1983年版。

袁珂《山海经校注》,上海古籍出版社1980年版。

张大伦《张家山汉简〈脉书〉校释》,成都出版社1992年版。

张儒、刘毓庆《汉字通用声素研究》,山西古籍出版社2001年版。

章太炎《庄子解故》,民国六年浙江图书馆刊《章氏丛书》本。

章太炎《章太炎谈诸子》,华中师范大学出版社2010年版。

朱桂曜《庄子内篇补正》,商务印书馆1935年版。

中国文化遗产研究院编《出土文献研究》(第12辑),中西书局2013年版。

中国社会科学院考古研究所编《殷周金文集成释文》,香港中文大学中国文化研究所2001年版。

朱红林《张家山汉简〈二年律令〉集释》,社会科学文献出版社2005年版。

朱青长《庄子解》,民国六年石印本。

诸祖耿《战国策集注汇考》(增补本),凤凰出版社2008年版。

[日]中井积德《庄子雕题》,日本明治十一年寺町雅文手抄本。

[日]户崎淡渊《郭注庄子考》,手抄本。

[日]冈松辰《庄子考》,日本明治四十年中野锳太郎排印本。

[日]狩野直喜《旧钞卷子本庄子残卷校勘记》,东方文化学院1932年版。

[英]爱德华·甄克思著,严复译《社会通诠》,北京时代华文书局2013年版。

安徽省文物工作队《阜阳双谷堆西汉汝阴侯墓发掘简报》,《文物》1978年第8期。

程浩《清华简〈祷辞〉与战国祷祀制度》,《文物》2019年第9期。

高西省《扶风巨良海家出土大型爬龙等青铜器》,《文物》1994 年第 2 期。

黄德宽《清华简新见“湛(沈)”字说》,《清华大学学报》2020 年第 1 期。

江陵张家山汉简整理小组《江陵张家山汉简〈脉书〉释文》,《文物》1989 年第 7 期。

江陵张家山汉简整理小组《江陵张家山汉简〈引书〉释文》,《文物》1990 年第 10 期。

金德建《老聃学说出于史官考》,《求索》1980 年第 3 期。

荆州地区博物馆《江陵张家山两座汉墓出土大批竹简》,《文物》1992 年第 9 期。

李若楠、魏代富《从文字学角度论〈庄子〉文本的楚文字特质》,《兰州文理学院学报》2019 年第 5 期。

李学勤《论西周王朝中的齐太公后裔》,《烟台大学学报》2010 年第 4 期。

李哲明《庄子训义攟补》,《文史杂志》1913 年第 8 期。

马家敏《姜尚故里考》,《学术界》2001 年第 6 期。

王玉哲《先周族最早来源于山西》,《中华文史论丛》1982 年第 3 期。

王齐洲《〈汉书·艺文志〉著录之小说家〈务成子〉等四家考辨》,《南京师范大学文学院学报》2008 年第 1 期。

魏代富《读〈晏子春秋〉札记》,《管子学刊》2011 年第 2 期。

张鹏《秦汉简所见“禹须臾”与“禹步”新论》,《世界宗教研究》2019 年第 1 期。

张岩《外婚制与人类社会起源》,《社会学研究》2006 年第 6 期。

赵逵夫《庄辛——屈原之后楚国杰出的散文作家》,《西北民族大学学报》1990 年第 4 期。

白海燕《“居延新简”文字编》，吉林大学2014年博士论文。
李瑶《居延旧简文字编》，吉林大学2014年博士论文。
张红《郭店简〈穷达以时〉集释》，吉林大学2006年硕士论文。

后　记

本书的写作计划于 2020 年 1 月 26 日制定，制定之后即开始执行。但甫写一日，左目忽罹疾，肿胀而不能睁。我双目本小，加之近视严重，看东西颇不方便。又忆及去岁 12 月之时，博士同学王圣来山师参会，宾馆闲聊，我言及双眼有滞涩之感，王圣嘱我要注意保护，并说他有同事视网膜脱落，作手术后仍不注意防护，导致第二次脱落后无法修补，遂使一目近于瞽。目瞽吾不甚惧，惟惧于目瞽之后无法继续读书、写东西。眼本不便，又加忧虑，只好暂停该书的写作。至 2 月 9 日，左目已经恢复，方又继续该书的写作。在老家写作有诸多不便，一者家中没有网络，有些资料只能通过手机查找，而有些资料则手机无法下载。二者白天无法静心，孩子会不时来闹一下，又常有亲戚、客人来访，难以集中思维。为了能全身心地投入，我调整了作息时间：等孩子睡觉之后开始写作，凌晨四五点左右睡觉，中午十二点起床。鉴于以上两个原因，我在写作过程中，不仅速度无法快起来，对有些地方的质量也不是很满意。依原初的计划，是只写前九章的，将我在作《庄子校注评汇考》之时发现的九个问题论述完毕即可。2 月 22 号完成之后，疫情尚未结束，25 号自莒返济，又需居家隔离，为了不荒废时间，于是加了第十章。第十章的内容比较驳杂，是就一些小问题进行论述，故显得颇为冗散。本想疫情不结束就一直写下去，但 28 号完成第八部分之后，觉得再写下去也无多大意义，方正式辍笔。

本书的内容,将《庄子》推向了不可知论。首先,除了《骈拇》《马蹄》《胠箧》《缮性》《说剑》有限的几篇结构完整之外,其他篇目杂凑性质很明显,导致篇旨无法解读。其次,《庄子》中有庄子自作,有庄子弟子所作,有后世羼入的内容,这三类内容是无法完全区分的,从而使庄子思想无法得到正确的解读。再次,《庄子》一书中错误太多,错字问题尚小,基本不影响章旨的理解。但有些整段错误的,则直接不可解。比如《大宗师》"夫道未始有封"一段,脱漏太多,完全失去原貌。又比如《则阳》篇"圣人达绸缪"至"无内无外"一段很不好理解,根据其中有三"若之何"、两"为之傅之",原本或许也是非常整饬的句子。由于以上三方面的原因,我在讲《庄子》之时,陷入了不能讲的窘境。研究之目的,是使研究对象越来越明了,越来越被人理解,而该书却完全相反,使庄子与《庄子》陷入了浑沌之中。但以上问题,终究难以完全厘清,即使出土了首次编纂的版本,也是不能完全解决的。

在写作过程中,因为正值新冠疫情,给我感触最大就是《庄子》佚篇《游凫》中提到古人处理瘟疫的方法:"沐浴齐戒,以通九窍;鸣鼓振铎,以动其心;劳刑趋步,以发阴阳之气;春月毗巷,饮酒茹葱,以通五藏。"经常洗漱保持身体的清爽卫生,敲鼓振铎保持心情的愉悦,锻炼身体以提高自我免疫力,吃辛辣之物提高抵抗病毒的能力。和预防新冠病毒相比,只有相互隔离没有涉及,由此我不得不钦佩古人的智慧。此等有益于今的内容,或许即是《庄子》一书的价值所在吧!

2020 年 2 月 28 日书于济南历城花园小区四区家中

2021 年 10 月 12 日修订于古代文学教研室